崔佳 编著

中国名著40部要领

中国画报出版社·北京

图书在版编目（CIP）数据

中国名著40部要领／崔佳编著 .—北京：中国画报出版社，2009.4（2025.1重印）
ISBN 978-7-80220-472-0

Ⅰ. 中… Ⅱ. 崔… Ⅲ. 推荐书目－中国－青少年读物 Ⅳ . Z835-49

中国版本图书馆 CIP 数据核字（2009）第 055572 号

中国名著 40 部要领　　　　　　　　　　　　　　　崔佳　编著

出 版 人：	田　辉
责任编辑：	池　倩
出　　版：	中国画报出版社
地　　址：	中国北京市海淀区车公庄西路 33 号，邮编：100048
电　　话：	010-88417359（总编室兼传真）　010-88417359（版权部）
	010-88417418（发行部）　010-68414683（发行部传真）
印　　刷：	三河市兴国印务有限公司
监　　印：	敖　晔
经　　销：	新华书店
开　　本：	700mm×1000mm　1/16
印　　张：	13
字　　数：	305 千字
插　　图：	400
版　　次：	2009 年 5 月第 1 版　2025 年 1 月第 2 次印刷
书　　号：	ISBN 978-7-80220-472-0
定　　价：	78.00 元

如发现印装质量问题，请与承印厂联系调换。
版权所有，翻印必究；未经许可，不得转载！

中国名著 40 部要领

前言 Introduction

文学是高素质人才必备修养之一，因此，学习一些文学知识，了解一些文学名著十分必要。文学不仅能够丰富知识、开阔视野，还能够培养想象力和写作能力，对提高自身素质大有裨益。中国学生除了应该了解祖国的灿烂文学之外，还应该掌握世界其他国家的文学知识，因为那些也是人类知识与智慧的重要组成部分，是青年一代不可不了解的宝藏。

为了提高学生的文学素养和语文水平，我们编写了《中国名著40部要领》一书。

本书在介绍每部（类）文学作品的时候，都分为三个部分，分别将作品（该类文学）的简介、内容梗概（精华选读）、创造性阅读或探究性阅读方法及感受展示给读者。

第一部分是作者及作品简介，或者该文学类别的介绍，属于文学常识。

比如，《西游记》的作者是吴承恩，明代小说家，字汝忠，号射阳山人，怀安山阳（江苏淮安）人。他生于明弘治十七年（1504年），逝世于万历十年（1582年），一生经历弘治、正德、嘉靖、隆庆、万历五朝。《西游记》是我国文学史上一部最优秀的长篇神魔小说，与《三国演义》《水浒传》《红楼梦》合称为中国四大名著。《西游记》的成书过程与《水浒传》《三国演义》类似，都是在一定史实的基础上，经过长期的民间流传和曲艺、戏曲、话本等的创作，最后由一位作者做总结性的再创作而写定。

第二部分是作品内容梗概或者精华部分的选读。在介绍名著时，主要讲述该书的故事发生、发展过程和主要情节，该部分可以让读者了解本书的主要内容。书中的内容梗概并非空洞的内容介绍，而是故事的精要浓缩或选编，基本上保持了原著的写作风格，让读者在掌握原著内容的同时，能够对作者的写作手法有大概的了解。

比如，在《三国演义》的内容梗概中写道：灵帝中平元年，张角兄弟发动黄巾起义，官军闻风丧胆。为抵抗黄巾，幽州太守刘焉出榜招兵。当时，刘备、关羽、张飞都去看那招兵榜文。三人萍水相逢，但都有为国出力之心，所以一见如故，被张飞拉到自家庄后的桃园饮酒。最后三人对天盟誓，结拜为弟兄，一道去投了刘焉。接下来的故事如过五关斩六将、三顾茅庐、火烧赤壁、七擒孟获等都描述得活灵活现。内容梗概一直介绍到作品结束，使中国学生对整部作品都有所了解。

第三部分是该作品的探究性阅读或者创造性阅读感悟。每一部文学作品，尤其是名著都有深刻的历史意义和给人启迪的地方，在编写此书的时候，我们把阅读的启迪作为一个重点部分来写，让读者在了解文学作品的同时，从作品中汲取最大的精神营养，避免了纯粹的为阅读而阅读。通过探究性阅读和创造性阅读，提高读者的阅读水平，加深读者对作品的理解。

为了让学生在最短的时间内掌握更多的文学知识，了解更多的文学名著，我们本着科学务实的态度编写了此书，相信对提高读者的阅读和写作水平会大有帮助。

本书在用生动的语言进行叙述的同时，配套插入了大量图片，做到了图文并茂、生动形象。希望本书能够得到中国学生的喜爱，并从不同的名著中了解不同时代的故事，从中汲取精神养料，同时树立远大的志向。

编 者

目录 CONTENT

西游记 /9
水浒传 /14
三国演义 /19
红楼梦 /24
子夜 /29
边城 /34
李自成 /39
张居正 /44
家 /49
平凡的世界 /54
芙蓉镇 /59
沉重的翅膀 /64
骆驼祥子 /69
钟鼓楼 /74

西厢记 /79
茶馆 /84
雷雨 /89

鲁迅散文选 /94
　《朝花夕拾之父亲的病》/94
朱自清散文选 /99
　《绿》/99
　《说扬州》/101
冰心诗歌选 /104
　《春水》/104
　《繁星》/105

郭沫若诗歌选 /109
　《女神》/109
鲁迅杂文选 /114
　《我观北大》/114
　《路》/115
　《运命》/117
　《草鞋脚》/118
鲁迅短篇小说选 /119
　《呐喊之阿Q正传》/119

语文常谈 /124
谈美书简 /129

论语 /134
　学而第一 /134
　里仁第四 /135
　述而第七 /137

孟子 /139
　《梁惠王章句上·第二章》/139
　《梁惠王章句下·第四章》/139
　《公孙丑上·第六章》/140
　《公孙丑下·第十三章》/141
　《滕文公上·第一章》/141
　《滕文公下·第四章》/141
　《离娄上·第七章》/142
　《离娄下·第二十八章》/142
　《万章上·第五章》/142
　《万章下·第三章》/143

庄子 /144
    《庄子·外篇·刻意第十五》/144
    《庄子·外篇·缮性第十六》/145
    《庄子·杂篇·寓言第二十七》/147

中国文化读物 /149
    《诗经》/149
    《道德经》/151

中国历史读物 /154
    《史记》/154
    《资治通鉴》/156

中国政治读物 /159
    《天演论》/159
    《周恩来外交风云》/161

中国科学读物 /164
    《梦溪笔谈》/164
    《天工开物》/166

中国人文读物 /169
    《美学散步》/169
    《校注人间词话》/172

中国科幻读物 /174
    《偃师传说》/174
    《高塔下的小镇》/176

中国科普读物 /179
    《中国文明起源新探》/179
    《人类生存困境——发展的悖论》/181

中国童话故事 /184
    《吃肉与智慧》/184
    《岩石上的小蝌蚪》/185
    《牧童和狼》/187
    《神龟的智慧》/188

中国寓言故事 /189
    《被同伴驱逐的蝙蝠》/189
    《蚂蚁报恩》/190
    《聪明伶俐的小羊》/190
    《映在水中的影子》/190
    《坚固的棍子》/191
    《狐狸和鹤的酒宴》/191
    《驴子的坏主意》/192
    《扛着驴的父子》/192

中国成语故事 /194
    《胸有成竹》/194
    《唇亡齿寒》/194
    《退避三舍》/195
    《邯郸学步》/196
    《指鹿为马》/197
    《闻鸡起舞》/198

中国神话故事 /199
    《女娲造人的传说》/199
    《愚公移山》/200
    《精卫填海》/201

中国民间故事 /204
    《梁山伯与祝英台》/204
    《牛郎织女》/205
    《白蛇传》/207

西游记

据说，在东胜神洲海外傲来国海中有一座花果山，山上有一块仙石，最后化作一个石猴。一个烈日炎炎的夏天，这只石猴同一群猴子在山中避暑，无意之间发现了一股飞瀑从山顶流下。众猴说："谁能从这瀑布中钻进去看个究竟，我们拜他为王。"石猴自告奋勇，钻入飞瀑，发现里面竟然是一个宽敞、幽静的石洞，石碣上刻着"花果山福地，水帘洞洞天"。众猴拜石猴为王，称他美猴王。

美猴王为能够长生不死，便远离花果山去寻仙访道。在海上漂泊了几日，他来到南赡部洲地界，参访仙道，但是无缘得遇，这样过了八九年。一日，他想着海外必有神仙，独自又飘过西海，直达西牛贺洲地界，在一位樵夫的指引下来到灵台方寸山斜月三星洞，须菩提祖师收他为徒弟，赐名孙悟空。须菩提祖师认为他有灵性，教授悟空七十二种变化和一个跟头可以翻十万八千里的筋斗云。功夫学成，孙悟空回到了花果山。后来，悟空入东海龙宫借宝，讨得了天河定底神珍铁，即重达一万三千五百斤的如意金箍棒。不久，又大闹地府，在生死簿上涂掉了所有猴子的名字。东海龙王和阎王表奏玉帝，要收复孙悟空。

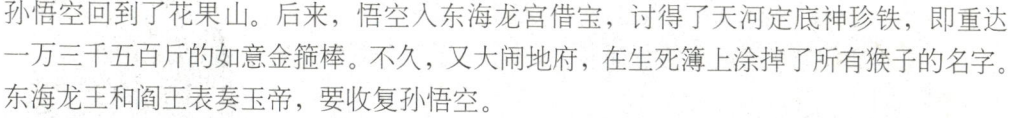

玉帝采纳太白金星的建议，召孙悟空上天宫当了专管养马的弼马温。当时猴王欢欢喜喜，与木德星官径去到任。事后，悟空发现这是个不入流的官职，知道受了愚弄，气愤地返回了花果山水帘洞，树起"齐天大圣"的旗帜。玉帝命托塔李天王和哪吒太子带着天兵天将来捉悟空，结果被悟空打得大败。玉帝无奈，只好承认"齐天大圣"的名号，命令孙悟空到天宫管理蟠桃园。

在蟠桃园中，悟空听说蟠桃是仙桃，六千年一熟，吃了会体健身轻，长生不老。孙悟空知道后大喜，便偷吃光了园中大桃，过后不久，

文化溯源

《西游记》的作者是吴承恩，明代小说家。字汝忠，号射阳山人，怀安山阳（今江苏淮安）人。他生于明弘治十七年（1504年），逝世于万历十年（1582年），一生经历弘治、正德、嘉靖、隆庆、万历五朝。

《西游记》是我国文学史上最优秀的长篇神魔小说，与《三国演义》《水浒传》《红楼梦》合称为中国古代四大名著。《西游记》的成书过程与《水浒传》和《三国演义》类似，都是在一定史实基础上，经过长期民间流传和曲艺、戏曲、话本等创作，最后由一位作者做总结性的再创作而写定。它以丰富瑰奇的想象描写了师徒四人在西去取经的途中战胜各种妖魔鬼怪的艰苦历程。

还大闹蟠桃会,为此玉帝对他深感痛恨,命令四大天王、托塔李天王和哪吒太子去捉悟空,结果又是以失败而告终。最后,太上老君抛下金刚圈击中悟空,方才将他捉拿。

玉帝传旨处死孙悟空,但因悟空吃过太上老君的仙丹,任凭刀砍斧剁、雷打火烧,皆毫发无伤。但终究孙悟空还是敌不过佛法无边的如来,一路筋斗云却翻不出佛掌。如来将孙悟空压在五行山下,饥吃铁丸,渴饮铜汁,苦度了500年。

500年后,观音菩萨奉了如来佛的法旨,带着袈裟等五件宝贝,跟惠岸行者一块儿来到东土大唐,寻找去西天求取三藏真经的人。唐僧上路,饥餐渴饮,一日骑马夜登双叉岭,被虎魔王部下活捉,太白金星赶来援救,唐僧脱险。几天后来到了两界山,只听得一阵如雷的喊声:"我师父来也!"唐僧一看,是山下压着的一只猴子在喊叫。唐僧揭去封条,孙悟空崩山而出,唐僧收悟空为徒,称为行者,一同西行取经。

过了数月,一天,行者杀了六个拦路抢劫的强盗,唐僧抱怨不已。行者气恼,不辞而别。正当唐僧一筹莫展的时候,观音送来了一顶嵌金花帽,叫唐僧给行者戴上,并口授了紧箍咒。当

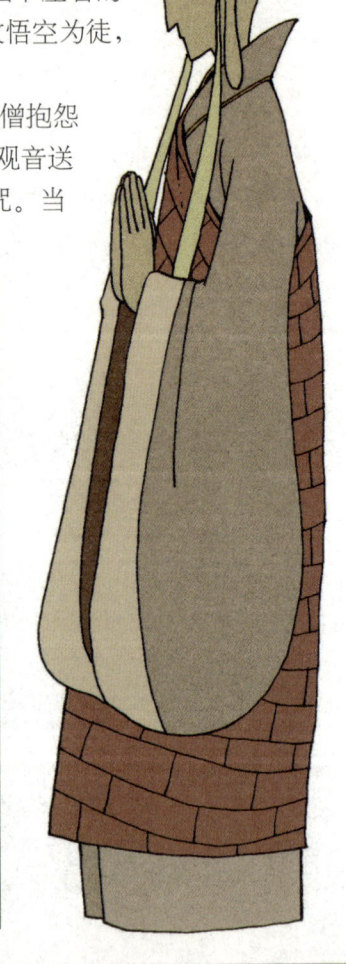

探究性阅读

《西游记》主要描写的是唐玄奘上西天取经的故事。歌颂了取经人排除艰难的战斗精神,同时,也是人战胜自然的凯歌。《西游记》着重表现了孙悟空斩妖除怪、不畏艰险等积极乐观的斗争精神和美好品德,突出地表现了他在跟妖魔作斗争中显示出的坚强的斗争决心和高超的斗争艺术。除此之外,猪八戒憨厚纯朴,能吃苦耐劳。但他贪馋好色,对取经事业缺乏坚定性,好拨弄是非。他的小聪明具有一种憨厚本色的特点,作者对他弄巧成拙的嘲笑,表现了对现实生活中小生产者落后意识的善意批评。唐僧是一个带有浓厚封建士人气质的人物,胆小懦弱,而且常常误信谗言,颠倒是非,无理责骂和残忍地处罚为取经建立了巨大功勋的孙悟空。唐僧由一个被歌颂的人物,变成一个被讽刺嘲笑的对象,这一点是《西游记》和传统取经故事一个很大的不同之处。

情感体验

《西游记》的整个故事情节是围绕着唐僧师徒去西天取经展开的。他们团结一致,历尽千难万险,战胜各色妖魔,终于获得成功,使得我们明白了一个深刻的道理——想要办成一件大事,大家必须齐心协力、共同奋斗。此外,我们还要从中学习他们不畏艰险、勇往直前,为了理想积极奋斗的精神。我们在读的过程中,一定要带着感情去读《西游记》,除了要读出西游的艰辛、苦涩之外,还应该细细体味苦难里的人间真情和人类对理想的追求。

行者往龙王那里玩儿了一阵返回后,唐僧让他戴上了花帽,谁知一戴上,行者头上就套上了一个金箍,怎么也取不下来。唐僧念起紧箍咒,行者头痛难忍,就这样,行者被唐僧束缚住,表示不敢再违背师言。

师徒继续前行,途经蛇盘山,唐僧的马匹被鹰愁涧中戴罪苦度时光的西海龙王之子吃掉了。观音赶来,将它变成白马,随唐僧取经。过了两月,师徒来到高老庄投宿,高太公因招了个妖怪女婿,正在烦恼,见来了唐僧师徒,请求降妖。行者变成太公之女,使得妖怪现出原身。当听到行者说起唐僧的名字时,妖怪丢下钉耙,央求行者带他去见师父。之后,唐僧收了他,取法名叫猪悟能,别号八戒。后来,师徒三人遭到了在如来佛那里得道的黄毛貂鼠精的暗算,脱险后,他们到了流沙河。在这里,唐僧被河中的妖怪抢走了,经观音派木叉前往,木叉叫出妖怪,并让他拜唐僧为师,这就是沙悟净沙和尚,又称沙僧。

过了流沙河,老母、观音、普贤、文殊四位菩萨变成了一母三女来试探师徒四人取经诚心,结果只有猪八戒上当,其余三人都经受住了考验。不久,众人来到万寿山五庄观,悟空偷摘人参果,打倒人参树,闯下大祸,幸亏观音赶来用净瓶甘露救活了人参果树,才避免了一场恶战,得以脱身继续前行。

一天,众人在山中碰见了白骨精,悟空挥动金箍棒打杀了妖怪,引起唐僧大怒,他念起紧箍咒,赶走了孙悟空。不几天,众人来到黑松林,唐僧被黄袍老怪变成了老虎,猪八戒斗不过老怪,只好去花果山把孙悟空请了回来,战胜了妖怪。

师徒四人兼程前进,又遇到了许多磨难。在路过金兜山时,有李老君的青牛作恶。进入西梁女国,先是唐僧、八戒误饮子母河的水,腹痛有胎;后来唐僧又被西

名句精华

但见那：翠藓堆蓝，白云浮玉，光摇片片烟霞。虚窗静室，滑凳板生花。乳窟龙珠倚挂，萦回满地奇葩。锅灶傍崖存火迹，樽罍靠案见肴渣。石座石床真可爱，石盆石碗更堪夸。又见那一竿两竿修竹，三点五点梅花。

真个是：初登上界，乍入天堂。金光万道滚红霓，瑞气千条喷紫雾。只见那南天门，碧沉沉，琉璃造就；明幌幌，宝玉妆成。两边摆数十员镇天元帅，一个个顶梁靠柱，持铣拥旄；四下列十数个金甲神人，一个个执戟悬鞭，持刀仗剑。外厢犹可，入内惊人：里壁厢有几根大柱，柱上缠绕着金鳞耀日赤须龙；又有几座长桥，桥上盘旋着彩羽凌空丹顶凤。

梁女王留住要做夫妻，好不容易摆脱纠缠，踏上大路，途中又碰上了强盗打劫。强盗将唐僧吊在树上，为救师父，悟空打杀了两个强盗，谁知唐僧竟火冒三丈，怪悟空杀人太多，又赶走了他。悟空去后，一只六耳猕猴变成孙悟空来害唐僧。真悟空知道后去找假悟空算账，真假悟空在空中恶战，一直打到西天。最后，如来识破了真相，真悟空打杀了假猴王，并回到唐僧身边。

师徒行了数月，来到火焰山。悟空去向牛魔王妻子罗刹女借芭蕉扇，罗刹女因儿子红孩儿被观音收走而痛恨悟空，一扇竟将悟空扇到五万里外。

悟空从菩萨处得到定风丹，再找罗刹女，罗刹女扇悟空不动，又因悟空变成小虫钻进她腹内翻腾，只好答应借扇。悟空带上扇子直奔火焰山，那火反而更大，悟空知道上当，于是心生一计，变成牛魔王去骗取真扇，但他只知道将扇变大的咒语，不知变小的方法，半路上把扇变大了却缩小不得，而此时牛魔王赶来变成八戒，夺走了真扇。悟空无奈，请来托塔李天王和天兵天将帮助，过了火焰山，师徒四人急速行进。

悟空在七绝山驼罗庄杀了红鳞大蟒；在朱紫国斗败了观音走失的金毛狮，治好了国王的病，救回了被抢走的正宫娘娘；在盘丝洞，悟空灭掉了蜘蛛精变成的七个妖女；在狮驼岭，撞上了三个法力广大的魔王，悟空抵挡不住，去西天求救，原来竟是如来舅父的大鹏金翅雕、文殊的青狮和普贤的白象作怪。唐僧脱险，来到比丘国。悟空斗败了寿星的白鹿变成的妖道，进入陷空山。此后又经过灭法国、隐雾山，来到大天竺国凤仙郡，一路皆多灾多难。

一日走到玉华县，悟空、八戒、沙僧三人的兵器被豹头山虎口洞的妖怪盗走，太乙救

苦天尊赶来，说妖怪是他走失的九头狮子所变。悟空三人取回兵器，告别天尊，不久来到天竺国。在这里，悟空识破了月宫玉兔变成的假公主，救回了真公主，国王感激不尽，礼送唐僧。众人匆匆而行，来到如来灵山脚下的玉真观。师徒四人沐浴更衣，准备登入佛地。

之后，如来传旨，面见唐僧，令阿傩、伽叶取来真经交给唐僧。阿傩、伽叶趁机索取礼物，唐僧毫无准备，二人只给了无字经书。唐僧无奈，只得把唐太宗赐的紫金钵盂送上，才换得真经。取了真经，师徒四人返归东土。正在行云驾雾途中，四人突然跌落云端，原来，观音菩萨在查看唐僧取经路上的历难簿时，发现佛门九九归真，唐僧只受了八十难，还少一难，所以让唐僧再遇一

形象感受

孙悟空是作品中一个光彩夺目的神话英雄。他有无穷的本领，而他最大的特点就是敢斗。他甚至与至高至尊的玉皇大帝斗，愣是叫响了"齐天大圣"的美名；而且还与一切困难斗，决不退却。进而使我们感受到了那种天不怕地不怕、不屈不挠的反抗精神。

猪八戒，他的本事没孙悟空大，是一个喜剧形象，本书把他刻画得非常好。他憨厚老实，有力气，也敢与妖魔作斗争，但他又满身毛病，如好吃、好占小便宜、好女色等，使我们看到了生活中一部分人的恶习。

难。唐僧等人落地后，发现已经来到通天河西岸，找不到船和桥，没有办法过河。这时，老鼋来迎，驮唐僧四人于河中，问所托之事如何。唐僧此时才记起老鼋所托向如来询问何日由鼋身转为人身之事，连连赔礼道："忘了询问。"老鼋大怒，沉入河中，四人落水，经书也全浸湿了。至此，唐僧经历了八十一难，功德完满。于是八大金刚将唐僧送往长安向太宗交割了真经，随即又复转灵山，唐僧师徒在如来身边就职。

唐僧被封为旃檀功德佛，孙悟空被封为斗战胜佛，猪八戒被封为净坛使者，沙僧被封为金身罗汉，白马被命为八部天龙，还原龙身。孙悟空成了正果，金箍儿也自然脱落。从此以后，旃檀佛、斗战胜佛、净坛使者、金身罗汉、天龙马及诸众佛祖、菩萨、圣僧、罗汉、揭谛、比丘、优婆夷、优婆塞，各山洞的神仙，土地，一切得道的师仙，到此各回本位。

水浒传

　　小说从高俅发迹开始。高俅是宋代一个浮浪破落子弟,他踢得一脚好球,被哲宗弟弟端王看中,成了端王的亲信。不久,就被提升为殿帅府太尉。高俅上任的第一天,就整治因病未到的教头王进,逼得王进带着母亲逃离东京。王进来到华阴史家村,被史进收留,拜为师父。之后,史进与少华山的头领结交为友,华阴知县知道此事后,诬陷史进私通草寇,派兵烧了史家庄。史进只得离开华阴,去找王进。途中结识了渭州经略府提辖鲁达,二人来到酒楼饮酒。结果鲁达为了救金氏父女而杀了郑屠,随即离了渭州。半月后由赵员外出面,把鲁达送往五台山当了和尚,法名智深。

　　后来,鲁智深离开了五台山,在东京大相国寺管理菜园。一天,鲁智深在菜园习武被陪同夫人到岳庙进香的林冲瞧见,两人一见如故,结拜为兄弟。正在高兴之际,丫环来报,说有人调戏夫人。林冲赶往岳庙,见是高太尉的干儿子高衙内,只好忍气将他放了,告别鲁智深回家。而后林冲被高俅所捉,以行刺罪发配沧州,并欲置林冲于死地。忍无可忍的林冲杀死了爪牙,连夜投奔梁山泊。梁山附近有个当保正的晁盖。有一次,大名府知府梁中书派杨志押送生辰纲上京,便由吴用设计,约集了三阮兄弟等共计7人,

作者及作品简介

　　《水浒传》的作者是施耐庵(生平不详),一般认为是元末明初人。《水浒传》又名《忠义水浒传》《江湖豪客传》,根据宋金元时期宋江起义的故事加工编成话本。200多年后,施耐庵根据话本、民间故事、戏曲写出中国第一部长篇白话小说《水浒传》,该书是中国古典小说中的一枝独放异彩的艺术奇葩。

　　《水浒传》是第一部描写农民起义的小说,全书围绕"官逼民反"这一线索展开情节,表现了一群不堪暴政欺压的"好汉"揭竿而起,聚义水泊梁山,直至接受招安,致使起义失败的全过程。

　　这部小说的艺术表现手法很丰富,既有现实主义的精雕细刻,也有浪漫主义的想象和夸张。在结构上是竹节蛇式的连环结构,全书既是统一的整体,各个局部又有其相对独立性。小说的人物语言"能使读者由说话看出人来",叙述语言、描写语言绘声绘色,朴素简洁。

创造性阅读

《水浒传》是一部以描写古代农民起义为题材的长篇小说。它形象地描绘了农民起义从发生、发展直至失败的全过程,深刻揭示了起义的社会根源,满腔热情地歌颂了起义英雄的反抗斗争精神和他们的社会理想,也具体揭示了起义失败的内在历史原因。作品中所描写的农民起义由小到大,最后汇成一股起义巨流,但最后又出现失败的悲惨结局,这就使我们想到"平民暴动逐厉王"这个历史故事,也使我们清楚地认识到蕴藏在民众中间的那股巨大的力量。同时,也使我们联想到了开明的唐朝皇帝李世民说的一句话:"水能载舟,亦能覆舟!"

在黄泥冈劫了生辰纲,投奔梁山。

当时的梁山头领王伦存心刁难林冲,不肯收留。林冲大怒,杀了王伦,推举晁盖为梁山泊首领。晁盖在挫败官军,稳住梁山泊之后,派刘唐带上书信、金银去答谢宋江。宋江退了金银,收了书信,在返回住处中途遇到阎婆惜,被阎婆惜强拉至其家中,欲留宋江过夜。宋江不重女色,勉强在她家中留宿一夜,谁知书信被阎婆惜发现,她一口咬定宋江暗通梁山泊,要报官。宋江苦苦哀求无效,一气之下,杀了阎婆惜,逃回宋家村。之后,宋江在逃难的途中遇到了武松,二人拜为兄弟。

武松告别宋江去寻找哥哥武大郎。武松路过景阳冈时打死了猛虎,被阳谷知县任命为步兵都头。不料嫂子与西门庆通奸害死武大郎,武松杀死仇人后出走。后来,武松又在白虎山孙家庄遇见了宋江,宋江是去投奔花荣的,二人结伴而行,在瑞龙镇分手,宋江去往清风寨。

清风寨有两个知寨,正知寨刘高是个文官,他嫉恨副知寨花荣。宋江一到就被刘高捉住,说宋江私通清风山草寇,花荣也因此受牵连。清风山头领燕顺、王英等人闻讯后下山救了宋江、花荣,大家决定去投奔晁盖。快到梁山泊,石勇捎来宋江弟弟假托父亲病故要他回家的家书,宋江赶回,被官府捉住,刺配江州。在江州,宋江得到戴宗和李逵的照料。但因酒醉在浔阳楼墙壁上题了反诗,被江州知府蔡京的儿子蔡九判处死刑。正准备行刑时,梁山泊英雄前来劫走了宋江。事后,29位英雄在江州白龙庙聚会,浩浩荡荡返回梁山泊,宋江在山寨中坐了第二把交椅。

上山不久，宋江接来老父。李逵也回家接母亲上山，行至途中，遇假李逵打劫，捉住之后，才知此人名叫李鬼，说他有90岁老母无人奉养，李逵送他10两银子，劝他改恶从善。后来李逵发觉上当，杀了李鬼，而李鬼的妻子却溜掉了。回到家中，母亲已双目失明，李逵哄母亲说：我做了官，接娘去享福。背着母亲上了路。一日，行至沂岭，李逵为母取水，回来后发现母亲被虎吃掉。李逵大怒，连杀了4只老虎，被猎户迎进曹太公庄上。这时，逃来此处的李鬼妻子认出了李逵，曹太公等人正准备暗算李逵，幸亏梁山泊派来朱贵等人帮助，李逵才脱险回了山寨。

前来投梁山泊的杨雄、石秀、时迁被祝家庄酒店欺侮，双方打了起来，时迁被捉。为救时迁，晁盖、宋江发兵3次攻打祝家庄，荡平了祝家庄，附近与祝家庄结盟的李家庄、扈家庄都投降了梁山泊。梁山泊威名远扬，四处好汉纷纷投奔。

经过三打祝家庄，出兵救柴进，梁山声势甚大。接着又连续打退高太尉三路进剿，桃花山、二龙山和梁山三山会合，同归水泊。此后，少华山史进被官府捉住，宋江又带兵大闹华山，杀了太守。没过几天，凌州曾头市普家五虎拦截投奔梁山泊的好汉，并恶言中伤梁山泊。晁盖大怒，亲点5000人马攻打曾头市。在战斗中，晁盖被毒箭射中，回山寨后不久身亡。宋江被推为山寨之主，改聚义厅为忠义堂。为报晁盖遇难之仇，宋

形象感受

《水浒传》中宋江是一个关键性人物，他集忠孝于一身，谦虚仗义，有卓越的军事才能，又充满了抱负，而他却又难以跳出时代的怪圈。蓼儿洼上的一抹黄土，那是他的悲剧，更是社会的悲剧，使我们在他的身上深深地体会到了一个半农半吏的地主阶级与封建知识分子的结合体的命运。

《水浒传》里的林冲，是最能沉得住气的一个人，当然，林冲的忍耐也是有极限的，并非无原则的一味忍让。林冲不仅是一个有忍耐力的铁汉，也是梁山泊里罕见的帅才。他在忍无可忍的情况下，终于奋起反抗，摆脱了压迫和屈辱。

江记起了北京大名府玉麒麟卢俊义,知他武艺超群,棍棒天下无双,想请他上山入伙,共报大仇。于是宋江派军师吴用去北京,扮作算命先生给卢俊义算命,说卢俊义百日之内必有身首异处之灾,将卢俊义骗至梁山泊,被张顺擒拿上山。宋江劝卢俊义入伙,卢俊义不肯,两个月后,宋江送卢俊义下了山。

卢俊义离家后,管家李固与卢妻勾搭成奸,当卢俊义回到家时,他们竟设下埋伏,将卢俊义捆送到梁中书处,梁中书判了卢俊义死刑。在行刑那天,梁山泊好汉石秀劫法场,救出卢俊义,但因单枪匹马,寡不敌众,二人被擒。为救卢俊义和石秀,宋江发兵攻打北京。梁中书向太师蔡京告急,蔡京采纳了关胜所献围魏救赵之计,率领1500人马直攻梁山泊。宋江闻讯,退后回山,以计俘获关胜,击溃了官军。随即宋江任命关胜为先锋再次攻打北京城,战斗相持数月,直到次年元宵方攻破北京。梁中书从南门夺路而逃,卢俊义、石秀被救出。

不久,蔡京又派单廷桂、魏定国攻打梁山泊,皆被击溃。宋江与卢俊义一道领兵攻打曾头市,杀了曾家五虎,回山祭奠晁盖之灵。接着又乘胜攻破了东平、东昌二府,大军凯旋。此时,梁山泊大小头领正好108位,合了当年洪太尉所放走的魔王之数。众人齐聚忠义堂,宋江坐了第一把交椅,立起了"替天行道"的杏黄旗。

山寨兴旺之后,宋江有了"望天王降诏早招安"的打算,武松、李逵、鲁智深都坚决反对。到了年底,宋江要往东京去观赏明年元宵的灯火,柴进、李逵陪宋江到了东京。很偶然宋江进了李师师的府邸,徽宗皇帝也在场,正当宋江要向徽宗讨招安诏书的时候,李逵在外边打人放火,城内顿时大乱。宋江三人逃出,李逵单独行至荆门镇投宿时,听庄主刘太公说宋江抢了她女儿上山,李逵万分愤怒,跑回梁山泊,砍倒了杏黄旗,要拿宋江问罪。后来经过对证,乃是牛头山贼人冒名干的坏事。李逵负荆请罪,

情感体验

《水浒传》是一部反映农民起义的长篇巨著。梁山起义的规模由小到大,逐步辉煌,但是最终土崩瓦解,主要人物均死于非命,但他们的豪情壮义,仗义疏财,令我们尤为感动。在阅读本书的过程中,我们一开始有打仗翻身的快感,但是失败的结局又让我们体验到了古代农民命运的悲凉。此外,读后使我们深刻地体会到了水浒英雄的"忠、信、义"以及无畏的优秀品德。

名句精华

当日尽皆筵宴饮酒庆贺。正饮宴间,只见山下有人来报道:"朱贵头领酒店里,有个郓城县人在那里,要来见头领。"晁盖、宋江听得报了,大喜道:"既是这恩人上山来入伙,足遂平生之愿。"正是:恩仇不辨非豪杰,黑白分明是丈夫。

史进听了,寻思道:"他们直恁义气!我若拿他去解官请赏时,反教天下好汉们耻笑我不英雄。自古道:'大虫不吃腐肉。'史进道:"你两个且跟我进来。"朱武、杨春并无惧怯,随了史进,直到后厅前跪下,又教史进绑缚。史进三四五次叫起来。他两个哪里肯起来。"惺惺惜惺惺,好汉识好汉。"史进道:"你们既然如此义气深重,我若送了你们,不是好汉。"

去牛头山杀了贼人,救回了刘太公的女儿。

梁山泊的壮大,震惊了朝野上下。徽宗派殿前太尉陈善保前往招安,李逵接过招安诏书,一把撕得粉碎。朝廷又派童贯攻打梁山泊。山寨十面埋伏,挫败了童贯的两次进攻。童贯逃回东京,高俅又调遣兵力来攻梁山泊。宋江三败高俅,并将他活捉上山,以礼相待,要高俅转达渴望朝廷招安之意。高俅去后,宋江又派燕青去东京,燕青通过李师师求得徽宗下诏,没过几天,殿前太尉宿元景上山来宣读诏书,宋江领着众好汉接受了招安,打着"顺天""护国"旗帜,到东京接受徽宗检阅。

梁山泊义军接受招安后,正遇辽兵侵犯,宋江受诏破辽。于是大军北进,攻下檀州,夺回蓟州,智取霸州,占领幽州,兵围燕京,辽主请罪投降。宋江班师回国,遵照徽宗旨意,将所夺州县仍退还给了辽邦。回到京师,徽宗下诏,令宋江去平定淮西王庆,随后又调去平定河北田虎和江南方腊。在平定方腊军的过程中,义军损失惨重,虽然最后擒获了方腊,大功告成,但却阵亡72条好汉。回军途中,鲁智深在杭州六和寺坐化(和尚盘膝打坐安然而死),残废的武松不愿回京,就在这里出了家。离开杭州后,林冲瘫痪,杨雄、时迁、杨志病死,燕青又悄然离去。到了苏州,李俊、童威、童猛又离去。等到大军回京驻扎陈桥驿时,只剩下20余名头领。蔡京、童贯、高俅、杨戬四大奸臣待宋江等封官之后,设计用水银害了卢俊义,用毒药掺入御酒药死了宋江。就这样,一场轰轰烈烈的农民革命在悲剧中结束了。

三国演义

灵帝中平元年,张角兄弟发动黄巾起义,官军闻风丧胆。为抵抗黄巾,幽州太守刘焉出榜招兵。当时,刘备、关羽、张飞都去看招兵榜文。三人萍水相逢,但都有为国出力之心,所以一见如故,被张飞拉到自家庄后的桃园饮酒。最后三人对天盟誓,结拜为弟兄,一道去投了刘焉。刘、关、张从军后就显示出非凡的才能,他们在涿郡和青州打败了黄巾军。不久,又救出被张角打败的董卓,但董卓见刘备并非官员,没有答谢。张飞大怒,要斩董卓,被刘备劝住。

后来,刘、关、张与朱俊、孙坚进攻黄巾,大胜。朱俊、孙坚皆受封赏,只有刘备被冷落。过了很久,刘备才被封为定州中山府安喜县尉。到任四个月,督邮来县巡视,刘备出城迎接,极为谦恭。而督邮却非常傲慢,开始时痛斥刘备诈称皇亲,虚报功绩;接着,见刘备无礼物奉送,就捏造"县尉害民"之罪,存心陷害。张飞知道实情后,大怒,骑马来到馆驿,将督邮头发揪住,扯出馆驿,一直扯到县衙门前马桩上拴住,当着众多百姓,扯下柳条,往督邮两腿上狠力鞭打,一连打断了十几根柳条。督邮疼痛难忍,大叫:"玄德公救我性命!"刘备赶来,连忙让张飞住手,督邮才逃命而去。事后,刘、关、张三人往代州投奔了刘恢。不久,参加平定渔阳之战,刘备因立功被任为平原令,有了一支自己的人马。

中平六年,汉灵帝死去,少帝继位,为外戚大将军何进所制。十常侍诱杀何进,袁绍等领兵诛杀宦官,西凉刺史董卓趁机进兵京师、驱逐袁绍、消灭丁原,收服吕布,废少帝立献帝,专权朝野,并毒死刘辩。满朝文武哭哭

作者及作品简介

《三国演义》的作者是罗贯中(约1330年—1400年),名本,字贯中,山西太原人,一说钱塘(今浙江杭州)或庐陵(今江西吉安)人。关于他的生平和创作,流传下来的资料很少。较能保存他原作面目的,只有他编撰的《三国演义》。

《三国演义》是我国产生较早的一部著名的长篇历史演义小说,原名叫《三国志通俗演义》,是根据民间长期流传的刘、关、张桃园三结拜的故事编成的。《三国演义》不仅是较早的一部历史小说,而且代表着古代历史小说的最高成就。小说采用浅近的文言,明快流畅,雅俗共赏;笔法富于变化,对比映衬,波澜曲折,摇曳多姿;又以宏伟的结构,把百年左右头绪纷繁、错综复杂的事件和众多的人物组织得完整严密,叙述得有条不紊、前后呼应,彼此关联,环环紧扣,层层推进。

此外,作品更重要的艺术成就是在战争描写和人物塑造上。小说最擅长描写战争,并能写出每次战争的特点。

啼啼，对董卓无可奈何。可曹操却抚掌大笑，挺身而出，表示愿亲自前往刺杀董卓。计定之后，曹操佩着司徒王允借给的七星宝刀来到相府，进入董卓所住小阁，见吕布侍立于旁，不敢下手。董卓叫吕布去挑马赐与曹操，吕布去后，董卓因胖大不耐久坐，于是倒身转向内卧于床上。曹操见机会已到，急抽出宝刀，待要行刺，不料董卓从衣镜中看见曹操在背后拔刀，迅速转过身子问道："孟德干什么？"吕布此时也牵马来到阁外。曹操灵机一动，一闪身走而脱险。

曹操从洛阳逃到中牟，被县令陈宫捉住。陈宫义释曹操，与他一起来到成皋，投宿吕伯奢家中。吕伯奢家人磨刀准备杀猪款待，曹操怀疑他们要杀自己，竟将吕伯奢全家杀害。陈宫愤怒地离开了曹操。曹操只身前往陈留，拉起一支队伍，推袁绍为盟主，联合十七镇诸侯讨伐董卓。刘、关、张也参与了这次讨伐。曹操、袁术等八路诸侯与吕布对峙于汜水关，吕布部将华雄杀得联军损兵折将。这时，担任马弓手的关羽请求上阵，曹操令人斟上一杯热酒为关羽壮行。关羽出帐提刀，飞身上马，说道："酒且斟下，我去便来！"只听得鼓声大振，喊声大作，不一会，关羽已跃马归来，提华雄头颅掷于地上，而酒还是热的。曹操大喜，犒赏刘、关、张。八路诸侯乘胜出击，刘、关、张三人合战吕布，群雄围攻，吕布大败，逃至虎牢关上。

董卓见吕布战败，盟军势大，烧洛阳，逼献帝迁都长安。盟军入洛阳，各起异心。

创造性阅读

《三国演义》是中国文学史上第一部成熟的长篇小说。它艺术地再现了从东汉末年天下大乱到西晋重新统一的历史进程，在广阔的历史背景中，形象而深刻地描写了当时各个政治集团之间错综复杂的政治、军事矛盾和冲突。在读小说的时候，我们应该结合三国时期的历史，把历史与小说紧密结合在一起，深入了解三国时代各封建统治集团之间的政治、军事和外交斗争，看到当时封建社会的腐朽黑暗、统治阶级的凶狠残暴以及人民的流离疾苦，并从中发现社会发展的规律。

孙坚在宫井中得到传国玉玺，率军返回江东。曹操与袁绍发生摩擦，去了扬州。盟军瓦解。接着军阀又开始火并。此时，司徒王允在长安设下连环计，让董卓和吕布为争夺歌妓貂蝉而发生冲突，董卓被杀。董卓部将又反扑过来，杀了王允全家。在军阀混战中，青州黄巾军又起义，曹操前往收降了三十余万人，择精壮者编为青州军，其余军士放归务农，从此威名大振，朝廷封曹操为镇东将军，屯驻兖州。这时，曹操老父被黄巾降将所害，操为报父仇，尽起兵马亲讨降将新主徐州陶谦。曹操与吕布混战，收复了兖州。

建安元年，董卓部将发生内讧，汉献帝逃往洛阳，曹操赶往保驾，在许都迎汉献帝，独揽大权。在此同时，父死而投奔袁术的孙策，以传国玉玺为抵押，借得袁术兵马，杀回江东，江东之民呼孙策为孙郎。其后不久，曹操出兵寿春，转战徐州，败袁术，杀吕布，官封中郎将、关内侯，威权更盛。献帝不甘心受控制，在衣带中放入诏书，令董承设计除掉曹操。刘备这时正依附曹操，也参与了预谋。在此期间，他三顾茅庐，礼请诸葛亮出山辅佐，得到了一条有力的臂膀。后又辗转依附荆州刺史刘表。

其后，连续击败曹操部将的进攻，军事上有了起色，但局处一隅，没有可靠的根据地，整个形势还是不妙。

不久曹操带着战胜袁绍的余威，亲率大军南下，想要一举消灭刘表、刘备、孙权等人，进而一统天下。恰逢刘表病死，其子刘琮献荆州降操，战局急转直下，大大有利于曹操。曹操在这种形势面前，滋生了骄傲轻敌情绪。经过诸葛亮的反复游说，孙权、刘备决定联合，双方共同发动了一场奠定三

形象感受

诸葛亮是《三国演义》中一个极为重要的人物。在诸葛亮身上，集聚了许多政治家的美德和超人的智慧。他的足智多谋更为人们所津津乐道，像博望坡用兵、草船借箭等。不仅如此，他还能随机应变，如"空城计"的运用。而且，他为了完成统一大业，最终劳累而死，使我们充分地感悟到了"鞠躬尽瘁，死而后已"的崇高品德。

国鼎立局面的关键性的大战役——赤壁之战。赤壁一战,曹军几乎全军覆没,曹操只得统兵北还。大战过后,刘备又统兵攻占四川全境,取得了比较广阔的根据地。曹、刘、孙三足鼎立的局面从此形成。

此后若干年,三国展开了角逐争夺。当时据有荆襄九郡并两川之地的刘备,正发展壮大。但是,由于镇守荆州的关羽破坏了孙、刘联盟,孙权乘关羽忙于和曹兵交战之机,派兵袭占了关羽后方——荆州全境,关羽由此败死。

没多久,曹操病死,其子曹丕废汉自立,建国号为"魏"。刘备闻讯,亦"继汉统",正式建立蜀汉政权。为了报关羽被害之仇,刘备不听诸葛亮的劝阻,亲自统兵与孙权交战,结果为孙权手下大将陆逊所败,火烧连营七百里,全军伤亡殆尽,他自己也病死白帝城。

刘备在白帝城染病不起的时候,诸葛亮赶来,刘备托以后事,并作出诸葛亮可取刘禅而代之的遗嘱。四月,刘备病逝。之后,曹丕用司马懿之计,联合南蛮孟获、东吴孙权进攻蜀汉。诸葛亮击退了来犯之敌,派邓芝结好东吴,自此吴蜀通好,息了刀兵。曹丕退回许昌,任司马懿为尚书。诸葛亮率军50万南征孟获,采纳心战为上、兵战为下的建议,七擒七纵孟获,以德服人,使蜀汉后方得以稳定。

蜀后主建兴四年,曹丕病死,儿子曹睿即位,任司马懿为骠骑大将军。诸葛亮采用马谡之离间计,令其散布司马懿谋反的流言,使司马懿被削职回乡。诸葛亮乘此机会,发兵汉中。蜀军一出祁山,直抵渭水,长安告急。曹睿见势不妙,起用司马懿任平西都督,令其据守长安。司马懿老谋深算,上任之后,即夺新城,斩了私通蜀汉的孟达,乘势直逼汉中咽喉的街亭和列柳城。马谡自告奋勇驻守街亭,但他不听王平劝告,执意在山上林木深处下寨。司马懿率兵围山,断其水源,蜀

名句精华

话说天下大势,分久必合,合久必分。周末七国分争,并入于秦。及秦灭之后,楚、汉分争,又并入于汉。汉朝自高祖斩白蛇而起义,一统天下,后来光武中兴,传至献帝,遂分为三国。推其致乱之由,殆始于桓、灵二帝。

臣本布衣,躬耕南阳,苟全性命于乱世,不求闻达于诸侯。先帝不以臣卑鄙,猥自枉屈,三顾臣于草庐之中,谘臣以当世之事,由是感激,遂许先帝以驱驰。后值倾覆,受任于败军之际,奉命于危难之间:尔来二十有一年矣。

今天下三分,益州疲敝,此诚危急存亡之秋也。然侍卫之臣,不懈于内;忠志之士,忘身于外者:盖追先帝之殊遇,欲报之于陛下也。诚宜开张圣听,以光先帝遗德,恢弘志士之气;不宜妄自菲薄,引喻失义,以塞忠谏之路也。

兵大败，街亭失守，随即司马懿又攻下了柳城。诸葛亮闻讯，迅速安排退兵之计，但此时司马懿已逼近诸葛亮所驻守的西城。眼见城中仅二千五百名老弱残兵，退、守两难，诸葛亮料定司马懿会认为自己平生谨慎，不会冒险，于是大开城门，让老军扮作老百姓洒扫街道，自己则在城楼上凭栏而坐，焚香弹琴。司马懿赶来，满腹狐疑，惧有伏兵，急令撤退。当撤到武功山小路时，又遇诸葛亮事先布置的兵士大喊大叫，吓得魏军不敢久停，只得尽弃辎重而逃。西城解围后，诸葛亮退回汉中。此后，诸葛亮又四出祁山，但都未取得进展。这期间，孙权在武昌南郊筑坛登帝位，后定都建业。

建兴十二年，诸葛亮六出祁山，司马懿兵屯渭水相拒。之后由于长时间的操劳，诸葛亮在八月病逝于五丈原军中，年仅54岁。姜维遵照诸葛亮遗嘱，以木雕为诸葛亮像坐于车中，从五丈原徐徐退兵。司马懿追兵至，姜维推出诸葛亮木像，司马懿吓得急令后退，被蜀军乘势猛攻，曹军大败。司马懿退兵。蜀汉全国举哀，葬诸葛亮于定军山。

诸葛亮死后，蜀后主刘禅宠信宦官，不理朝政，国势日趋衰微。魏景元四年，司马昭令钟会、邓艾伐蜀，刘禅投降，被封为安乐公，蜀汉灭亡。魏自曹睿死后，大权先被司马懿控制，后又被司马懿之子司马师、司马昭所掌握。魏咸熙二年，司马昭之子司马炎代魏而自称晋帝，魏灭亡。晋建国后，于咸宁六年灭了东吴，自此三国时代结束，晋帝司马炎统一天下。

情感体验

《三国演义》是一部断代体古典名著小说，它讲述了从东汉末年时期到晋朝统一之间发生的一系列故事。作品中的诸葛亮、姜维为了统一大业死而后已，使我们对他们充满了敬佩之情，同时也为他们的失败感到遗憾。在现实生活中，我们也应该坚定自己的目标，为自己的理想努力奋斗，即使失败也无憾。一个人如果没有轰轰烈烈的奋斗，生命就显得比较苍白。

红楼梦

　　姑苏阊门外有个葫芦庙，乡宦甄士隐居住庙旁，因可怜穷书生贾雨村，就赠送银子给他，让他进京赶考。在元宵之夜，甄士隐的女儿英莲被拐走，而后又因葫芦庙失火，甄士隐家烧毁，无奈之下，甄士隐带妻子投奔岳父家，没想遭到白眼冷待，不得已随跛道人出家。

　　穷书生贾雨村中了进士，被任命为县令，不久由于贪财被革去职务，只得到盐政林如海家教林的女儿黛玉读书。时逢京城起复参革人员，贾雨村托林如海求岳家荣国府帮忙。林如海的岳母贾母因黛玉丧母，要接黛玉到身边照顾，正好林便托贾雨村送黛玉到京。于是贾雨村与荣国府交好，由林如海内兄贾政帮忙，得任金陵应天府。

　　黛玉进荣国府，除认识了外祖母外，还认识了大舅母：贾赦之妻邢夫人；二舅母：贾政之妻王夫人；年轻而管理家政的贾琏之妻王熙凤，以及迎春、探春、惜春和衔玉而生的贾宝玉。奇怪的是与宝玉初见有似曾相识之感，而宝玉见美如天仙的表妹黛玉身上无玉，便砸自己的通灵宝玉，惹起一场不快。

　　贾雨村在应天府审案，却是英莲被拐卖案，买主是皇商之家、王夫人姐姐薛姨妈儿

作者及作品简介

　　曹雪芹（约1715年—1763年），清小说家。名沾，字梦阮，号雪芹。出身满洲正白旗"包衣"（对主子为奴才）。《红楼梦》原名《石头记》，120回长篇小说，写于清乾隆时。前80回曹雪芹作，后40回一般认为是高鹗所续。

　　《红楼梦》可以说是一部百科全书式的长篇小说。它以一个贵族家庭为中心展开了一幅广阔的社会历史图景，社会的各个阶级和阶层，上自皇妃国公，下至贩夫走卒，都得到了生动的描画。它对贵族家庭饮食起居各方面生活细节都进行了真切细致的描写，园林建筑、家具器皿、服饰摆设、车轿排场等等描写，都具有很强的可信性。它还表现了作者对烹调、医药、诗词、小说、绘画、建筑、戏曲等等各种文化艺术的丰富知识和精到见解。《红楼梦》的博大精深在世界文学史上是罕见的。

　　《红楼梦》在艺术上取得了辉煌的成就，作者善于通过日常生活细节和各种生活事件，多方面刻画人物性格。其次，小说规模宏大、结构新颖而奇巧、首尾连贯、浑然一体。它是章回体小说完美、成熟的标志。此外，小说的语言优美生动，形象逼真。绘形，能见到人物活动；绘色，能观到五彩缤纷；绘声，能听到高唱低吟。它标志着我国古典文学语言最高成就。

探究性阅读

《红楼梦》描写的主要是贾宝玉与林黛玉、薛宝钗的爱情和婚姻悲剧,并围绕这一悲剧,为我们铺开了一个由许多有关人物构成的广阔的社会生活环境,使我们从中看到了这一悲剧发生的社会和家庭的原因,进而深刻地揭露了封建家族的荒淫、腐败,显示出封建制度濒于崩溃和必然灭亡的命运。作者通过描写贾府中各种复杂矛盾的生活,揭露了封建社会的婚姻、道德、文化、教育等等的腐朽、堕落和衰败的现象,可以说是整个封建时代统治阶级的缩影,形象地反映封建时代必然崩溃、没落的历史趋势。

子薛蟠。薛蟠为争英莲打死原买主。贾雨村在手下门子口中已得知薛姨妈与荣国府的关系,于是胡乱判案,放了薛蟠。随后薛蟠与薛姨妈、妹妹薛宝钗也一同到荣国府住下。

宁国府梅花盛开,贾珍妻尤氏请贾母等赏玩。贾宝玉睡午觉,住在贾珍儿媳秦可卿卧室,梦游太虚幻境,得见"金陵十二钗"图册,与仙女可卿云雨,醒来后因梦遗被丫环袭人撞见,宝玉乘势与袭人发生关系。

京官后代王狗儿已沦落乡间务农,因祖上曾和王夫人、凤姐娘家有亲,便让岳母刘姥姥到荣国府找王夫人打秋风。王熙凤接待,给了二十两银子。

薛宝钗曾得癞头和尚赠金锁治病,以后一直佩戴。黛玉忌讳金玉良缘之说,常暗暗讥讽宝钗,警告宝玉。

贾珍之父贾敬放弃世职,离家求仙学道。他生日之日,贾珍在家设宴相庆。因林如海得病,贾琏带黛玉去姑苏,他的族弟贾瑞调戏凤姐,被凤姐百般捉弄而死。

林如海死后,黛玉只得常住荣府。一种寄人篱下的凄凉感笼罩着她,使她常暗暗流泪,身体也更加病弱。秦可卿病死,贾珍恣意奢华,丧礼风光。

贾政长女元春被册封为妃,皇帝恩准探家。荣国府为了迎接这大典,修建极尽奢华的大观园,又采办女伶、女尼、女道士,出身世家、因病入空门的妙玉也进荣府。元宵之夜,元春回娘家待了一会儿,要宝玉和众姐妹献诗。

宝玉和黛玉两小无猜,情意绵绵。又因有薛宝钗或其他小事,二人在不断争吵中情感愈深。

贾政妾赵姨娘所生子、宝玉庶弟贾环嫉妒宝玉,抄写经书时假装失手弄倒蜡烛烫伤宝玉,王夫人大骂赵姨娘。赵姨娘又深恨凤姐,便请马道婆施魔法,让凤姐、宝玉中邪。癞和尚、跛道人擦拭通灵宝玉,救好二人。

黛玉性格忧郁,暮春时节伤心落花,将它们埋葬,称为花冢,并写《葬花辞》。有一次史湘

形象感受

贾宝玉,这一典型的艺术形象犹如现实生活中的人一样,他的思想性格,是在他的遭遇和经历里,在那种特定的生活环境中的多方面复杂的条件和因素给予他影响,在不知不觉中形成的。在他的身上,我们充分地感受到了一个具有初步民主主义思想的形象。

林黛玉,她是"美"的化身,虽然结果以死而告终,但林黛玉的纯美的精神,她与贾宝玉生死与共的爱情,她的闪耀着艺术魅力的优美形象,在读者心中长存;这一形象所蕴含的哲理与诗意,给予了我们以生活的启示以及美的享受。

云劝宝玉会官员、谈仕途,被宝玉抢白,并说黛玉从不说这种混账话,恰巧黛玉路过听到,深喜知心。

王夫人丫环金钏与宝玉调笑,被王夫人赶出投井而死,贾环告贾政。宝玉结交的一位王爷喜欢的伶人失踪,王爷派人来找。贾政大怒,将贾宝玉打得皮开肉绽。王夫人找袭人,要她随时报告情况,并决定将来袭人给宝玉做妾。

刘姥姥二进荣国府,被贾母知道,便留她住下。在大观园摆宴,把她当作取笑对象。这位饱经世故的老妇也甘心充当这一角色。贾母又带刘姥姥游大观园各处。

袭人因母病回家,晴雯夜里受寒伤风,身上烧得烫人。宝玉为舅舅庆寿,贾母给他一件俄罗斯裁缝用孔雀毛织的雀金裘,他不慎烧个洞。晚上回来,街上裁缝不敢修补。晴雯重病中连夜补好。

年关到,宁国府庄头交租,送的东西数量惊人,贾珍还嫌少。由于过年操劳,凤姐小产,无法理家,便由探春、宝钗等人协同理事。探春为赵姨娘所生,赵姨娘弟弟死,探春按例不多给钱,母女大闹一场。探春又在园中实行一些改革,各处派专人管理,既交公一些财物,又给管理人一些利益。

黛玉丫环紫鹃试探宝玉对黛玉的真心,假说黛玉要回姑苏,宝玉相信而发病精神失常。由此,黛玉更知宝玉心理,众人也以为他们定成美满姻缘。黛玉又要认薛姨妈为干妈,钗黛二人达到关系最融洽时期。

正当宝玉生日欢宴时,贾敬吞丹丧命。尤氏因丧事繁忙,请母亲和妹妹尤二姐、尤三姐来帮忙。贾琏见二姐貌美,娶作二房,偷居府外。二姐和贾珍原有不清白,贾珍还想搅浑水,贾琏又想把三姐给贾珍玩弄。尤三姐却正气凛然,将珍、琏大骂。

贾赦派贾琏外出办事,贾琏路遇薛蟠、柳湘莲。薛蟠遇强盗,被柳搭救,二人结为兄弟,贾琏为柳提媒,柳答应。到京城后,尤三姐为证清白而自刎,柳出家。贾琏回来,因办事好,贾赦赏一妾。凤姐借妾手逼使尤二姐吞金自杀。

晴雯被王夫人赶出,抱恨而死,贾宝玉无可奈何,写《芙蓉诔》祭她。

薛蟠娶妻夏金桂后,贪陪嫁丫环宝蟾美色,夏和婆婆吵闹。薛蟠无法在家,只得外出。

宝玉年纪渐大,贾政逼他上学,迎春出嫁,宝钗被家事缠住,大观园冷清起来。黛玉染重病。奉承贾母意思,凤姐提出将宝钗嫁给宝玉的想法。宝玉见晴雯补的雀金裘,怀念亡人。黛玉听丫环谈论宝玉婚

名句精华

那刘姥姥先听见告艰难,只当是没有,心里便突突的,后来听见给她二十两,喜得又浑身发痒起来,说道:"嗳,我也是知道艰难的。但俗语说的:'瘦死的骆驼比马大',凭他怎样,你老拔根寒毛比我们的腰还粗呢!"周瑞家的见她说得粗鄙,只管使眼色止他。

今忽与尔相逢,亦非偶然。此离吾境不远,别无他物,仅有自采仙茗一盏,亲酿美酒一瓮,素练魔舞歌姬数人,新填《红楼梦》仙曲十二支,试随吾一游否?宝玉听说,便忘了秦氏在何处,竟随了仙姑,至一所在,有石牌横建,上书"太虚幻境"四个大字,两边一副对联,乃是:假作真时真亦假,无为有处有还无。转过牌坊,便是一座宫门,上面横书四个大字,道是:"孽海情天"。

事，病得不能吃饭，后来听说议而未成，病即痊愈。

薛蟠在外饮酒，打死店小二，入狱。就在夜里，宝玉的通灵玉不知去向，人也痴呆了。祸不单行，元春这时死去。由贾母做主，决定为宝玉娶宝钗，怕宝玉不同意，告诉他娶的是黛玉，并不让黛玉知道消息。黛玉知道实情，梦幻破灭，迷失真性，焚烧诗稿；在宝玉成亲时，她孤苦而死。洞房之夜，宝玉见是宝钗大惊，人也更加糊涂，忧伤得差点死去。

探春远嫁之后，大观团更凄清，凤姐月夜见鬼，尤氏又得重病，众人搬出园，请道士在园中做法驱妖。薛蟠案子要重判，夏金桂大吵大闹，因为调戏薛蝌被香菱撞见，她想毒死香菱，不料自己误食毒药而死。

荣宁二府种种作为惹恼皇帝，终于被抄家，革去二府世职。贾赦、贾珍被逮。凤姐由于突来大祸，病得奄奄一息。由于权贵帮助，荣府世职恢复，让贾政继承，正逢薛宝钗婚后第一个生辰，便摆宴庆贺，可是席间一片悲凉。不久，贾母病死。鸳鸯惧怕报复，也自杀殉主。凤姐主办丧事，力不从心，大家怨恨。她支持不住死去了。一群强盗打劫荣国府，妙玉被奸污、劫走。惜春看破红尘，小小年纪出家。

宝玉再次梦游太虚幻境，见到鸳鸯、尤三姐、秦可卿等薄命女子以及黛玉，醒后更心灰意冷。癞和尚、跛道人送回通灵宝玉，实则要宝玉弃绝尘缘。宝玉终于在应考之时出家当了和尚，尽管他中了举人，宝钗也已怀孕，他全不管了。

贾雨村犯法被解职，在觉迷渡口碰见已成仙的甄士隐。甄士隐向他剖析和解释了这一切，小说结束。

情感体验

《红楼梦》全书结构宏伟而又自然，完全是生活的再现，其中描写了许多家庭生活的细节，也写了一些波澜壮阔的大场面，千头万绪、参差错落，但看起来却脉络分明，有条不紊。书中人物的结局几乎全是悲剧，给人一种忧伤与悲凉的气氛。这就使我们清楚地看到了当时封建贵族必然没落。同时，主人公的悲剧其实就是封建社会的牺牲品，也使我们深深地感到心酸以及遗憾。

子夜

故事从 1930 年 5 月的一个傍晚开始，三辆雪铁龙汽车闪电似的驶过外白渡桥，戛然停止在内河小火轮的汇集处——戴生昌轮船局大门口。工商界巨头吴荪甫和他的二姐夫，金融界大亨杜竹斋夫妇，来此迎候从老家双桥镇前来避乱的吴老太爷。

吴老太爷的守旧思想，与新式企业家的儿子吴荪甫格格不入。一到上海，他就受到强烈的刺激。机械的噪音，耀眼的霓虹，熏人的香气，时髦的男女，都令他神经发疼。一进吴府大门，他就因脑溢血而断了气。

第二天，吴府大办丧事。纷至沓来的客人中，既有企业老板、金融巨头，也有官场政客、寄生文人。他们名为吊丧，实则各怀鬼胎，或寻欢作乐，或暗作交易。这时，吴荪甫的思想也不在丧事上。家乡农民暴动与丝厂工人罢工，他得布置对策。杜竹斋拉他和金融魔王赵伯韬合伙做公债多头，他忙着筹划谈判。

双桥镇农民暴动的成功，打破了吴荪甫建设"双桥王国"的幻想。但这时，他与杜

作者及作品简介

《子夜》的作者是茅盾（1896 年—1981 年），本名沈德鸿，字雁冰，1896 年 7 月 4 日生于浙江桐乡县乌镇。《子夜》是他在"左联"期间写的一部作品。《子夜》标志着茅盾的创作开始进入了一个新的成熟阶段，是我国现代文学史上一部杰出的革命现实主义长篇小说。它从 1931 年 10 月写起，至 1932 年 12 月完稿。在动笔以前，还经历了一个较长的准备和构思的过程。

《子夜》的创作动机最初是由当时的一场有关中国是半殖民地半封建社会还是资本主义的讨论引起的。在《子夜》中，作者用艺术的形式有力地论证了这样一个答案：中国并没有走向资本主义发展的道路，中国在帝国主义的压迫下，更加殖民化了。小说的这种创作宗旨决定了这部小说具有的社会分析特色。

《子夜》的语言具有简洁、细腻、生动的特点。它没有过度欧化的语言，偶尔运用古代成语，也是恰到好处，趣味盎然。人物的语言和叙述者的语言，都能随故事和人物的性格发展变化而具有不同特色，使读者如闻其声，如见其人，如临其境。全书共 19 章，一、二两章交代人物，揭示线索；此后 17 章，一环扣紧一环，头绪繁多而又有条不紊，各有描写重点而又共同服从于全书的中心。总之，《子夜》作为长篇小说里程碑被载入中国文学史，所取得的成就形成了中国现代社会历史小说的基本格局，影响深远。

竹斋等人正在筹建"益中信托公司",妄图一举吞并一系列中小企业。他决定将双桥镇劫后的余产折合现金,投放于益中信托公司,干一番大事业。他起用丝厂职员屠维岳,蒙骗分裂工人,平息了工潮。

这时,杜竹斋驱车前来,报告了公债投机得手的喜讯。吴荪甫一一突破了重围,志得意满,感到更大的胜利在向他招手。

因为金融公债上混乱、投机的情形妨害了工业的发展,实业界同人孙吉人、王和甫推举吴荪甫联合各方面有实力的人,办一个银行,做自己的金融流通机关,并且希望将来能用大部分的资本来经营交通、矿山等几项企业。这正合吴荪甫的心意。他的野心是大的,又富于冒险精神。他喜欢和同他一样有远见的人共事,而对那些半死不活的资本家却毫无怜悯地施以手段。很快地,益中信托公司就成立起来了。

就在吴荪甫的事业渐渐有所发展的时候,赵伯韬出面捣乱来了。他的背景极为复杂,不仅有政界作后台,军界也与他有很深的关联。赵伯韬盯上了吴荪甫这块肥肉,想把他的企业吞食掉。他看准吴荪甫最大的困难就是资金短缺,他就广布流言。吴荪甫又岂是白痴!他当机立断,贴出告示,告知股民,凡在半个月内谁要提取没到期的款子,可以特别通融,利息照日子算。只此一招,就扑灭了流言。

但是,资金对吴来说日益吃紧。家乡双桥镇又生变故,农民的反抗使得他在家乡的一些产业蒙受巨大的损失,所以不得不使出全部的伎俩来筹资。他开始恶毒地盘剥工人的劳动,不但增加工作量,同时还要扣除20%的工资,工人大哗,新的罢工即将开始。新的罢工意味着新的危险,很快,吴荪甫就内外交迫了。

探究性阅读

茅盾的《子夜》不仅展示了20世纪30年代初中国社会生活(尤其是都市生活)的广阔画卷,而且还展示了民族资产阶级的衰败史。作品表现了民族和社会的矛盾以及各阶级各阶层之间错综复杂的社会关系,突出描写了中国民族资产阶级在帝国主义、买办资产阶级和统治阶级几重压迫下的必然悲剧命运,从而揭示出中国社会的本质特征和必然发展趋向。进而,也使我们充分地了解了20世纪初中国革命的发展、星火燎原的中国社会形势,以及当时整个时代的发展趋向。

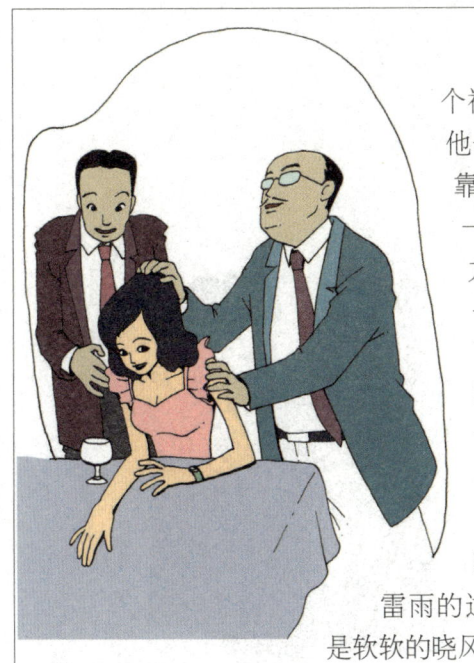

吴荪甫紧张到了极点。他终于知道在中国这么大个社会里要想发展民族工业是何等困难。不知不觉,他也被卷入到买空卖空的投机市场来了。他不得不依靠典当他心爱的工厂来与金融资本家赵伯韬做殊死一搏。在金融、企业和家乡投资三线作战使他精疲力竭。平生第一次,他离开了他的工作,和朋友及妓女消磨了一个晚上。

就在这时,随着一夜雷雨的过去,换来的是软软的晓风,几片彩霞,和一轮血红的刚升起来的太阳。裕华丝厂车间里全速转动的几百部丝车突然一下子都关住了。被压迫者的雷声发动了!女工们像潮水一般涌出车间来,像疾风一般扫到那管理部门门前,冲散了在那里探头张望的几个职员,就把那刚刚贴出来的扣减工钱的布告撕成粉碎了。

"打工贼呀!打走狗呀!"

"活咬死钱葆生!活咬死薛宝珠!"

"工钱照旧发!礼拜日升工!米贴!"

愤怒的群众像雷一样的叫喊着。她们展开了全阵线,愈逼愈近那管理部了。这是她们的锁镣!她们要打断这锁镣!

"打倒屠夜壶!"

"桂长林滚蛋!王金贞滚蛋!"

群众杂乱地喊着,比第一次的口号稍稍见得不整齐。她们的大队已经涌到了管理部那一排房子的游廊前,她们已经包围了这管理部了。在她们前面是李麻子和他那二十个人,拿着自来水管的铅棒,在喝骂,在威吓。阿祥也在一处,频频用眼光探询李麻子。可是李麻子也没接到命令应该怎么办,他们只

形象感受

吴荪甫是上海滩上的工业巨头,财力雄厚,开办有近万人的裕华丝厂。他的主要性格及特征是精明能干,有雄心有魄力,富有冒险精神,是一个铁腕人物。在他和其他民族资本家的关系中,表现出他的心狠手辣的性格特点。吴荪甫性格的另一面是软弱空虚。在他的身上,我们看到20世纪30年代初期中国民族资本家的形象。

赵伯韬的形象相对于吴荪甫要单薄一些。他的性格特征是骄横狂妄,阴狠狡诈。凭着他在政治、经济上的特殊地位,在上海滩兴风作浪,是公债市场上的魔王。小说还描写了赵伯韬糜烂的生活,他扒进各式各样的公债,也扒进各式各样的女人,在他的身上,我们切身地感悟到了那个阶级精神上的极端腐朽以及当时买办资本家的形象。

名句精华

僵尸在坟墓里是不会"风化"的。现在既然来了现代大都市的上海,自然立刻就要"风化"。去罢!你这古老社会的僵尸!去罢!我已经看见五千年老僵尸的旧中国也在新时代的暴风雨中间很快的、很快的在那里风化了。

四小姐这无名的惆怅也是最近三四天内才有的。她的心变成一片薄膜,即使是最琐细最轻微的刺激——任何人的欢乐或悲哀的波动,都能使她产生共鸣而发抖。静室独坐的时候,她似乎觉得每一个人都板起了得意的脸孔在威胁她。世界上只有她一人是伶仃孤独——她时常这么想。她渴要有一个亲人让她抱住了痛哭,让她诉说个畅快;来上海后这三四天就像三四年,她满心积了无数的话,无数的泪!

是监视着,准备着。

突然,屠维岳那瘦削的身形出现在管理部门前了!他挺直了身体,依旧冷冷地微笑。群众出了意外的一怔。潮水停住了。这"夜壶"!好大胆呀!然而只一刹那,这群众的潮水用加倍的勇气再向前逼进,她们和李麻子一伙二十人就要接触了,呼噪的声音比雷还响,狂怒的她们现在有意识地要对敌人作一次正面的攻击,一次肉搏!第一个火星爆发了!群众的一队已经涌上了管理部另一端的游廊。豁浪!玻璃窗打碎了!这是开始了!群众展开全阵线进攻,大混乱就在目前了!……

在厂房,罢工的热潮重新燃起,这次是全市有组织的总罢工。工人在共产党的领导下,十分团结。屠维岳又重演分化瓦解的伎俩,阻碍重重。虽有一群吴荪甫的亲信被安插到厂里,吴荪甫也不那么镇静自若了,他仿佛失去了自信心,他怀疑一切人。他万万想不到将自己的亲信安插在厂中,厂子的局势也会恶化。

力气不支的赵伯韬又亮出了他的王牌。他利用"国内公债维持会"的名义电请政府

禁止卖空，同时这也等于是使得赵伯韬一分钱可以顶吴荪甫的两分钱使。至此，几乎绝望的吴荪甫还剩下最后一个希望，就是请杜竹斋老姐夫加盟，把他的强大的资金投入卖空中，或可一搏。

他担心在最后的收盘时刻，杜竹斋不去交易所。他的担心是多余的。吴荪甫在交易所突然晕倒后，被送回家去。他的汽车驶出交易所时，杜竹斋的汽车恰好缓缓驶进。杜竹斋终于露面了。

> **情感体验**
>
> 《子夜》主要描写了20世纪30年代上海社会生活和日常生活的各个方面，刻画了众多个性鲜明的人物形象，宛如一幅丰富多彩的画卷。作品是通过吴荪甫的悲剧命运来展现外来资本挤压下中国民族工业的无路可走，而在新中国日益强大的今天，我们应该激发自己的民族豪情。同时，我们也应该为旧社会无产阶级的命运而感到心酸。在读的过程中，我们应该着重体会作品中那特有的美学意蕴以及作者深刻的辩证法思想。

吴荪甫从电话中得知杜的到临，才长出一口气。他感到老赵的末日到了。也许民族资本家的梦想又开始飞舞到他的脑海中了。他不会忘记，通过他一步步艰辛的努力，他的企业的帝国初具规模；他不会忘记，在吴老太爷出殡的日子，他和他的朋友是怎样雄心勃勃地谈到民族工业的未来的；他不会忘记，欢畅糜烂的生活既使他厌倦又令他沉迷其中。他开始回忆这一切，在他心中，留住这些属于自己的东西的意念特别强烈起来。

但是，等待这位民族资本家的结局是十分不幸的。被他视为救星的姐夫杜竹斋进入公债交易市场后，他不是站在吴荪甫一边做空头，而是背叛了他的妻弟，做了多头。吴荪甫彻底地破产了。他知道什么都完了，不过他反而更加镇静起来了。他轻步跑进了自己房里，看见少奶奶蜷倚在靠窗的沙发上看一本书。"佩瑶！赶快叫他们收拾，今天晚上我们就要上轮船出码头。避暑去！"少奶奶猛一怔，霍地站了起来，她那膝头的书就掉在地上，书中间又飞出一朵干枯了的白玫瑰。这书，这枯花，吴荪甫今回是第三次看见了，但和上两次一样，今回又是万事牵心，没有了主意。少奶奶红着脸，朝地下瞥了一眼，惘然回答："那不是太局促了么？可是，也由你。"当晚他们就登上了去外地避暑的轮船。

边城

　　故事描写的是湘西边境有一个名叫茶峒的小山城，那里有一小溪，溪边有座白色小塔，塔下住了一户单独的人家。这人家只一个老人，一个女孩子，一只黄狗。小溪有一只方头渡船，管理这渡船的就是住在塔下的那个老人。老人唯一的朋友是一只渡船与一只黄狗，唯一的亲人便是小孙女翠翠。他的女儿——翠翠的妈，老船夫的独生女，15年前和一个屯戍军人相恋，怀了孕；两人既然无法同生而聚首，便选择了同死。军人首先服了毒。翠翠的妈生下女儿后也有意喝冷水死去。遗孤已长大成人，一转眼便13岁了。翠翠为人天真活泼，人又乖。一对眸子清明如水晶。她从不发愁，从不动气。老船夫不论晴雨，必守在船头。小孙女翠翠帮他在渡口撑渡。

　　茶峒临水处设了一个码头，掌管码头的叫顺顺。他大方洒脱，事业虽十分顺手，却喜欢结交朋友，慷慨而能济人之急；他有大小四只船，一个妻子，两个儿子。两个年轻人皆结实如小公牛，能驾船，能走长路。大儿子叫天保，18岁，像爸爸一样豪放豁达，不拘常套小节；小儿子叫傩送，译名"岳云"，16岁，像妈妈一样眉清目秀，聪明而又富于感情。两个年轻人在父母的养育之下，皆结实如老虎，却又和气亲切，不浮华，

作者及作品简介

　　《边城》的作者是沈从文，原名沈岳焕，1902年生于湘西凤凰县。沈从文被誉为现代中国的"风俗画家"，他的小说以恬静平淡的风格、小品散文的笔调、诗词曲令的意境，构建了一个属于他的"湘西世界"，反映了"优美、健康、自然，而又不悖于人性的人生形式"，刻画出众多性格鲜明、栩栩如生的人物形象。而《边城》是他的"湘西世界"的灵魂。

　　《边城》完成于1934年4月，是这类"牧歌"式小说的代表，同时也是沈从文小说创作的一个高峰。小说描写了山城茶峒码头团总的两个儿子天保和傩送与摆渡人的外孙女翠翠的曲折爱情。《边城》着意表现的是一种"优美，健康而又不悖乎人性的人生形式"，作者追求的不是曲折的情节。

　　《边城》的一大艺术特色就是在描绘的过程中，使作品具有了诗情画意的湘西边地风景和风俗，而且还为故事情节的展开以及种种人情美的刻画创造了氛围。此外，作品还以出色的心理描写对人物进行了刻画。

不倚势凌人,所以父子三人在茶峒边境上为人所提及时,人人对这个名姓无不加以一种尊敬。茶峒风光秀美,一年中最热闹的日子是端午、中秋和过年。在端午这一天,赛龙舟和泅水捉鸭子是两个传统节目。天保和傩送两人皆是当地泅水划船的好选手。

　　端午又快来了,"蓬蓬"的鼓声就越山掠水传到渡头,老船夫家的黄狗最先注意到这声音,接着翠翠也发现了,这鼓声把她带到一个过去的节日里去。两年前,翠翠随祖父进城看赛龙舟,祖父被人拉去喝酒,天晚了还没来接她。二老傩送于是让她到他家里去等她爷爷来找她。翠翠误会了他的好意,出口骂了他。傩送派人连夜送翠翠回家,这件小事搅动了翠翠的心湖,使她沉默了一个晚上。去年的端午节,翠翠又同祖父到城边河街看了半天船。忽然下起雨来,为了避雨,避在顺顺家的吊脚楼上,却没有碰上傩送,翠翠有点儿失望。但这次不见傩送却认识了大老天保,且见着了那个赫赫有名的顺顺。顺顺叫天保把泅水捉来的鸭子送给翠翠。水上名人向祖父询问翠翠的年纪和是否有人家。祖父拿翠翠和天保开玩笑,翠翠心里不高兴,因为翠翠心里一直挂念着傩送。

　　翠翠一天一天长大了,她欢喜看扑粉满脸的新嫁娘,欢喜说到关于新嫁娘的故事,欢喜把野花戴到头上去,还欢喜听人唱歌。茶峒人的歌声,缠绵处她已领略得出。祖父的心事也越来越重了。无论如何,得让翠翠有个着落,

探究性阅读

　　《边城》主要是以20世纪30年代湘西的社会为背景,以湘、渝、黔边交界的茶峒渡口为描述对象,以老船公和外孙女的生活经历为载体,把湘西朴实的民风及独特环境中那种人性美表现得淋漓尽致,并以简练而又细腻,散淡而又自然的笔法展示出人物的心理流程,使读者情不自禁地融进人物的心灵世界。该小说深刻地反映了"优美、健康、自然,而又不悖于人性的人生形式",使我们深深地感悟到了作者在作品中"排遣"与"弥补"了长期受压抑感情的一个桃花源式的好梦。

才对得起他可怜的女儿。端午又来了。祖父叫翠翠同黄狗过顺顺吊脚楼去看热闹。前几天顺顺家天保大老过溪时,这心直口快的年轻人向祖父道出了心声。但祖父不知道翠翠愿不愿意。后来二老也来过渡,对祖父说:"伯伯,你家翠翠像个大人了,长得很好看。"并邀请翠翠到他家里去看船。这时乡绅中寨王团总要把女儿嫁给二老,并愿以一座碾坊作陪嫁。可傩送偏偏不爱碾坊爱渡船,他心上早有了美丽的翠翠。后来顺顺当真请了媒人到渡口来给大老说亲了。但祖父以要看翠翠的意思为由,而没有给正面答复。这里有个规矩,求亲有两条路,车路和马路。走车路,应当由爹爹做主,请了媒人来正正经经说。走马路,应当自己做主,站在渡口对溪高崖上,唱三年六个月的歌。祖父询问翠翠的主张时,翠翠把头低下不作理会。回头又同翠翠谈了一次,也依然不得结果。老船夫猜不透这事情在什么方面有个疙瘩,解除不去,夜里躺在床上便常常陷入沉思里去,隐隐约约体会到一件事情——翠翠爱二老不爱大老。他有点忧愁,因为他忽然觉得翠翠一切全像她母亲,而且隐隐约约便感觉到母女二人共同的命运。

形象感受

翠翠,是作品中的主人公,是沈从文向往的优美人性与人生的化身与极致。她美丽、热情、纯真,从不发愁,从不动气,过着勤俭、宁静的生活。作者通过这一形象,特别是通过这一人物在爱情生活中的态度,描绘出人世间一种纯洁美好的感情,讴歌了象征着爱与美的人性与人生,并为人类"爱"字作一度恰如其分的说明。

70岁的老船夫,是作品中的另一主要人物,为人淳朴忠厚,忠于职守。他从不思索自己的职业对于本人的意义,只是静静地很忠实地活下去,与外孙女翠翠相依为命,他的身上体现的是当时农民所特有的安居乐业的朴素情怀。

船总顺顺家中,大老天保的事已让二老知道了,傩送二老同时也让哥哥知道了弟弟的心事。这一对兄弟原来同时爱上了那个撑渡船的外孙女。问题是两兄弟不会按照茶峒人的规矩,来一次流血的挣扎,但也不会如大都市怯

懦男子来个"情人奉让"。两人决定月夜里同到碧溪去唱歌,不让人知道是弟兄两个,两人轮流唱下去,谁得到回答,谁便继续用那张唱歌胜利的嘴唇,服侍那划渡船的外孙女。大老不善于唱歌,轮到大老时也仍然由二老代替。大老把弟弟的提议想想,决定由自己来唱。两人把事情说妥后,便决定从当夜开始,来进行当地习惯所认可的竞争。翠翠在梦中灵魂为一种美妙的歌声浮起来了,仿佛轻轻地各处飘着。原来是对溪高崖上的人唱了半夜的歌。祖父以为是天保大老走马路的第一招。其实昨晚上,哥哥因为走车路占了先,无论如何也不肯先开腔唱歌,一定得让那弟弟先唱。弟弟一开口,哥哥却因为明知不是敌手,更不能开口了。大老决定离开茶峒,驾家中那只新油船下驶,好忘却了上面的一切。

大老走后,二老有机会唱歌却从此不再到碧溪唱歌。老船夫忍不住了,进城往河街去找寻那个年轻小伙子。路上,遇到为大老提亲的杨老兵,得知大老坐下水船到茨滩出了事,掉到滩下漩水里淹死了。老船夫来到顺顺家,顺顺因为大老的死而样子沉沉,船总忘不掉大老死亡的原因。二老出北河下辰州走了六百里,沿河找寻那个可怜哥哥的尸骸,毫无结果,又为哥哥悲伤。老船夫皆碰过了钉子。老船夫又误信了傩送娶王团总女儿的谣传。回到家,就生起病来。后来又来到顺顺家探询,得知二老坐船下桃源好些日子了,顺顺又婉转地拒绝了老船夫的意思。夜里下起了大雨,老人在雷雨将息时死去了。顺顺帮着翠翠料理了爷爷的后事。船

名句精华

两岸多高山,山中多可以造纸的细竹,长年作深翠颜色,逼人眼目。近水人家多在桃杏花里,春天只需注意,凡有桃花处必有人家,凡有人家处必有桃花。

雨后放晴的天气,日头炙到人肩上背上已有了点儿力量。溪边芦苇水杨柳,菜园中菜蔬,莫不繁荣滋茂,带着一分有野性的生气。草丛里绿色蚱蜢各处飞着,翅膀搏动空气时皆习习作声。枝头新蝉声音已渐渐宏大。两山深翠逼入竹篁中,有黄鸟与竹雀杜鹃鸣叫。翠翠感觉着,望着,听着,同时也思索着……

总来商量接翠翠过家里住，翠翠却想看守祖父的坟山。翠翠后来明白了祖父活时所没提到的许多事。二老的唱歌，顺顺大儿子的死，顺顺父子对祖父的冷淡，中寨人用碾坊作陪嫁妆诱惑傩送二老，二老既想着哥哥的死亡，又得不到翠翠的理会，又被家中逼着接受那座碾坊，因此赌气下行，祖父的死因又如何与翠翠有关……凡是翠翠不明白的事，如今可全明白了，哭了一个夜晚。

过了四七，船总顺顺派人来请马兵进城去，商量把翠翠接到他家中去，作为二老的媳妇。但二老人既在辰州，先就莫提这件事，且搬过河街去住，等二老回来时再看二老意思。马兵以为这件事得问翠翠。回来时，把顺顺的意思向翠翠说过后，又为翠翠做出主张，以为名分既不定妥，到一个生人家里去不好，还是不如在碧溪岨等，等到二老驾船回来时，再看二老意思。

这办法决定后，老马兵以为二老不久必可回来的，就依然把马匹托营上人照料，在碧溪岨为翠翠作伴，把一个一个日子过下去。

碧溪岨的白塔，与茶峒风水有关系，塔圮坍了，不重新作一个自然不成。除了城中营管，税局以及各商号各平民捐了些钱以外，各大寨子也有人拿册子去捐钱。为了这塔成就并不是给谁一个人的好处，应尽每个人来积德造福，尽每个人皆有捐钱的机会，因此在渡船上也放了个两头有节的大竹筒，中部锯了一口，尽过渡人自由把钱投进去，竹筒满了马兵就捎进城中，另外又带个竹筒回来。过渡人一看老船夫不见了，翠翠辫子上扎了白线，就明白那老的已做完了自己份上的工作，安安静静躺到土坑里去了，必一面用同情的眼色瞧着翠翠，一面就摸出钱来塞到竹筒中去。"天保佑你，死了的到西方去，活下的永保平安。"翠翠明白那些捐钱人的意思，心里酸酸的，忙把身子背过去拉船。

到了冬天，那个圮坍了的白塔，又重新修好了。可是那个在月下唱歌，使翠翠在睡梦里为歌声把灵魂轻轻浮起的年轻人，还不曾回到茶峒来。

……

这个人也许永远不回来了，也许"明天"回来！

情感体验

《边城》主要是以翠翠的成长过程为一条主要线索，虽然翠翠的幸福在作品中显得没完没了，而她与傩送的爱带却增加了故事的美感，终归是一种遗憾、缺陷。也正是因为这一缺陷构成了故事的缺陷美，更使我们觉得人生在世，青春有限，真正地做到"对生命无悔，对死亡无憾"，才不枉此生。

李自成

　　明朝末年，神州大地哀鸿遍野，朱明王朝风雨飘摇。北京城外，清兵在轮番攻城，炮声隆隆，杀声震天；北京城内，兵马巡逻，军队在维持治安。高门大院中，却依然灯红酒绿，丝弦阵阵。在文华后殿，忧心如焚的崇祯皇帝正与总监军高起潜、兵部尚书杨嗣昌议论军情。然而，他们谈论的不是清兵兵临城下，而是李自成犯上作乱。经过研究，制定了"攘外必先安内"的国策，决定从抗清前线抽调重兵去陕南剿灭李自成。

　　出身贫寒的李自成，是陕西米脂人，早年追随舅舅高迎祥起义。高迎祥死后，自号为闯王。多年的征战，他已经成为运筹帷幄、指挥若定的义军领袖，经历过无数次斗争的坎坷，如今率部驻扎洛南县以北的荒凉山野中。望着连绵起伏的群山和猎猎招展的大旗，李自成心潮翻滚……

　　崇祯十一年正月，洪承畴督率的大军向李自成扑来。李自成率部进入陇东南，转而又北进洮州。洪部曹变蛟和贺人龙死追不放。李自成几经辗转，回到陇东南休整部队。

作者及作品简介

　　《李自成》的作者是姚雪垠，1910年生于河南邓县。20世纪30年代开始文学创作，新中国成立后主要致力于五卷本长篇历史小说《李自成》的创作。他的《李自成》填补了五四以来长篇历史小说的空白，为此后历史小说的创作提供了丰富的经验。

　　小说在历史小说的发展史上取得了多方面的成就，首先小说中成功地塑造了一批生动的艺术形象，丰富了我国当代小说的人物画廊。其次，作品还有着宏伟而严谨的结构，多姿多彩的笔法。为了适应作品主题宏大、人物众多、事件纷繁的特点，作者采用了复线发展的结构形式，即把李自成的农民军与崇祯的明王朝之间的生死斗争作为主线，而把民族矛盾、统治阶级内部矛盾、农民军的内部矛盾作为副线，以主线带副线，几条线索纵横交错。在情节的组合上，采取了单元组合的方法，即将表现一组矛盾过程的章节集中为一个单元。这种结构形式既可以淋漓尽致地描写情节和人物，又可使单元之间的情节发展大起大落，大开大合，形成跌宕多姿、波澜壮阔的文势。

　　此外，小说中关于乡土民情、风俗习惯、社会风貌、典章制度等的描写，绘声绘色地再现了明清之际的社会风貌，如北京灯市口的夜市、开封相国寺的风情等等，增强了作品的民族气派，使读者获取了大量的历史知识。

不料，又出了叛徒周山，使义军又遭挫折。此时，通往河南、湖广的道路都被堵死，接应的部队又没信息。正在举棋难定之时，另一支义军首领罗汝才派人下书来了。消息闭塞的李自成哪里知道，孙传庭已经破了罗汝才，这是他派的奸细来诱使李自成进入他们在南原设置的埋伏。

经过反复商议，李自成决定趁月夜从潼关附近突围，冲入河南。这天鸡叫头遍，李自成的一万多人马悄悄地起身。黎明，接近了潼关南原。突然，他们发现官军正尾随在后面。总哨刘宗敏还没指挥排定阵势，四周埋伏的官军却一跃而起，义军陷入重重包围之中。尽管郝摇旗、刘芳亮、袁宗第等虎将率部拼死力战，杀死不少官军，但自己也损失惨重。危机中，李自成撕毁了招降书，指挥部队且战且退，来到一个山寨，清点人马，只剩下两千多人，且多为伤员。之后，义军趁黑夜分队突围，结果只有李自成等十八人来到洛南杜家寨。高夫人、刘芳亮、郝摇旗等人下落不明。见此情景，李自成十分痛心。难道就这样完了吗？不，他认定，胜败乃兵家常事，跌倒了爬起来！自古打天下都不是一帆风顺的！

几天后，李自成带领陆续归来的残部转移到商洛山中，隐姓埋名，驻扎下来。他请刘宗敏代理全军重大事务，自己看书学习，思考问题。同时，秣马厉兵、练兵习武、严明军纪。规定凡有扰害百姓者重责不饶。在斗争陷入低谷时，李自成卧薪尝胆，期待着胜利的明天。

为了义军东山再起、星火燎原，李自成准备亲自到谷城说服降清的张献忠重举义旗。几位大将认为，张献忠奸狡异常，不能自入虎口。李自成从大局出发，说服了大家。正要出发时，传来了郝摇旗要出走的消息。众人劝闯王严惩，闯王却审时度势，不仅不惩办，反而给粮草武器，送他上路，将郝摇旗感动得热泪横飞。

探究性阅读

读《李自成》时，我们应该联系当时社会的局面。本书主要以写明末的农民战争为主，兼写中国内部明、清之间和清、顺之间的战争，刻画了不同阶级的代表人物和生活画面，以及各阶级、各集团之间的错综复杂的矛盾关系，展开了色彩缤纷的历史画卷。这就使我们深刻地了解到作者创作这部小说的根本目的是在于全面展现明清之际的社会画面，通过艺术形象来使读者得到较为广泛的历史知识。作品展示了明末清初风云变幻的历史风貌和农民起义军从胜而败的悲剧结局，但是赞扬了以李自成为代表的英雄群体。

李自成亲赴谷城拜会张献忠,使张震动不小。自南原大战后,李自成销声匿迹,湖广巡按御史林铭球亲来谷城,让张献忠捉拿李自成。张内心极为矛盾。现在看到李自成来了,更是无所适从。宴席上,军师徐以显趁张献忠上厕所之机,极力怂恿除掉李自成,张始终不应。两雄相会,畅谈天下大事。在李自成的劝说下,张献忠终于同意明年端阳节过后一两天同举义旗。大计言定,李自成连夜离开谷城,徐以显暗杀的阴谋又没得逞。李自成从谷城回来后,高夫人和刘芳亮等陆续回归,闯王十分高兴,对他们在失败期间牵制敌人,更是赞不绝口。商洛山中,笼罩着困难的阴影。官军封锁,土匪横行,百姓缺吃少穿,义军粮草困难。李自成决定一边攻打富裕山寨借粮,赈济山民,一边派人剿匪安民。经过落实,困难局面得到扭转。春天,商洛山区阳光灿烂,义军练兵开荒的劲头更加高涨。

闯王的堂弟李鸿恩目无法纪,竟然奸淫民女,李自成大义灭亲,挥泪将其斩首,使全军肃然。此时,受李自成派遣,到京城寻找贤士的尚炯,将牛金星请到了西安。闯王大喜过望,亲自出迎二百多里,使牛金星大为感动,两人纵论天下大事,只恨相见太晚,牛金星决定参加义军,但在回乡搬家时被捕。

1639年6月6日,也就是端阳节后的第二天,张献忠如约反戈起义。他杀了巡按林铭球,放火烧了衙门,贴出告示,举起了义旗。然而此时商

形象感受

李自成是小说的中心人物,是姚雪垠塑造的一个顶天立地的农民革命英雄。小说着力表现了他在政治上高瞻远瞩、英武果断和豁达大度的领袖风度,在军事上骁勇善战,有勇有识,置身于惊涛骇浪而能指挥若定的英雄气概,以及他坚定刚毅的性格,平易近人的作风。作品也没有回避他的局限和弱点,在纵横表现中,他的皇权思想和流寇主义都获得了具体深刻的揭示。

明末的"亡国之君"崇祯,在小说中同样塑造得十分成功,姚雪垠把他放在特定的历史背景上和紫禁城内具体的环境中,通过皇帝生活的各个方面表现他性格的矛盾性与复杂性。作为明代"绝对君权"的产物,他自以为天资聪明,实则极端无能;自以为明察秋毫,实则常受蒙蔽,凶暴残忍却故作宽仁大度,卑鄙自私却自称恩厚德广。

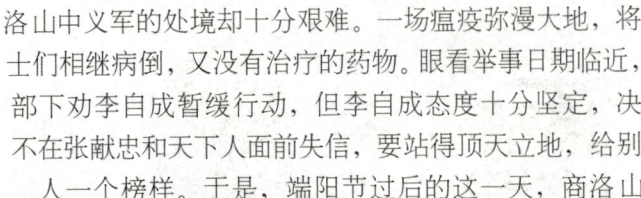

洛山中义军的处境却十分艰难。一场瘟疫弥漫大地,将士们相继病倒,又没有治疗的药物。眼看举事日期临近,部下劝李自成暂缓行动,但李自成态度十分坚定,决不在张献忠和天下人面前失信,要站得顶天立地,给别人一个榜样。于是,端阳节过后的这一天,商洛山中飘扬起义军的大旗,赢得四方响应,两天之内就有一千多农民参加义军。黑虎星回来了,郝摇旗也回来了,义军队伍迅速壮大。紧接着,高夫人、刘芳亮也回到了大本营。商洛山一片欢腾。

李自成复出的消息震动了朝野。三边总督郑崇俭带着大兵扑向商洛山。商洛山,又将经受严峻的考验……崇祯十二年夏,商洛山中瘟疫流行,李自成和十之六七的义军将士染病。明军趁机数路进攻,同时勾引义军内部叛变,情况极其险恶。李自成、刘宗敏和高夫人等表现了非凡的斗争勇气和卓越的军事才能,内平叛乱,外歼明军,粉碎了敌人的"扫荡"计划。

次年夏初,李自成率领千余精兵从武关突围而出,潜伏于郧阳山中。冬天,李自成看准时机,疾驰入豫,饥民从之如流;随即破洛阳,杀福王,将明末农民战争推进到一个新的阶段。从此,他的声势大振,几次在河南击溃和歼灭明朝的主力部队,三次进攻开封。

之后,李自成又从米脂返回长安后,立即准备东征。正月初三,他亲率大军渡黄河,入山西,破太原,过大同,一路所向披靡,顺利抵达北京城下。当义军进逼之初,崇祯曾考虑南逃,因部分大臣反对而未果。围城时刻,他仍有过种种不切实际的幻想,但很快破灭,不得不在煤山自尽。李自成踌躇满志地进入北京。进京后,群臣忙于"劝进"和演习登基大典的礼仪;刘宗敏用酷刑向

名句精华

在大旗前边,立着一匹特别高大的、剪短了鬃毛和尾巴的骏马,马浑身深灰,带着白色花斑,毛多卷曲,很像龙鳞,所以名叫乌龙驹。有些人不知道这个名儿,只看它毛色乌而不纯,就叫它乌驳马。如今骑在它身上的是一位三十一二岁的战士,高个儿,宽肩膀,颧骨隆起,天庭饱满,高鼻梁,深眼窝,浓眉毛,一双炯炯有神的、正在向前边凝视和深思的大眼睛。这种眼睛常常给人一种坚毅、沉着,而又富于智慧的感觉。

汤夫人感到心中疼痛,竭力忍着眼泪,苦笑一下,叹口气说:"事到如今,我怎能回到汤府?虽然自古以来,胜者王侯败者贼,可是在眼下你大爷就是反叛朝廷的逆贼,我就是逆贼之妻。既是逆贼之妻,一旦被官府抓到,律应坐斩,轻则充军或籍没为奴。汤府岂是我安居之地?况且,我自幼也读了诗书,从来没想到会落到这步田地。如今既然成了贼妇,更有何面目再回汤府?此话休提!"

情感体验

姚雪垠的《李自成》,洋洋洒洒三百万字,生动细腻地向我们娓娓道来三百多年前明末清初时的那段气壮山河、可歌可泣的历史。这是当代长篇小说中的一个光辉的闪耀点。在阅读的过程中,由于当时明王朝腐败透顶,而李自成又站在百姓这边,替百姓做主、出气,读者会时而为李自成取得的节节胜利感到欣喜,时而又为他的连连错误以致兵败感到可惜,同时,也深深钦佩他身上所散发出来的浩然正气。

明朝的勋戚、官员们追赃;大顺军纪律败坏,城内不断发生抢劫、强奸案;于是谣言纷起,人们对大顺政权日益不满。吴三桂拒绝了李自成的劝降,准备向清方"借兵",而掌握清国实权的多尔衮早就虎视眈眈关注着关内局势。陶醉在胜利中的李自成猛然意识到形势的严峻,决定推迟登极,亲率并无优势的军队征讨吴三桂。就在出发前夜,由他亲自赐婚的费珍娥于洞房中刺杀了他的爱将罗虎……

甲申年四月,多尔衮怀着独霸中国的勃勃野心,亲率大军南征。途中接到吴三桂"借兵"的来书,果断地改变路线,直奔山海关而来。吴三桂在两面夹击的情势下,不得不投靠清方,李自成率大顺军与吴三桂的关宁兵在山海关初次接战,互有伤亡。两军再度交锋,激战方酣,清兵铁骑突然冲出,大顺军英勇拼搏,死伤惨重。李自成率败兵退回北京,匆匆登基后,又匆匆撤离。

退往陕西途中,大顺军又连遭败绩。李自成变得多疑,错杀了李岩兄弟;多尔衮进北京几个月后,崇祯太子被捕。于是围绕着真假太子案,展开了惊心动魄的斗争。潼关失守后,李自成放弃长安,退往湖广。一路士气低落,牛金星父子潜逃。当大顺军从武昌逃至富池口宿营时,遭到紧追不舍的清军的夜袭,刘宗敏、宋献策被俘。李自成率残兵继续奔逃,最后单人独骑牺牲于九宫山麓。

十九年后,在川鄂边界的茅庐山上,高夫人同尚神仙一起回顾了大顺军联明抗清的历程,恰好红霞寻访至此,又回顾了红娘子上王屋山出家为尼的经过。八月中旬,茅庐山守军与清军之间进行了最后一次惨烈的战斗。高夫人、李来亨等悲壮地自焚……

张居正

隆庆六年春,长期沉湎酒色的隆庆皇帝朱载垕在一次早朝中突然中风。在隆庆病危期间,宫廷与内阁各派力量围绕掌印太监与首辅的职位争夺展开了斗争。

当时派往广西剿匪的两广总督李延连遭败绩。内阁次辅分管兵部的张居正早就有心将他撤换,但李延是首辅高拱的门生,高拱虽然对他军事上的指挥无能也心存不满,但顾及师生之情,多加袒护。

在隆庆皇帝病危时,广西前线又传来李延兵败的快报。高拱为了羁縻张居正,突然一反常态,下令将李延撤职,而换上张居正的同年好友殷正茂。李延被革职后给高拱写信,利用军费银两给高拱置办了五千亩良田。

高拱大惊,正好其好友邵方进京,他设计将邵方秘密逮捕,然后深夜探监,向邵方面授机宜。邵方星夜南下,在衡山福严寺后的高明台下将李延勒死,杀人灭口。此时正好有京城太监来衡山为隆庆皇帝祈福,张居正的好友、湖南按察使李义河负责接待。李延死时,李义河立即封锁现场,把其家眷一应圈禁,搜出了那一张五千亩田契。他如获至宝,用八百里加急送到张居正手中。此时,隆庆皇帝已殡天,临终前,他把内阁首辅高拱、次辅张居正、高仪召入宫内,临危托孤,要他们尽心辅佐幼主、年仅十岁的朱翊钧……

隆庆六年六月二十五日,朱翊钧登基,是为神宗皇帝,改年号为万历元年。

作者及作品简介

《张居正》的作者是熊召政,湖北省英山县人,1981年调入湖北省任专业作家至今。其间任《长江文艺》副主编,1985年至1989年担任湖北省作家协会副主席。历经十年,潜心创作四卷本长篇历史小说《张居正》。

《张居正》四卷本长篇历史小说包括《张居正·木兰歌》《张居正·水龙吟》《张居正·金缕曲》《张居正·火凤凰》四部。小说主要写的是四百多年前明代中后期一场由封建社会杰出政治家张居正所倡导的史称"万历新政"的改革运动。作者在精心描述这场改革历程的同时,用浓墨重彩从不同侧面刻画了张居正这个"铁面宰相,柔情丈夫"的艺术形象,作者在写主人公张居正时,调动各种艺术手段塑造张居正这个封建社会政治家的形象,是他的一次成功的艺术尝试,同时也是作品最重要的艺术成就。其次,小说也成功地塑造了从皇帝、太后、权臣到民间大侠、歌伎侍妾等近百个栩栩如生的人物形象。此外,小说的另一个重要的艺术成就就是追求历史真实的艺术再现。

作品《张居正》除了第三人称的各种语调的叙述外,还采用诗词唱和,拆字算命,诗词联句等多种方法进行叙述,对长篇小说叙述中的闲笔也有精当的运作。

探究性阅读

《张居正》描写的是四百多年前明代中后期一场由封建社会杰出政治家张居正所倡导的史称"万历新政"的改革运动。该书真实再现四百多年前明代中后期宫廷和官场的生活风貌，深刻地揭示了当时皇亲国戚之勾肩搭背，污吏贪官之淫奢无度，清流词客之短视迂腐。作家在大量掌握史料和对史料进行考据的基础上，对宫廷、官场的政治斗争和日常生活，对北京、南京、扬州、武昌、荆州等城市和广西边境的生活场景、民风民俗，均有真实生动的描写，也正是由于这些精妙的描写，使得我们可以把小说当作一部封建社会的百科全书来读。

新帝登基第二天，下旨令宫中掌印太监孟冲回籍闲住，让秉笔太监、东厂提督冯保接任此职。圣旨一出，朝廷舆论大哗，与孟冲私交甚好的内阁首辅高拱预感到权位不保，试图驱逐冯保。但冯保深得神宗皇帝生母李太后的信任，加之又有张居正为之谋划。六月底一次早朝，皇上再下谕旨，革除高拱首辅职务，张居正接任首辅。

张居正任首辅初，朝廷政局几乎到了土崩瓦解的地步，最严重的莫过于国库已经空虚，两京官员的薪俸无法支付。此时张居正采用胡椒苏木折俸。这样一来，高拱留下的死党纠合豪门大户趁机闹事。

京城各大衙门前来储济仓领取胡椒苏木折俸的第一天，锦衣卫北镇抚司粮秣官章大郎听信武官的怂恿，与发放胡椒苏木的户部观政金学曾发生争执，储济仓大使王崧上前解劝，竟被章大郎失手打死。章大郎的舅舅乃是李太后最为宠信的太监，因这层关系，章大郎才有恃无恐。由于他的闹事，胡椒苏木折俸一开始就遇到麻烦。张居正为不让事态发展，命巡城御史王篆设计把章大郎骗出北镇抚司衙门执行逮捕。

谁知在推行胡椒苏木折俸的第二个月，礼部仪制司主事童立本因生活无以为计悬梁自尽。以吏部左侍郎魏学曾、礼部右侍郎王希烈为代表的反对派借此大做文章，决定利用童立本的公祭向张居正示威。那几天，前往童府吊唁的官员络绎不绝，局势对张居正极为不利。

谁知公祭时，冯保指使东厂特务在现场偷偷放了火，当场烧死二十多名官员。本来扑朔迷离的局势因为冯保的"奥援"，峰回路转。张居正趁机在两京十八大衙门中推行"京察"，对四品以上官员实行考核，凡昏官与庸官一律裁汰。从此，张居正开始他构思多年的改革，史称"万历新政"。

稳定政局之后，张居正把一些锐意改革的官员给予重用,安排到各个重要部门。并通过清查皇室子粒田、处理荆州抗税、追查京营兵士棉衣造假事件,大刀阔斧地整顿经济,为国理财。为实现富国强兵的愿望,他不惜得罪权贵。改革虽顺利,但也种下了祸根,这为他日后的悲剧埋下了伏笔。

万历五年,万历王朝出现了中兴的现象。这一年张居正的老父张文明病逝。按明代官制,父母去世须回家守制三年。此时张居正若回家,他所推行的"万历新政"将前功尽弃。神宗皇帝也不想让他回家,提出要他"夺情"。而新政的反对者借此反扑,意欲将张居正逐出京城。围绕此事,朝廷上下又展开了殊死斗争。

神宗皇帝与两宫太后授意吏部尚书张瀚上折劝张居正"夺情"。在很多官员看来,张瀚是张居正"夹袋中的人物"。

万历二年,原吏部尚书杨博因年迈致仕,廷推三位候选人由小皇帝裁决。当时无论是资历还是名望,张瀚都稍逊一筹,只摆在第三位。按以往经验,末位的只是陪衬。但这次相反,张居正建议起用张瀚,张瀚对张居正感激涕零,几年来大小事务都向他请示。这次,张瀚一反常态,竟不肯具名上折请皇上准予张居正夺情。一来是因为他认为"夺情"有违孝道,二来也是迫于京城清流官员的压力。

小皇上对张瀚大失所望,命令张瀚致仕。如此一来,舆论大哗,以翰林院一帮词臣为首的年轻官员纷纷上折,要求皇上准予张居正回家守制。

上第一道折子的是修撰赵用贤与编修吴中行,两人的奏折对张居正的"夺情"大有攻击之词。小皇上派锦衣卫将两人逮捕,押往午门外栲掠示众。两人不以为耻,神态自若地跪在地上联诗,以明心志。执行栲掠任务的缇骑兵认为他们过于"猖狂",正要惩

形象感受

张居正是作品中的一个主要人物,同时,也是明万历年间曾因厉行改革而彪炳史册的一位传奇人物。目睹国家财政枯竭,贪官污吏肆行无忌,他决心依靠皇权,联合"内相",进行改革。他是当时封建社会"士"的一个浓缩,在他的身上,能够真正地感受到张居正"施政"就是"居其正"。

罚他们。这时，从看热闹的官员中走出两人——刑部员外郎艾穆与刑部主事沈思孝。两人针对同道受虐，再度抗疏，艾穆当众念他们给皇上的奏折。比之赵用贤、吴中行的奏疏，艾穆、沈思孝的奏疏更为尖刻。

一时间，京城舆论汹汹。张居正只好再次向皇上请求回老家守制。在李太后的支持下，小皇上断然下旨，对上书反对"夺情"的四位官员施以廷杖。行刑那天，缇骑兵将四位"罪臣"押至午门城楼前广场上。当行刑官一声令下，片刻间广场上血飞如雨，四位"罪臣"被打得皮开肉绽，昏死过去。

不待他们苏醒，便被拖出紫禁城，送上骡车，一刻不准停留地逐出京城。但就在此时，新科进士刑部观政邹元标又踏着血迹走进午门，第三次递上反对张居正"夺情"的奏折。小皇上几欲下令将他斩首，因冯保一旁解劝，才改旨将邹元标廷杖八十，发配贵州不毛之地充军，并恶狠狠地说了一句："邹元标之后，有谁再敢反对朕的夺情之旨，杀无赦！"

经过这场风波，张居正再次整肃反对派，又处分了一批官员。此时，张居正的威望也达到巅峰。朝廷政局稳定，国家财力大为增加，朝野一派生机。

翌年春天，年满十七岁的万历皇帝举行大婚。张居正操办完婚事后回荆州葬父。途中，他前往高家庄拜会下野的高拱，两个既是政敌又是挚友的故人重逢，一见面就有电石火光。高拱虽身在乡野，但对朝廷的动静了如指掌，他说出对去年"辽东大捷"的疑窦。

名句精华

朝夕如流光阴荏苒，张居正出任首辅不知不觉已经一月有余。俗话说万事开头难，张居正接下这个首辅可谓难上加难。国库空虚财源枯竭，大臣怙权吏治腐败。

听完游七的陈述，张居正陡然感到了天威不测的沉重压力。自接任首辅以来，他一直谨慎从事。入则恳恳以尽忠，出则谦谦以自悔。哪怕深蒙圣眷，也始终不敢忘记国事之忧，将一片忠诚之意，流露于政事之间。汲取前任削籍的教训，他最担心的是谗谮乘之，离间君臣关系。

常言道"政治当明其号令，法令严执，不言而威"，由于张居正善用刑典，且完全不徇私情，一个烂了一百多年的驿递制度，竟被他用一年时间治理得秩序井然。不仅矫正了官员们据此而营私的痼弊，而且一年还能为朝廷省下一百多万两银子。

情感体验

《张居正》是一部历史小说，通过对典型环境的生动再现，历史氛围的精心营造，小说既弥漫着一种典雅古朴的气韵，又给人晓畅通达、引人入胜的阅读愉悦。小说中的主人公自登首辅之位后，理政十年，整饬吏治，刷新颓风，整肃教育等，最终使万历时期成为明王朝最为富庶的时代。其主事时声势显赫，炙手可热，无与伦比，但隆葬归天之际，即遭人非议之时，结果家产尽抄，爵封皆夺，祸连八旬老母，罪及子孙。他生前身后毁誉之悬殊，足见政治险恶、世态炎凉，令我们扼腕叹息。

在荆州太晖山葬父的那天，湖广以及南方各省府的官员，来了约一千人，这些朝廷命官，一概为张文明披麻戴孝。张居正俯地痛哭时，他当年的朋友，如今已是名满天下的阳明心学的传人何心隐领着一帮学生出现在墓道上。张居正出任首辅前何心隐曾赶到京城向张居正提出治国建议。张居正觉得何心隐虽经纶满腹，却行为偏执，不堪大用。此番相见，何心隐又对张居正语涉讥讽。

葬父归来，张居正回到京师后，立即派员前往辽东调查"辽东大捷"真相，并因此对皇上已颁旨赏赐给有关官员的爵禄进行追缴。由此，他不但得罪了权贵，更得罪了他的改革计划的执行者。

与此同时，在武昌城中，担任湖广学政的金学曾按张居正的授意，星夜派人捉拿何心隐，将他瘐死狱中。死讯传出，数千学生围攻学政衙门，几欲激起民变。张居正铁腕治国，毫不妥协，借此事件说服皇上，一下子封掉全国七十多座书院……

万历十年，张居正因积劳成疾，死于任上。

早在万历七年，万历皇帝因在曲流馆调戏宫女而遭到李太后训斥，张居正替他写"罪己诏"告示天下，万历皇帝因此记恨在心。

张居正一死，年已二十岁的万历皇帝开始亲政。他设计将冯保逐出京城，发往南京孝陵种菜，然后对其抄家。与此同时，万历皇帝又将张居正执政时处分的官员尽数起复重用。万历十一年，下旨褫夺张居正的所有爵职，并进行抄家。

在张居正去世的周年祭日，薄暮时分，张居正生前所钟爱的红颜知己玉娘和他始终欣赏并刻意栽培的循吏金学曾两人不约而同来到荆州，在张居正的坟前相遇。此时，张居正的坟墓已十分荒凉，两人回想张居正生前的所作所为和死后的凄凉，无不百感交集。

自此，张居正推行的"万历新政"终于夭折。

家

作品的一开始就是一个呼啸的北风裹着鹅毛般的雪片铺天盖地飞舞着的场景。天渐渐黑了下来，在成都一条僻静的街上吃力地走着两个行人——那是高府大房的二少爷高觉民和三少爷高觉慧。他们一边谈论着排演的情况，一边走进了大公馆。琴早已经在此等候多时，望着琴开朗活泼的亮丽面庞，觉慧不由想起了自己的心上人——鸣凤，一个自幼被卖到高公馆，聪明温顺、善良美丽、毫不抱怨、毫不诉苦的婢女。

夜黑了，黑暗统治着这所大公馆。人们忙碌了一天，此时，鸣凤只有在此时才能安静地想想自己的命运，为自己的命运而悲泣。而琴的母亲对她要投考男学堂感到惊讶，但是，仍旧答应替她想办法。琴对母亲十分感激。

觉新是觉民兄弟的大哥，也是这个大家庭里的长房长孙。就因为这个缘故，在他出世的时候，他的命运便决定了。本来他深深地爱着钱家的梅表妹，俩人虽青梅竹马，两小无猜，但他不得不屈从于父命，和一个父亲用拈阄儿的方法决定下来、自己不认识的

作者及作品简介

《家》的作者是巴金（1904年—2005年），现、当代作家。原名李尧棠、字芾甘，笔名佩竿、余一、王文慧等。四川成都人。这是他1931年12月发表的长篇小说。《家》是巴金创作的"激流三部曲"中的第一部，作品取材于中国的一个封建大家庭，通过这个大家庭的没落与分化来描写封建宗法制度的崩溃和革命潮流在青年一代中的激荡，这部作品奠定了巴金在中国文坛中的巨匠地位。

《家》写出了高府中一代年轻人的悲剧，一个时代的悲剧。同时，也写出了在高府的底层，人们正在或先或后地觉醒；地火在缓缓而持续地燃烧。如果说大哥高觉新并未觉悟新生的话，那么二哥高觉民在抗婚上已有了由"民"自主的觉悟。三弟高觉慧更如一团火，为高府后院带去了光明。觉慧是高府中最早的觉醒者，因其觉醒之早，故堪称"慧"。他对高家旧秩序已不存任何幻想，他敢于宣传新思想，抨击旧道学、旧秩序。

《家》是一部具有很浓的主观情感色彩的现实主义作品，而且还有着浓郁的抒情色彩。巴金的语言富有热情，正如李健吾所说，"热情就是他的风格"。热情是小说抒情色彩的基调，作者是带着强烈的感情色彩来描写、来控诉、来揭露的，这构成具有巴金风格的现实主义特色。作者极端憎恨旧制度旧家庭，热情歌颂敢于反抗旧势力的新生力量。强烈的爱憎感情渗透于《家》中，使《家》具有很浓的抒情色彩。

少女瑞珏结婚。不久,梅出嫁了,觉新也深深地沉溺于端庄美丽的妻子瑞珏的温存与抚爱之中。不久,父亲亡故了,他的心里充满了悲哀,但却不曾想到他自己的处境变得更可悲了。他的悲哀不久便逐渐消去,他不仅忘记了父亲,同时他还忘记了过去的一切,他甚至忘记了自己的青春。

两年之后,五四运动唤醒了觉新被忘却了的青春,于是他变成了一个具有两重人格的人,面对现实的这一切,他默默地忍受着,挣扎着。他依旧继续阅读新思想的书报,继续过旧式的生活。

觉慧因为与同学们一道向督军请愿,被高老太爷训斥了一顿,不许他再出门。觉慧觉得躺在他面前的并不是他的祖父,他只是整整一代人的一个代表。他们谈话不像祖父和孙儿,而像两个敌人。这天,他在花园里遇到了鸣凤,他真诚地告诉鸣凤,将来一定要娶她。

农历新年,高公馆里格外地热闹繁忙,而这时,张家琴的房中,梅对着觉民、觉慧、琴诉说自己凄苦的心情,感叹无论时代如何变化,她都只能依靠回忆来填补自己空虚的心灵。觉慧、觉民因为梅的悲剧而对旧势力更加深恶痛绝。

元宵节刚刚过,随着新旧军阀战争的结束,觉慧瞒着家人参加《黎明周报》

探究性阅读

作者在《家》中把一个大的时代影响浓缩到一个大的家庭中来,通过对《家》中几代人的描写,来反映当时的社会概况和社会发展的脚印,进而抨击中国社会中强大的封建宗法专制制度,并力图为青年们指出一条生存的道路。小说中所表现的是他以及他的亲友们的痛苦与呼号——事实上,小说正是写给以他的大哥为代表的深受封建专制之害的青年们的,具有强烈的现实针对性,可以说是中国文学"文以载道"传统的另一表现。进而歌颂了青年知识分子的觉醒、抗争以及与这种家庭的决裂。

名句精华

人们中间也有少数得意的人,可是他们已经满意地睡熟了。剩下那些不幸的人,失望的人在不温暖的被窝里悲泣自己的命运。无论是在白天或黑夜,世界都有两个不同的面目,为着两种不同的人而存在。

虽然环境的关系很大,但环境也是人造的。我们又何尝不可以改变环境?人无论如何应该跟环境奋斗。能够征服环境,就可以把幸福给自己争回来。

的工作,撰文介绍新文化运动,攻击旧制度旧思想。他干得如火如荼,逐渐地进到新的园地里去,而同时他跟家庭离得更远了。虽然他知道在这个家里还有一个人在无私地爱着自己,他每一次看见那一对被纯洁的爱燃烧着的眼睛,他觉得一种欲望在他的心里生长起来。然而,进入新的环境,跟新的朋友接触,他的眼界又变宽了。他觉得在他的前面还有一个广大的世界,在那里他的青年的热血可以找到发泄的地方,在那里才有值得他献身的工作。他更明白人生的意义并不是那么简单,那个少女的一对眼睛跟广大的世界比起来,却是太渺小了。他不能够单单为着那一对眼睛就放弃一切。

琴想向同学倩如学习把头发剪掉,受到她母亲的坚决反对。家庭浓重的封建思想使琴的眼前似乎立刻出现了一条几千年前修好的很长、很长的路,上面躺满了年轻女子的尸体。然而,她决心要走一条新的路。

孔教会的头面人物、60多岁的冯乐山看高家的丫头长得漂亮,向高老太爷要求讨一个去做姨太太。高老太爷决定让17岁的鸣凤嫁给他。鸣凤深深爱着觉慧,虽然她知道地位低下的苦命丫头决不会成为高家的少奶奶,但却希望留在觉慧身边,伺候他一辈子。她的前途依然是一片浓密的黑暗,那一线被纯洁的爱情所带来的光明也给人家摧残了。鸣凤苦苦哀求太太不要将她嫁人,但高老太爷的决定谁也不敢反对。无望的鸣凤只好向觉慧求救。觉慧正赶着为刊物写文章。看到忙着写文章的觉慧,鸣凤不忍打扰他。鸣凤出嫁的事,觉慧一点也不知道。

出嫁前的一个晚上,鸣凤怀着最后的希望去找觉慧,那一天对于觉慧来说只不过是一个月的最后一天,对于鸣凤却是她一生的最后一天了。觉慧由于赶着写稿的缘故,他没有听完鸣凤的衷诉就把她遣走了。鸣凤含泪离开了觉慧的住处。鸣凤刚离开,觉民来告诉了事情的真相,觉慧急得几乎发疯,他四处寻找鸣凤,但是已经太迟了。鸣凤怀着绝望的心情,怀着对三少爷觉慧深深的爱,投进了晶莹的湖水中。

鸣凤投水自杀后,狠心的高老太爷又逼丫环婉儿去给冯乐山做妾。鸣凤的悲剧使觉慧无限悲哀,深深自责,同时也加深了他对以祖父为代表的旧势力的无比仇恨。现在,他更清楚地认清了自己所在的这个家庭、这个社会的本来面目。

形象感受

高觉新是作品中唯一的一个"具有两重性格的人"。他的性格善良而又懦弱,他认为反抗是徒然,是一个清醒认识到自己悲剧命运的懦夫。同时,他也是一个悲剧人物,从他身上,我们深刻地感悟到了作者的最终目的是控诉那残酷、无情、黑暗的封建专制社会和家庭。

觉慧是《家》中具有民主主义觉悟的年轻一代代表,他是封建家庭一个"幼稚而大胆的叛徒"。作为一个叛逆者,"大胆"和"幼稚"是其叛逆性格的主要特征。在他身上,使我们看到了在当时只有革命才是唯一的出路,逃离家乡去追求个性解放,还仅仅是第一步。

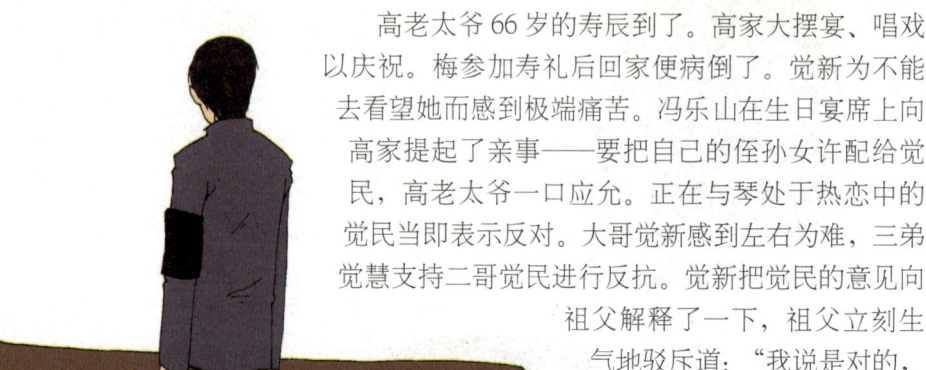

高老太爷66岁的寿辰到了。高家大摆宴、唱戏以庆祝。梅参加寿礼后回家便病倒了。觉新为不能去看望她而感到极端痛苦。冯乐山在生日宴席上向高家提起了亲事——要把自己的侄孙女许配给觉民,高老太爷一口应允。正在与琴处于热恋中的觉民当即表示反对。大哥觉新感到左右为难,三弟觉慧支持二哥觉民进行反抗。觉新把觉民的意见向祖父解释了一下,祖父立刻生气地驳斥道:"我说是对的,哪个敢说不对?我要怎样做,就要怎样做!"在紧急关头,觉慧帮助觉民逃婚。

高老太爷闻讯勃然大怒。无论三叔可明和觉新怎样劝说,觉慧都坚决地说,如不取消冯

家的亲事,他绝不说出觉民的地址。看到觉新在这件事上又采取不抵抗主义,觉慧忍不住骂觉新是懦夫。觉民写信给觉新,表示决不让琴做第二个梅的角色。觉新不断受到良心的谴责,觉得无论如何应该给觉民帮忙,否则会造成一件抱恨终身的事。他壮着胆子到祖父面前为觉民说情,却遭到祖父的狂怒斥责。祖父最后说,冯家的亲事决不能取消,如果月底觉民还不回家就叫觉慧顶替。觉新不得已回头又要三弟劝二弟屈服,觉慧十分气愤,想:"如果牺牲是必需的话,做牺牲品的绝不是我。"

这时传来了梅去世的消息,觉新受到极大的刺激,他怀着极其悲痛的心情料理了梅的后事。在向灵柩告别时,觉慧没有哭,也没有悲哀,他有的是满腹的愤怒。他的话是用一种交织着爱和恨的声音说出来的:"一些哭声,一些话,一些眼泪,就把这个可爱的年轻的生命埋葬了。梅表姐,我恨不能把你从棺材里拉出来,让你睁开眼睛看个明白:你是怎样给人杀死的!"

觉新的四叔克安、五叔克定瞒着高老太爷偷偷在外面租小公馆,嫖女人,打着高老太爷的招牌到处借债,过着荒淫无耻的生活。不久,丑行被揭穿,高老太爷责罚他们后,感到无比失望,从此一病不起。陈姨太先请道士做法,又叫端公捉鬼,闹得家宅不宁。留过学的克明、读过进步书报的觉新都不敢出来反对,只有觉慧挺身而出痛骂陈姨太和众人。高老太爷在弥留之际答应解除与冯家的婚约,他想在临死之前见见觉民,觉民抗婚行动取得了胜利。

老太爷去世,瑞珏也渐渐临产。陈姨太却说产妇的血会冲犯了死者,必须将其移到城外去生。觉民、觉慧坚决反对,觉新却含泪答应。四天后,在城外一间阴暗潮湿的小屋里,瑞珏生下一个儿子后痛苦地死去了。

觉慧再也无法在这阴暗腐朽的家中忍受下去,他决心出走,"做一个旧礼教的叛徒!"觉新也终于明白,正是封建制度、封建礼教和封建迷信,夺走了他心爱的人。他痛恨自己的懦弱,决心全力支持弟弟争取自由的斗争。

在一个静悄悄的黎明,觉慧登上了驶向上海的航船。

情感体验

作品《家》主要讲述一个出生在旧社会大家庭的青年,在社会动荡的年代,在封建礼教土崩瓦解的时代觉醒了。进而使得我们憎恨那种腐朽没落的制度,并为美好的未来而斗争。也正是由于这一点,它曾激励着几代青年读者的心灵,并给予青年读者极大的鼓舞。

平凡的世界

双水村是个不起眼的小山村,位于横断山脉环抱的黄土高原。1975年,由于国家政治生活的不正常,社会许多方面都处在一种非常动荡和混乱的状态中。在农村,农民的生活也越来越困难。

孙少安是贫农出身的孙玉厚的大儿子,上学时考试总是班上第一,学校的老师都说这个孩子将来准有出息。怎奈孙家家境贫寒,少安勉强读完高小便回到队里参加了农业生产劳动,和父亲一起挑起这副养家糊口的沉重担子。但少安绝不是平庸之辈,他有他的打算,也有他的抱负,他要通过他健壮的体魄和机敏的心智使他家和全村父老摆脱世代的贫困。乡亲们选他当了生产队长,连村支书田福堂也不敢小看这个后生一眼。

孙玉厚的大女儿兰花嫁给了外村的王银满,这个好逸恶劳的二流子女婿因倒腾耗子药,眼下正被公社拉到工地上"劳教"呢,拖连得全家都抬不起头。二女儿兰香和二儿子少平都在上学,家里再穷也得省吃俭用供孩子学点文化啊。每当提起这个话茬儿,孙玉厚总觉得对不住大儿子少安。

田福堂的女儿名叫润叶,比少安小一岁。儿时,两个娃娃吃睡在一起,彼此不分你我。稍大一点,又一同外出玩耍,经常脱得精光泡在河里互相打闹往对方身上糊泥巴。一来二去,两人都长大了,又一起上了小学,不但在一个班,而且是同桌,成了名副其

作者及作品简介

《平凡的世界》的作者是路遥(1949年—1992年),陕西省清涧县人,生于一个贫困的农民家庭。长篇小说《平凡的世界》于1991年荣获国内最高文学奖——"茅盾文学奖",从而奠定了他在中国文坛上的文学地位。1992年,路遥病逝。

在《平凡的世界》中,路遥以史诗般的笔触描述了在中国社会历史变迁的大背景下,黄土地上普通人的悲欢离合。作品问世即好评如潮,并获得了茅盾文学奖。重新回想这部书所囊括的时光,依然会发现从1978年至1985年以来的岁月是那么令人神往。生活在彼时的人们以劫后余生的喜悦憧憬未来,用感恩看待刚刚过去的梦魇……一切都笼上了理想的光环。没有咖啡馆,没有浪漫的海滩风景,在那小小的西北黄原城镇里,在那无名花草盛开的小土坡上,依然能成长出传奇般的爱情。

实的"同桌的你"。读完高小,少安务农,润叶则到县里读中学去了,毕业之后留在县城当上了一名小学教师,住在任县革命委员会副主任的二爸田福军家。但她一直没有忘记孩提时代的好友孙少安,对眼下正在县城读中学的孙少平格外关照。

探究性阅读

《平凡的世界》是农村题材,但又不局限于农村生活的描写和城市"交叉地带"发生的人和事。另外,作者还是把国家大事、政治形势、家族矛盾、农民生活的艰辛、新一代的感情纠葛,以及黄土高原古朴的道德风尚、生活习俗都真实而细腻地描绘了出来,构成了一幅中国70年代中期至80年代中期农村生活的全景式画卷,深刻地反映出了当时农民的生活和喜怒哀乐。同时,也使我们深刻地感悟到了人生的价值,真正在于对自身苦难的严峻正视、深刻思考、透彻理解、不懈抗争。

这天,润叶托少平捎个口信,让他哥抽空儿来一趟城里。细心的少平早已经猜出了个中的奥秘,他很喜欢润叶姐,也非常希望她能成为自己未来的嫂子。可少安却有点犯难了,他清楚自己的家庭条件和自身的社会地位,他不想委屈了所钟爱的润叶。一个是农民,一个是吃官饭的"公家人",其间的距离太遥远了!

但少安还是硬着头皮去了县城。润叶告诉他,她二叔给她瞅了个人家,男方是县革委会的另一位副主任李登云的儿子李向前,让少安帮她拿拿主意。见少安反应木然,急得润叶哭出了声。此后,润叶几次回村,明里是给学校办事,暗中是来会少安。可春去秋来,少安依然故我,使润叶陷入了极大的痛苦之中——她在别人说合的婚姻和自由的爱情之间苦苦地挣扎着。田福堂自然发觉了其中的隐秘,但他不想正面干涉,便使出一招,暗中制止事态的发展。

少安从社员的切身利益出发,给每户多分了点猪饲料。原先田福堂是睁一只眼闭一只眼,半依半就,装着不知道。现在,他决定把此事当作整治孙少安的炮弹打出去,便把此事告发到了公社。公社认为少安的做法是在明目张胆地带领社员走资本主义道路。于是立即召开全公社大会,公开批判了孙少安,给孙家老小精神上带来了巨大的政治压力。

孙玉厚虽然不知道润叶正单恋着自家的大小子,但也觉得少安该娶媳妇了,就托弟弟孙玉亭和弟妹贺凤英帮着物色一个。事也凑巧,贺凤英的娘家那边有个远门侄女还真就不要彩礼,一说合,女方对少安的条件非常满意,这下可乐坏了孙玉厚老两口。少安最后审视了一下他同润叶的关系,仍然觉得不可能成为夫妻,于是便动身前往山西相亲去了。

一个月后,少安领回来一个水灵灵的大姑娘,几乎令双水村所有的人都开了眼界。及至第二年春节,少安便和这位名叫秀莲的姑娘结了婚。孙玉厚两口子如释重负,当然也了却了田福堂的一块心病。

少安的成婚使润叶的内心如同汹涌的波涛一般翻腾了好久。她现在正处于感情葬礼后的"忌日"。对于二妈徐爱云和向前妈刘志英的轮番进攻,她似乎还抵挡得住,但一想起她所敬重的二爸来,润叶也不免犯难了。原来,田福军和"左"得要命的李登云向来搞不到一块儿,李登云在诸多问题上是凭着他的政治嗅觉压着田福军一头。有人开导润叶,如果你能成为李登云的儿媳,李登云就不会再同你二爸作对了,这个县城也就成了李田两家联手后的一统天下。由于对爱情的绝望,加上对二爸的热爱,润叶终于痛苦地答应嫁给向前。婚后,他们夫妇同室不同床,打一开始便过着几乎无感情的生活。

少安的弟弟少平在县城学习,几年既漫长又短暂的学习生活有愉快也有痛楚,当然最大的收获是抛弃了许多纯属"乡巴佬"式的狭隘与偏见,视野也拓宽了不少。本来,在同学中,与他处境相近的女生郝红梅对他很好,可郝红梅出身地主家庭,一心想通过婚姻来改变

名句精华

一种无比温暖的气息包裹了孙少平疲惫不堪的身心。他感觉僵直的四肢像冰块溶化了似的软弱无力。内心是这样充满温馨和欢愉。感谢你,惠英!感谢你,明明!感谢你,小黑子!感谢你,生活……他不由含着泪水,抬头望了一眼惠英。她脸红扑扑地,亲切地对他一笑,便用筷子给他小碟里夹菜。

自己的地位，因而渐渐疏远了少平，攀上了干部子弟顾养民，感情上伤害了少平；而共同的志趣，又使少平与田福军的女儿、不同班的同学田晓霞建立了纯真的友情。

毕业前夕，郝红梅因无钱购买纪念品赠送给同学，偷了供销社的手绢。别人将此事告诉了少平，给他提供了一个报复郝红梅的机会。谁知少平却十分大度，他解囊替郝红梅如数付清了手绢款，从而保全了她的声誉。

毕业了，同学们天各一方，少平回到了生养他的双水村。恰逢双水村学校办起了初中班，少平便和同他一块儿毕业回村的田福堂的儿子田润生一起，被推荐当上民办教师。这时的少安已经当上了父亲，秀莲为他生了一个大胖小子。

形象感受

孙少平，一个刚直、正义的形象，不怕吃苦，思想先进，但是又不脱离现实，对自己周围的环境能够做到不怨不艾，同时又不肯屈服于环境，尽自己一切的努力去读书，在另一个属于自己的世界里尽情遨游。这使我们深刻地感悟到了那个时代农民的进步和转折。

孙少安，少平的哥，一个勤劳正直、传统但又不封建的走在时代前列的新农村青年，从他的身上可以看到农民的进步，也就是中国社会的进步，但是，作者并没有把他写成一个万能的人，他身上的缺点，代表了中国那个时代的特点。

田福堂，他虽然不能够走出双水村，但是，在他的世界里，永远要做一个强者，他对村上公共事务的关心，他的所谓宏图大业，虽然现在看来有点可笑，这不是他一个农民所能够决定的，那是中国的大背景。他所代表的是当时典型的农村政治家形象。

转眼到了1978年初，少安听安徽跑出来谋生的一个铁匠说，他们的家乡搞了联产承包责任制，农民的生活如今已得到很大的改善，便凭直觉依葫画瓢，把他所领导的生产队也划成了几个农业作业组，搞起了"小承包"。谁知没有不透风的墙，此事立即引起了大队、公社乃至县里一些领导的恐慌，最后，地区革委会做"终审判决"：坚决制止双水村的"资本主义复辟倾向"。

正月十五，农村闹秧歌，田福军也带着妻子、女儿回到了乡亲们中间。见到少安并没有被压垮，他很欣慰，便拍着少安的肩膀意味深长地鼓励道："好好干吧，我相信农

村不久就会出现一个全新的局面。"

少安在村里第一个响应了改革开放的号召,办起了一个砖窑。随着少安生意的红火,村里不少亲戚邻居央求到他砖窑上打零工。少安不忍看乡亲们的困境,他的内心升起一种庄严的责任感来。于是又贷款一万元扩建了砖场,雇佣了村中三十几号人物做劳力。不幸的是他这次高薪聘来的烧砖师傅是个骗子,孙少安的砖全部烧砸了。他无力归还贷款,也开不起给村中帮忙劳力的工资。大家马上又用另一种眼光看待他了。有些人已开始说些讽言嘲语。少安像一只被风暴打断翅膀的小鸟在夜风中簌簌地颤抖着。

人,常常是脆弱的,但人又是最顽强的。少安在秀莲的鼓励下,又一次挣扎着迈开脚步,重新踏上创业的征程。他从胡永合那里借到了一部分钱款,父亲孙玉厚也把养老钱拿了出来。少安的砖窑开始点火了。滚滚的黑烟凶猛地冲天而起,再一次笼罩了南面的天空。第一批成砖出窑后,三天内就销售一空,欠村中所有人的钱马上还清了。这个塌垮了的砖场在接受了失败的教训之后,第二次起飞便以惊人速度发展起来。不到两年,盈利滚滚流入少安的腰包。

少安的胆子也逐渐大了起来。当他听说公社那个快要倒闭的乡办砖瓦厂要承包给个人经营时,马上赶去签订了合同。这时胡永合又找到少安,怂恿少安和他一起去赞助电视台拍电视,少平知道后马上阻止了他,劝他不如拿这点钱为村里人办些实事。少安出资重修了双水村小学。学校修建竣工那天,县乡领导亲自赶来参加了"落成典礼"。少安的妻子秀莲这时却患上了肺癌,生活中还有无尽的酸甜苦辣等待着这位农民企业家去品尝。

少安、少平两兄弟以不同的方式完成着对人生的探索,在这个平凡世界中,他们是真正的大地之子。

情感体验

在作品中,作者成功地塑造了众多的人物形象,其聚焦于人生的观照、写人物的命运,作者写得淋漓尽致,并透过其中人物的爱情关系、爱情态度和爱情心理描写,让我们可以清晰地看到《平凡的世界》中的爱情可分为两种:一种是传统道德下的男女恋爱,一种是现代文明激发出的男女爱情。不管是哪一种爱情,都凝聚了作家的现实主义意识,都体现了爱情的美丽动人,都写出了真情、深情和浓情。

芙蓉镇

芙蓉镇坐落在湘、粤、桂三省交界的峡谷平坝里，街面不大，十几家铺子。几十户住家紧紧夹着一条青石板街，民风淳朴浓郁。这里虽然居民不多，可一到逢圩就热闹非常，历史上曾有过三省八县客商云集的万人集市。

到了1963年，芙蓉镇上称得上生意兴隆的，不是原先远近闻名的猪行牛市，而是本镇胡玉音所开设的米豆腐摊子。胡玉音是个二十五六岁的青年女子，来她摊子前站着坐着蹲着吃碗米豆腐打点心的客人，习惯于喊她"芙蓉姐"。也有那些好调笑的角色称她为"芙蓉仙子"。说她是仙子，当然有点子过誉。但胡玉音黑眉大眼面如满月，胸脯丰满，体态动情，却是过往客商有目共睹的。镇粮站主任谷燕山打了个比方："芙蓉姐的肉色洁白细嫩得和她所卖的米豆腐一个样。"她待客热情，性情柔顺，手头利落，不分生熟客人，不论穿着如何，都是笑脸迎送："再来一碗？添勺汤打口干？""好走、好走，下一次会面！"加上她的餐具干净，米豆腐量头足，作料香辣，油水也比旁的摊子来得厚，一角钱一碗，随意添汤，所以她的摊子面前总是客来客往永不断线。

她的米豆腐摊子有几个老主顾是每次必到的。首先是粮站主任谷燕山，40多岁的

作者及作品简介

《芙蓉镇》的作者是古华，原湖南省作协副主席，生于1942年，湖南嘉禾县农村人。《芙蓉镇》是他文学创作中最著名的一部作品，发表于1981年，立即便引起强烈的社会反响，并于1982年获得首届茅盾文学奖。

作品内涵丰富，囊括了作者二三十年对社会、对人生的观察、思考与认识，浓缩进作者对乡土乡亲浓厚的爱恋情怀。另外，作品滥觞于作者家乡一个年轻寡妇的真实故事，作者由此扩展生发，将久蓄于心的、富有典型意义的风俗民情熔于一炉，使作品贯穿着强烈的客观生活实感，几乎找不出刀切斧凿之痕，写得美、奇、真。也正是因为这一点，深深地吸引着众多的读者。

在作品中作者将胡玉音及与之相关的一组人物作为主体骨架，以其间发生的社会事件为实际材料，构筑小说。并在整体的顺叙中，加了少许的补叙，将人物命运单线或复线交替写来，剪裁配置既突出重点又疏密有致。

南下干部,是个鳏夫。为了成全胡玉音的小生意,每次从粮站打米厂卖给她碎米谷头子60斤。再一个是党支部黎满庚,30来岁,转业军人,曾是玉音情投意合的少年情郎,因玉音出身不好只能做她的干哥。他吃米豆腐,无形中印证了摊子的合法性。还有一个是镇上有名的"运动根子"王秋赦,专吃白食。每逢开展什么运动,必定跑红一阵,胡玉音自然招惹不起。还有一个怪人外号"秦癫子"的,真名秦书田,原是本县歌舞团的编导,后划为右派被开除回乡生产。他总是等客人少的时刻来吃米豆腐,嘴里还哼着广东音乐《步步高》的曲子。最近,镇上饮食店来了位女经理李国香,今年32岁,尚未成家。这位全县商业战线以批资本主义出名的女将有个当县委财贸书记的舅舅杨民高。她气不过胡玉音容貌好、生意兴隆,认定那米豆腐摊子是镇上唯一能和她争一个高下的潜在威胁,加之在向谷燕山求爱时碰了壁,更是怀恨在心,暗中开始了她的"政治调查"。

形象感受

胡玉音,是作品中比较正面的人物形象。她外貌秀美,心地善良,是个外柔内刚的女人,对生活充满热爱与向往。虽然一生经历坎坷,却不乏享受浪漫与爱情。直到最后那么落魄时还营造了与穷书生秦书田之间的落寞爱情。不过,她身上有着许多愚昧的东西,直到最后她都没有觉醒。

1964年春天,胡玉音夫妇紧吃苦做,抓死抓活,盖了一栋新楼房。这时,恰逢李国香带领县委社教工作组进驻芙蓉镇,住在王秋赦吊脚楼搞"扎根串联"。运动开始了,胡玉音盖起了新楼屋而成了清算的活靶子,被迫撤了米豆腐摊子;谷燕山被以"丧失阶级立场,盗卖国库粮食"的罪名停职反省;黎满庚在"你死我活"的压力下交出了玉音请他代为保管的钱;秦书田被批斗,当众下跪。胡玉音在外避了一阵风头回来时,等待着她的是一顶新富农的帽子和丈夫黎桂桂的新坟。镇上的人都避开她,黑暗中只有秦癫子为她唱着《女歌堂》的曲子。

"四清"结束后,芙蓉镇从"资本主义的黑窝子"变成了一座"社会主义的战斗堡垒",街上贴满了同一规格、同一号字体的标语、对联,街容革命化,人际关系亦革命化。

探究性阅读

中篇小说《芙蓉镇》是古华的代表作。在十五六万字的篇幅中压缩进一部长篇小说的内容,向我们展示了从1963年至1979年间四个不同时期的社会变迁。作品以"芙蓉姐"胡玉音的悲欢遭际为主线,表现了特定历史时期人民生活的升迁沉浮,揭露出了"左"倾思潮的谬误危害。同时,作品也是对中国50年代后期到70年代后期近20年的历史所作的严肃的回顾和深刻的反思。

原先"人人为我,我为人人"的乡风民俗,变为"人人防我,我防人人"的关系,一时风声鹤唳,草木皆兵。李国香大红大紫,当上公社书记;最近入党的王秋赦扶摇直上,担任了本镇大队党支部书记;秦书田、胡玉音被规定每天清早打扫青石板街……但历史似乎要捉弄所有的人,一场更为迅猛的大运动铺天盖地而来,以整人为乐事的李国香被外地来点火串联的红卫兵小将揪出,挂上"破鞋"黑牌与"黑五类"们一起游行示众,并被逼迫手脚并用,像一条狗似地爬行。王秋赦耀武扬威,成了"三忠于""四无限"的领头人,竟也批判起李国香、杨民高来。谷燕山靠边站,成天"醉眼看世人",一次与受良心谴责的黎满庚喝干了一坛酒,醉得晕天倒地,歪在青石板街,叫人骂个不停。

1968年底,李国香的政治派属问题搞清楚了,又当上了公社革委会主任。王秋赦悔之莫及,又转过身来与之狼狈为奸。而秦书田和胡玉音一起扫街不觉也已两三年了,二人患难中相濡以沫,渐渐地相爱了。胡玉音怀上了秦书田的孩子,谷燕山在他俩偷偷结婚之夜,来讨喜酒喝。夫妻俩热泪涟涟双双跪在谷燕山面前磕了头。酒过之后,夫妻二人轻轻唱起《轿夫歌》。这对"黑夫妻"因为让真正的"狗男女"(王秋赦、李国香)吃了苦头,再次成为运动的活靶子,成为"反革命犯罪典型"。秦书田被判刑10年,胡玉音被判刑3年,因有身孕,监外执行。许多人偷偷躲在角落落泪,其中就有黎满庚和他的女人。宣判台上的两人却态度顽固,都没有哭,挺着腰身,不肯低头。他们用眼睛鼓励着对方:"活下去,像牲口一样地活下去。""放心。芙蓉镇上多的还是好人。总会熬得下去的,为了我们的后人。"

就是在大劫大难的年月,人们互相检举、背叛、摧残的年月,或是龟

缩在各自的蜗居里自身难保的年月，生活的道德和良心，正义和忠诚并没有泯灭，也没有沉沦，只是表现为各种不同的方式。"北方大兵"谷燕山是"醉眼看世情"。

那一年，铁帽右派秦书田被判刑劳改去了，胡玉音被管制劳动。老谷好些日子胆战心惊，因为他给这对黑夫妻主过媒。但后来事实证明黑夫妻两个还通人性、守信用，并没有把他老谷揭发并交代出来，使他免受了一次审查。要不，他谷燕山可就真会丢掉了党籍、干籍。就是这一年年底的一天晚上，刮着老北风，落着鹅毛雪。老谷不晓得又是在哪里多喝了二两回来，从老胡记客栈门口路过，忽然听见里头"娘啊，娘啊，救救我……我快要死了啊"的痛苦呻吟，声音很惨，听起来叫人毛骨悚然。"胡玉音这新富农婆要生产了？"这念头闪进了他脑瓜里。幸亏谷燕山闻声赶去，不怕受牵连，及时将她送到部队医院抢救，当胡玉音平躺在一辆手推车上，被送到手术室的时候，他的心如火焚。他多么盼着能隔着一道道门，听到婴儿被取出来时的哇哇啼叫声啊，胡玉音一定会流很多血，很多很多血……老天爷，这晚上，生活在他的感情深处，

名句精华

奇特的年代才有的奇特的事。但这些事的确在神州大地、天南海北发生过，而且是那样的庄严、神圣、肃穆。新的时代里降生的读者们一定会觉得不可思议，视其为异端邪说，然而这正是我们国家的一页伤心史里的支流末节。

千金难买回头看。"四人帮"倒台后，人，都在重新认识自己啊。经过这些年来的文唱武打，运动斗争，人人都有一本账。有过的补过，有罪的悔罪；问心无愧的，高枕无忧；作恶多端的，逃不脱历史的惩罚。

县文化馆副馆长秦书田新近回到芙蓉镇来搜集民歌，倒说了一句颇为见多识广的话："如今哪座大城小镇，没有几个疯子在游荡、叫喊？他们是一个可悲可叹的时代的尾音。"

开拓出了一个崭新的领域……他苦思苦熬地度过了漫长的四个钟头。

天快亮时,胡玉音被手推车推了出来。一个用医院洁白的棉被包裹着的小生命,就躺在她身边。可是胡玉音脸色白得像张纸,双目紧闭,就和死了一样。"死了?"谷燕山的心都一下子蹦到了喉咙口,他眼里充满了泪水。推车的小护士心细,注意到了他脸上的绝望神情,立即告诉他:"大小平安。产妇是全麻,麻药还没醒……活着!活着!"他没有大喊大叫,连生了个男娃还是女娃都忘了问。"活着!活着!"医院的长廊里静悄悄的,却仿佛回荡着他心灵深处的这种大喊大叫。事后,谷燕山虽然为此受到了"停止组织生活的处分",但他仍勇敢地肩负起作为临时丈夫和父亲的责任。

后来,吊脚楼终于倒塌了。到了1978年三中全会召开之后,负责落实全县冤假错案平反昭雪的李国香,在地委副书记兼县委书记的舅舅杨民高的启发下开了窍,亲自为胡玉音夫妻摘帽平反。为此气坏了当镇长的王秋赦。秦书田被放了出来,三天赶了一千多里路,终于回到了妻子儿子身边。

1979年,芙蓉镇又出现了勃勃生机,商贩云集,蔚为壮观。谷燕山当了镇委书记,忙着治理芙蓉河;秦书田当上了县文化馆副馆长,又忙着"采风";胡玉音成了街办米豆腐店的服务员;黎满庚官复原职。而王秋赦是真的疯了,前襟上挂满了像章,声音凄凉地喊着:"千万不要忘记啊——""文化大革命,五六年又来一次啊——""阶级斗争,一抓就灵啊——",像鬼魂幽灵徘徊在芙蓉镇。的确,如今哪座城镇,没有几个疯子在游荡、叫喊?他们是一个可悲可叹的时代的尾音。

情感体验

《芙蓉镇》源自于作者家乡一个年轻寡妇的真实故事。在读的过程中,我们有时会为当时人们的疯狂和好人不得好报而伤心,有时又为他们在最后过上幸福生活而感到高兴。同时,也使得我们深刻地感悟到了芙蓉镇上的风风雨雨,其实就是中国当时社会历程的一个缩影。

沉重的翅膀

也许因为身体已经恢复了健康，叶知秋的心情就像窗外那片冬日少有的晴空，夹杂着太阳的暖意。她在新闻战线已经工作了二十多年，虽然和她相依为命的孤儿莫征并不理解她的工作，但她总是为基层工业部门的同志实干而勤勉的精神所感动。这次采访的对象是重工业部副部长郑子云。她在一幢喧闹的楼房里找到了他，跟他谈社会，谈经济，谈体制改革，谈三中全会以后正在展开的远景。初次见面，她发现自己与郑子云在许多方面的见解不谋而合。从雍容华贵而又无聊的夫人夏竹筠身上，叶知秋也看到了郑子云像常人一样被生活所困的烦恼。

把郑子云介绍给叶知秋的是过去的同窗贺家彬——一个执著地坚持着自己信念的重工业部的人员。他因在组织生活中直言不讳地批评别人背地里讲人坏话，得罪了处长何婷，更因拒绝写空泛的"学大庆"规划而被扣上"反对大庆红旗"的帽子。而这些，都直接影响着他的入党问题。

作者及作品简介

《沉重的翅膀》的作者是张洁，女，1937年4月27日生于北京，从小跟随母亲在桂林、陕西等地谋生，20世纪50年代初在抚顺念中学，现为北京作家协会专业作家。

《沉重的翅膀》是新时期文坛上第一部反映体制改革的长篇小说，它也是张洁创作中的一次重大转折。作品围绕经济体制改革问题，描写了1980年前后发生在国务院一个部委的一场错综复杂的争斗。作品视野开阔，在强烈的忧患感中又不失振奋的精神面貌，沉重中见力度，是一部改革开放初期社会的全景式作品。

《沉重的翅膀》属于现实主义的艺术风格，但它与传统现实主义已有很大不同。作者在刻画人物时，也不注重人物的外貌以及外在行动，而是用日常生活中最富于典型化的细节，全力刻画出人物心灵深处的微妙活动，创造出许多富有时代气息和个性特征的成功典型。

总之，作品无疑是根据现实生活，并从中得出正确结论的优秀作品，它在我国当代文学史上占有突出的地位。

曙光汽车制造厂是重工业部下面一个连年亏损的烂摊子，这个时候，陈咏明是在全心全意地爱着他的妻子郁丽文的支持下走马上任当厂长。郑子云给他下了"把质量管理搞起来，搞均衡生产，每月生产要逐步上升"的军令状。上任不久，他便从故意拖延工作的保卫处着手，果断地改组领导班子，扣发了无故不上班的支部书记的工资，剔除了故意刁难的基建处长，大胆地起用有专业特长、工作认真负责的年轻人担任领导职务，只用了一个多月的时间，便大刀阔斧地调整了全厂的领导班子。杨小东便是其中之一。杨小东把十四个被别人认为是"刺儿头"的年轻人集中在车工小组，铆足了劲，超额完成了任务，被评为先进生产小组。在一次聚餐中，他们与郑子云不期而遇。不知对方身份的青工们的一番发自内心的议论，给了郑子云莫大的启发："怎样才能调动人的积极性——靠的是关心人，相信人，鼓舞人。"郑子云的画家朋友也认同道："每一个正直的勤奋工作的人，他，和他的工作，都不只属于自己。"

田守诚是重工业部的部长，拿郑子云和他相比，一个好比是打守球的，软磨硬泡；一个好比是打攻球的，一个劲儿地猛抽。今天，田守诚又把一封上级转来的贺家彬批评中央领导左倾思想的来信"请郑阅处"。贺家彬在信中严厉地指出当今体制存在着的弊端，指出仍有许多人对改革持抵制态度，紧紧抓住权力不放。面对着这封具有极大的挑战性和所谓"右倾"的信，郑子云只能采取保护式的办法——把信锁进了写字台最下层的一个抽屉里。

陈咏明的改革促进了工厂的发展，过年时各家各户争着请他吃饺子。郑子云则趁星期天来到了曙光汽车制造厂。只见食堂、托儿所整修一新，车间里充满着

探究性阅读

《沉重的翅膀》用一种犀利泼辣的笔调直接描绘重大的政治事件，在社会、家庭、现实、历史的交错描写中，展现社会大变革时期的独特风貌，从而揭露了当时经济改革和社会生活中的重大问题，讴歌了振兴中华的努力奋飞和远大前程。在人物塑造上，作者坚持以性格、观念、意识、习惯的尖锐冲突和剧烈碰撞，从对立和对比中凸显人物的个性，揭示人物的思想品质和道德操守。虽然作者依旧重视对人物内心世界的细致刻写，但由于人物的心理已注入了更为深广的社会、人生内容，因而这类内心揭示比以往更能折射出时代的光谱。

一种让人兴奋的、一环紧扣一环的节奏感,对奖励、管理制度的改革更使他看到了希望。面对着这一切,郑子云想到了原任厂长宋克写的那封信:"曙光汽车厂问题很大,干部不安心工作,工人有意见……"心里又在隐隐作痛。在部里召开的思想政治工作座谈会上,郑子云再次肯定了陈咏明的工作,并从思想工作的历史讲到心理学、社会学在实际工作中的运用,突出了思想政治工作的地位。道理说来容易,可要在实际中变成现实可真难啊!郑子云感到些许沮丧。

曾失足过的莫征默默地用双手改变着自己的生活。郑子云的女儿郑圆圆抛开世俗的偏见,在共同的学习和对命运的探讨中,与莫征深深相恋。

介绍陈咏明的报告文学发表之后,不仅它的作者叶知秋、贺家彬加入了众矢之的的行列,连郑子云也被卷了进去。因为他给诬陷陈咏明的宋克回过一封观点相反的信,对这篇文章曾表过那样的态:"发!出了问题我负责!"不久,田守诚就在宋克的撺掇下,派干部司司长带二十多人到厂里,借考察干部的名义了解文章"出笼"的经过。在部党组会议上,田守诚发表意见,说作品不尊重历史事件,陈咏明打击了别人,抬高自己,把别人的功劳归于自己,政治品质有问题。孔祥副部长也气势汹汹地说:"有了成绩和功劳,应该记在党委的账上嘛!突出个人是不对的!"郑子云理直气壮地反驳:"这篇作品有什么应该追究的责任,从他们厂里的青工争购传颂作品可以看出文章的社会效果不错……"

形象感受

副部长郑子云,作品中的主人公,他是一位精通业务的改革家,他思想解放,在企业管理方面有丰富的经验和新颖的见解,既是一位实干家又有着思想家的风貌。从他的身上,可以看出当时改革者的一个缩影。

田守诚,他是作品中另一个重要人物。他长期混迹官场,老谋深算,擅弄权术,惯于见风使舵。对郑子云顺应时代潮流的改革努力,不仅冷眼旁观,而且处心积虑地找岔子、钻空子,无孔而不入,最终使郑子云成为"改革派"中的"亡命徒"。他所体现的是我国当时阻碍改革的一个缩影。

名句精华

最坚强的心，也许是最脆弱的心。对于在各种逆境中备受作践、蹂躏、摧残……从而变得残酷、冷漠的心来说，再没有什么比"温暖"这种东西更强大、更能征服它了。因为他得到的太少、失去的太多，一旦得到，就很懂得珍惜。

生活的节奏已经无可挽回地加快了，为什么我们不同意青年人喜爱节奏更快的音乐，节奏更快的舞蹈，以及其他节奏更快的艺术形式呢？如果他们喜爱变化，喜爱更新鲜的事物，那是非常自然的，是一种自然规律。最好我们不要去干涉他们。四月影展不是终于在公园展出了吗，不论评论界怎样用假装的冷漠对待他们，他们不是明显地比某些影展拥有更多的观众吗？我们认为应该奉为永恒的东西，终有一天要消失，就是他们现在喜爱的东西，几年之后，也会成为过去……

叶知秋和贺家彬被各种议论所困。对于贺家彬来说，议论不仅仅源于这篇文章，还因为他常去照顾干校时结识的寡妇万群。当高文煊屈服于社会压力不敢大胆去爱万群后，万群与儿子的生活便日渐拮据。他与叶知秋作了一番心与心的交流后，买了许多东西直奔万群家。

曙光汽车制造厂的原车间主任吴国栋因病住了院。这段时间，杨小东他们包下了他家的重活，还分批到医院照料他。陈咏明也帮助他解决了爱人工作单位远的实际问题。而这时，何婷正在为二女儿留京工作的事勇往直前地准备打第八个电话，经过一番老谋深算式的谈话，何婷对孔祥以利益相诱，终于敲开了女儿留京的最后一道门。

重工业部十二大代表选举第一个回合的结果出来了，郑子云以 887:406 当选。虽然田守诚的代表资格找毫无干系的 G 省早已确定下来，但他还是要想尽一切办法，把郑子云的代表资格弄下来。郑子云看完一份既无抬头，又无落款的文件："重工业部的十二大代表已有部长一名在选，另外两个名额，不宜再安排部一级的干部……"他微微笑了笑。在他的字典里，没有"投降"这个字眼儿。为了战斗，十二大代表非当不可。经过又一番交锋，举行了第二个回合的选举。

郑圆圆恋爱遭到夏竹筠的竭力反对。一天，圆圆回得比较晚，蹑手蹑脚地进了家。"怪，客厅里亮着灯，妈妈今天没看电视吗？"她心想。然后，她顺手拿起桌上的小圆镜。她几乎认不出自己。什么地方变了呢？眉毛？眼睛？脸蛋？嘴唇？毕竟不一样了。那不一样究竟在哪里呢？别人是看不出的，只有她自己知道。……接着她开始沉浸于幻想之中：幻想着和莫征所说过的一些令人回味无穷的话语、幻想着和莫征的未来、幻想着他们以后的一辈子要买许多床、许多床新被……就在这时，"圆圆！你过来，我和你爸爸有话对你说。"夏竹筠变了嗓音的喊叫，一下就把圆圆从那蓝绿色的湖里拽了

情感体验

《沉重的翅膀》是一部积极向上，满怀革命信念的乐观主义作品。作品属于现实主义的艺术，但它与传统现实主义已有很大不同，它没有曲折的故事情节，甚至并不追求故事的完整性，但是矛盾纠葛却穿插交迭，一气呵成。这就使我们读起来不觉得枯燥乏味，在沉重的故事中产生赏心悦目的感觉。

出来。听那声音圆圆就知道没好话。于是她用手捋了捋蓬乱的头发，又在小镜子里最后地瞥了自己一眼。好像没有什么可以使夏竹筠挑剔的地方了，然后老大不情愿地拧身到了客厅。郑子云看见，圆圆戒备地抿紧了嘴唇。这不是好兆头，还没开始接触问题，就有了一种对立情绪。面对母亲的势利、虚伪和强硬干涉，圆圆与母亲大吵起来，之后，郑圆圆愤然离家。面对着自己女儿的出走，郑子云不知为什么竟说不出一句挽留的话。在他的潜意识里，他觉得圆圆这样做合情合理，如果不从他对圆圆的感情考虑，他甚至隐隐地为圆圆从某种丑恶的桎梏里解放出来感到痛快。之后，圆圆走向了莫征的怀抱。

深更半夜，田守诚被电话铃声惊醒。这是郑子云善观眼色的秘书纪恒全打来的。纪恒全用发紧的、似乎努力憋着嗓子眼里的笑的声音告诉他：郑子云因心肌梗塞住进了监护病房。田守诚放下电话，映入他脑中的，是十二大代表最后的投票结果：1006：287。想不到事情又发生了变化。自从和郑子云刺刀见红的一战之后，郑子云的票数反而从887增加到1006，这真是赔了夫人又折兵，偷鸡不着蚀把米。他已经灰心了，无望了。然而想不到事情会突然发生这样的逆转。啊，这一下，郑子云当不成十二大代表了。田守诚比往日更加庄重地坐进小汽车，即使在这深更半夜他也衣冠楚楚，像去赴一个盛大的招待会，走向了医院。

骆驼祥子

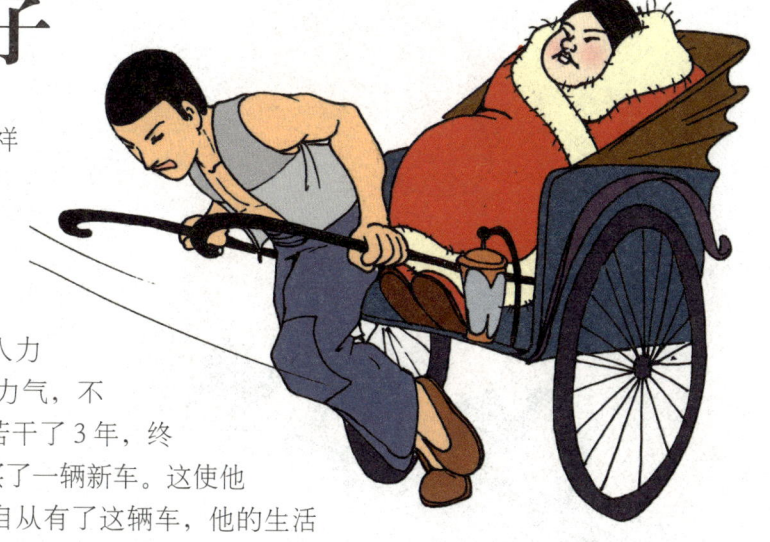

小说中的主人公祥子出生在农村,18岁的时候,不幸失去了父母和几亩薄田,便跑到北平城里来做工。生活迫使他当了人力车夫,他既年轻又有力气,不吸烟,不赌钱,咬牙苦干了3年,终于凑足了100块钱,买了一辆新车。这使他几乎激动得哭出来。自从有了这辆车,他的生活过得越来越起劲。他幻想着照这样下去,干上两年,就又可以买辆车,一辆、两辆……他也可以开车厂了。

祥子每天放胆地跑,对于什么时候出车也不大考虑,兵荒马乱的时候,他照样出去拉车。有一天,为了多赚一点儿钱,他冒险把车拉到清华,途中连车带人被十来个乱兵捉了去。这些日子,他随着乱兵们跑。每天得扛着或推着乱兵们的东西,还得去挑水烧火喂牲口,汗从头上一直流到脚后跟,他恨透了那些乱兵。他自食其力的理想第一次破灭了。

一天夜里,远处响起了炮声,军营一片混乱,祥子趁势混出了军营,并且顺手牵走了部队丢下的3匹骆驼。天亮时,他来到一个村子,仅以35元大洋就把3匹骆驼卖给

作者及作品简介

《骆驼祥子》的作者是老舍,原名舒庆春,字舍予,满族人,他生于北京一个贫民家庭。在老舍的笔下,成功地塑造了祥子这个悲剧人物。

老舍以他精湛的现实主义笔法,从社会和性格两方面揭示了祥子悲剧的发展演进过程,在现实社会的必然逻辑关系下,一个追求个人微小生活目的的劳动者,怎样被吞食、被毁灭。祥子的性格悲剧包含着丰富的社会内容,从自我追求到自我的毁灭,他都没有越出个体小私有者的境地。作家从透视市民社会性的真实状况的角度,写成祥子的结局。这个结局,把长久地压在人们心上的祥子精神毁灭的阴影撕掉了,可以使人们更深更久地思索,痛恨造成祥子悲剧的那个社会,这正是读者从这个悲剧中可得到的激励。

小说以较多的篇幅写虎妞和祥子的"爱情"纠葛,既丰富了作品的内涵,也增加了故事情节的起伏。除塑造典型人物祥子外,其他人物如虎妞的泼辣,小福子的温顺,刘四的狠毒,二强子的刁赖都写得真实动人。作品的突出特点是运用生动的北京口语,个性化的人物语言,浓郁的地方色彩及写实手法,成功地描写和表现了北京市民的生活。

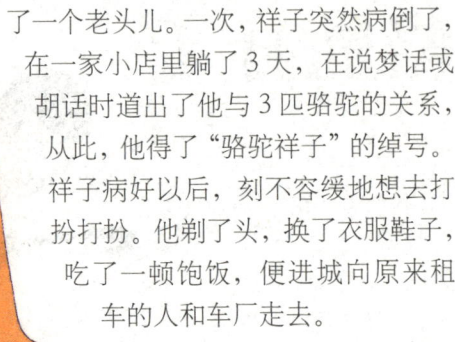

了一个老头儿。一次,祥子突然病倒了,在一家小店里躺了3天,在说梦话或胡话时道出了他与3匹骆驼的关系,从此,他得了"骆驼祥子"的绰号。祥子病好以后,刻不容缓地想去打扮打扮。他剃了头,换了衣服鞋子,吃了一顿饱饭,便进城向原来租车的人和车厂走去。

人和车厂的老板刘四爷是快70岁的人了。他在年轻的时候当过库兵,开过赌场,买卖过人口,放过阎王债;前清时候打过群架,抢过良家妇女,跪过铁索;民国以后,开了这个车厂子。他的车租金比别人贵,但拉他车的光棍可以住在这儿。

刘四爷只有一个三十七八岁的女儿,叫虎妞。她长得虎头虎脑,虽然帮助父亲办事是把好手,可是没人敢娶她做太太。刘四爷很喜欢祥子的勤快,虎妞更喜爱这个傻大个儿的憨厚可靠。祥子回到人和车厂以后,受到了虎妞的热情款待。祥子把30元钱交给刘四爷保管,希望攒满后再买车。

一天,祥子回到车厂已经是晚上11点多。刘四爷离开家走亲戚去了。涂脂抹粉、带着几分媚态的虎妞看见祥子,忙招呼他到自己的屋里去。桌上摆着酒菜,虎妞热情地劝祥子喝酒。三盅酒下肚,迷迷糊糊的祥子突然觉得这时的虎妞真漂亮,不知怎地,便和她睡在一起了。醒后的祥子感到疑惑、羞愧、难过,并且觉得有点危险。他决定离开人和车厂,跟刘四爷一刀两断。

在西安门,祥子碰到了老主顾曹先生,曹先生正需要一个车夫,祥子便高兴地来到曹家拉包月。曹先生和曹太太待人非常和气,祥子在这里觉得一切都是那么的亲切、温暖,浑身有使不完的劲儿。他去买了一个闷葫芦罐,把挣下的钱一

创造性阅读

《骆驼祥子》以祥子买车又卖车的三起三落为线索展开故事情节,结构简单而缜密,情节安排得错落有致、丝丝入扣。主要通过描写正直好强的青年车夫祥子由希望、受挫、挣扎到绝望,最终堕落成城市垃圾式的人的悲惨遭遇,揭露了黑暗的旧社会对劳动人民的压迫和剥削,表达了对劳动者的深切同情,批判了自私狭隘的个人主义。此外,还强有力地控诉了当时统治阶级对劳动人民的残酷剥削。进而使我们懂得了一个深刻的道理:在旧社会,虽然人们努力了,但最终还是过着悲惨的生活。只有在新社会,不断地靠自己的努力,才能进步,才能过上幸福的生活。

点儿一点儿往里放，准备将来第二次买车。

一天晚上，虎妞突然出现在祥子面前，指着自己的肚子说："我有啦！"祥子听后惊呆了，脑子里乱哄哄的。虎妞临走时，把祥子存在刘四爷那里的30元钱还给了他，要他腊月二十七——她父亲生日那天去给刘四爷拜寿，讨老头子喜欢，再设法让刘四爷招他为女婿。这天晚上，祥子翻来覆去睡不着觉，他觉得像掉进了陷阱，手脚全被夹子夹住，没法儿跑。

祥子一次送曹先生去看电影，在茶馆里碰见了饿晕倒在地上的老马和他的孙儿小马。老马是一个有自己车的车夫，他的悲惨遭遇给祥子最大的希望蒙上了一层阴影，他隐约地感到即使自己买上车仍然没有好日子过。

祭灶那天晚上，铺户与人家开始祭灶，烛光炮影之中夹杂着密密的小雪，热闹中带出点阴森的气象，街上的人都急于回家去祭神。大约9点，祥子拉着曹先生由西城回家，一个侦探骑自行车尾随他们。曹先生吩咐祥子把车拉到他好朋友左先生家，又叫祥子坐汽车回家把太太少爷送出来。祥子刚到曹宅要按门铃时，便被那侦探抓住。原来这侦探姓孙，是当初抓祥子的乱兵排长，他奉命跟踪得罪了教育当局的曹先生。孙侦探告诉祥子说，把你放了像放个屁，把你杀了像抹个臭虫，硬逼着祥子拿出闷葫芦罐，把他所有的钱都拿走了。祥子第二次买车的希望成了泡影，他带着哭音说："我招谁惹谁了？！"

形象感受

祥子是《骆驼祥子》中主要塑造的人物，他从一个善良、本分、富有正义感的人力车夫，经历了在生活上、人格上、政治上一步步走向堕落，最后变得人不人、鬼不鬼的悲剧历程。祥子的堕落是令我们心痛的，同时，这也是对吃人的旧社会的有力控诉。

不久，曹先生一家离开了北平。祥子只得回到人和车厂。虎妞看见祥子回来，非常高兴。刘四爷的生日很热闹，但他想到自己没有儿子，心里不痛快。加上收的寿礼不多，他指桑骂槐，把不满倾泻在祥子和虎妞身上。他不愿把女儿嫁给一个臭拉车的，更害怕祥子以女婿的身份继承他的产业，要祥子滚蛋。虎妞并不买父亲的账，撕破了脸公开了自己和祥子的关系，并说决心跟祥子走。

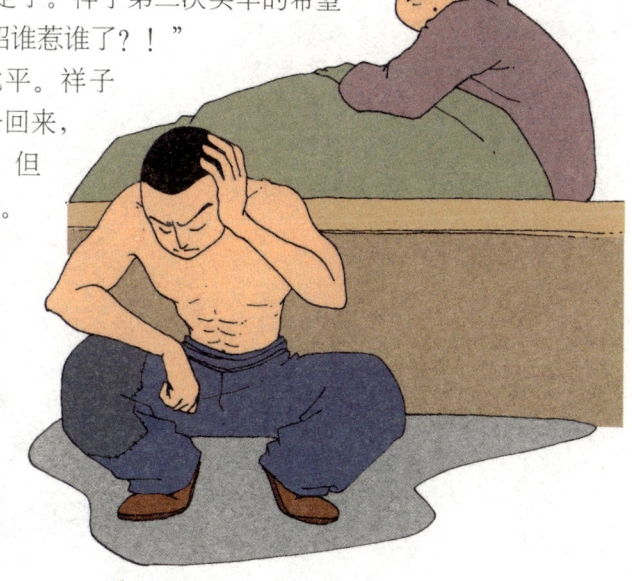

名句精华

小福子晓得这么下去，全院的人慢慢就会都响应虎妞，而把自己撵出去。她只是害怕，不敢生气，落到她这步田地的人晓得把事实放在气和泪的前边。她带着小弟弟过来，给虎妞下了一跪。什么也没说，可是神色也带出来：这一跪要还不行的话，她自己不怕死，谁可也别想活着！最伟大的牺牲是忍辱，最伟大的忍辱是预备反抗。

大人们病了，就更了不得；雨后，诗人们吟咏着荷珠与双虹；穷人家，大人病了，便全家挨了饿。一场雨，也许多添几个妓女或小贼，多有些人下到监狱去；大人病了，儿女们作贼作娼也比饿着强！雨下给富人，也下给穷人；下给义人，也下给不义的人。其实，雨并不公道，因为下落在一个没有公道的世界上。

经验是生活的肥料，有什么样的经验便变成什么样的人，在沙漠里养不出牡丹来。祥子完全入了辙，他不比别的车夫好，也不比他们坏，就是那么个车夫样的车夫。这么着，他自己觉得倒比以前舒服，别人也看他顺眼，老鸦是一般黑的，他不希望独自成为白毛儿的。

和父亲大闹了一场后的虎妞，和祥子在毛家湾一个大杂院里租房子成了亲。婚后，祥子才明白，虎妞并没有真怀孕。祥子感到受了骗，十分讨厌虎妞。虎妞打算把自己的400多元体己钱用完以后，再向父亲屈服，承受老头子的产业。祥子认为这样做不体面，说什么也不干，坚决要出去拉车。虎妞拗不过他，只得同意。

正月十七那天，祥子又开始拉车，凭的是拉"整天儿"，拉过几个较长的买卖，他觉出点以前未曾有过的毛病，腿肚子直发紧，胯骨轴儿发酸，汗啪嗒啪嗒地从鼻尖上、脸上一个劲儿往下滴答，接钱的时候，手都哆嗦得要拿不住东西似的。他本想收车不拉了，可是简直没有回家的勇气。他感到家里的不是个老婆，而是个吸人血的妖精。

如今的"人和车厂"已变为"仁和车厂"。刘四爷把一部分车卖出去，剩下的全倒给了西城有名的一家车主，自己带着钱享福去了。虎妞听到这消息后，非常失望，她看清了自己的将来只能作一辈子车夫的老婆，大哭一场后，给祥子100元钱，买下了同院二强子的一辆车。

不久，虎妞真的怀孕了。祥子拼命拉车、干活儿。祥子病倒了。这场大病不仅使他的体力消耗过大，而且虎妞手中的钱也用完了。为了生活，祥子硬撑着去拉车。虎妞的产期到了，由于她年岁大、不爱活动、爱吃零食、胎儿过大，难产死去。为了给虎妞办丧事，祥子被迫卖掉了车，这样，他到城里来几年的努力全部落了空。

祥子要搬出大院了。邻居二强子的女儿小福子来看他，表示愿意跟他一起过日子。祥子从内心喜欢这个为了养活弟弟而被迫卖淫的女人,但又苦于无力养活她们全家。看着眼已哭肿的小福子,祥子狠心地说:"等着吧!等我混好了,我一定来娶你。"

祥子又在雍和宫附近的夏家拉上了包月。年轻的夏太太引诱祥子,使祥子染上了淋病。

病过之后,祥子几乎变成了另外一个人。身量还是那么高,可是那股正气没有了,他不再要强了。刮风下雨他不出车,身上有点酸痛,一歇就是两三天,还染上了抽烟、喝酒、打架的陋习。对车座儿,他绝不客气,讲到哪里拉到哪里,一步也不多走。在巡警眼中,祥子是头等的"刺儿头"。

冬天的一个黄昏,祥子在鼓楼前街拉着一位客人向京城跑。后来才发现这人原来是刘四爷。他把刘四爷赶下了车,感到出了一口恶气。

祥子没有办法,又找到曹先生家里,把自己的一切告诉了曹先生,要曹先生给他拿主意。曹先生要祥子回他这儿拉包月,答应让小福子来曹家帮忙,还同意让出一间房子给他们住,祥子心里充满了一线希望和光明。祥子带着这个好消息去找小福子,可小福子两月前因不堪娼妓的非人生活上吊死了。

回到车厂,祥子昏睡了两天。他没有回到曹先生那里去。他不再想什么,不再希望什么。将就着活下去就是一切,他什么也无需再想了。好胜心强的祥子正在从绝望中一步步地走向毁灭,最终被那残酷的人吃人的社会给吞没了,最终成了一具行尸走肉。

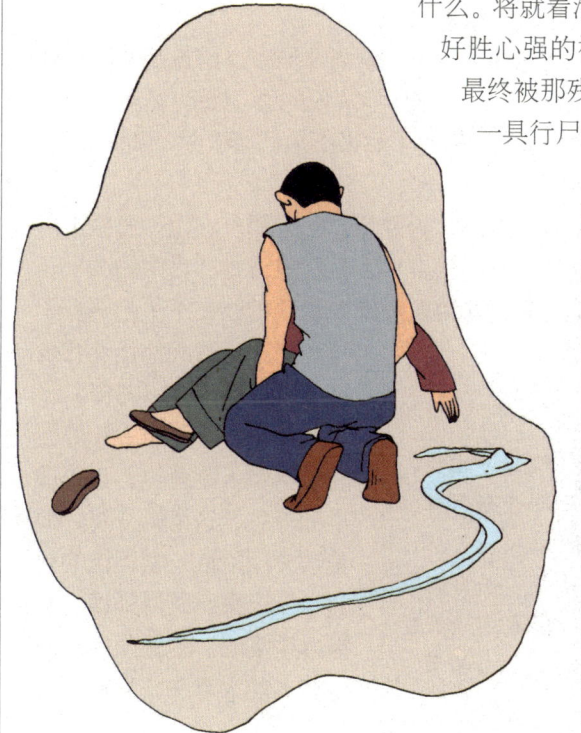

情感体验

通过读《骆驼祥子》这本书,使我们感触良多。作品中的主人公祥子原本是个正直、善良、勤劳的人,他一心一意地靠劳动挣钱,人生的最大愿望就是买车,过上好日子。于是,他一次又一次为希望而奋斗,但一次又一次陷入失望,最终连生活的希望也破灭了。这使我们不由得为他感动和怜悯,在此,我们应该看到旧社会底层人民的悲惨命运,要珍惜现在的美好生活。

钟鼓楼

作品是以一个古旧的四合院为开场背景的。在钟鼓楼附近一个古旧四合院里，住着几户人家，这天薛大娘家办喜事，她一大早就起来收拾东西。喜事临门，可薛大娘的老伴薛大爷却与平时一样照例去什刹海后海边遛弯打拳去了。大儿媳孟昭英说好

今天起早过来帮着收拾收拾，却迟迟未到。薛大娘心急，就随口招呼同院的小伙子荀磊帮她把大红的双喜字贴到院子的两扇门上。

说起荀磊，可真是这个院里的好孩子。虽说是工人子弟，但家教严，懂事早。尤其让人羡慕的是，上一辈没有一个会讲洋话的，偏偏荀磊的外语非常棒，中学毕业后出人意料地被外事口的什么部门招了去，还送往国外培训了几年。这不，小伙子今年刚回来，在一个重要部门当翻译呢。他现在正和同单位一个北外毕业的女孩子冯婉姝相爱，但荀磊的父亲荀师傅并不喜欢冯婉姝，嫌她身上的洋味太浓。

荀师傅是军人出身，在部队时有个战友名叫郭墩子，是河北同乡。解放战争的枪林弹雨中他俩结下生死之交，全国解放后相继结婚，1960年两人的妻子同时怀孕，说定如果生出的孩子是一男一女，将来他们就结亲家。郭墩子后来下放回了农村，贫病而死。今天说好，郭墩子的女儿郭杏儿要来北京看荀师傅一家。

其实，同院的姑娘张秀藻对荀磊一直是单相思，听说荀磊已有朋友，没少偷偷地落泪。她现在在清华就读，她的父亲是某局任局长的张奇林，是院里百姓心目中的高干。他今天要出访西德，上午就得去机场，但得到通知说航班延误，飞机改在下午起飞。于是利用这点时间他让女儿张秀藻帮他整理一下书橱。

今天来薛大娘家帮厨的是年轻人路喜纯，也是很早就来到了这个四合院，他是崇文门附近一家饭馆的厨师，今天来此是遵师傅之嘱操办婚宴的。他的师傅老何是有名的大掌勺，当初是老

作者及作品简介

《钟鼓楼》的作者是当代作家刘心武，1942年出生，祖籍四川，后在北京生活，他在中学时代即开始写作，并有散文、小说、杂文、评论等散见于报刊。

《钟鼓楼》是刘心武的第一部长篇小说，并由此荣获第二届茅盾文学奖。这部小说叙述了1982年某一天发生在北京钟鼓楼一带的故事。文中纷繁的人物与情节，给人耳目一新的感觉。

何看中了路喜纯这小子的纯正、好学，主动收他为徒弟的。薛大娘家虽说请不动老何来给亲自掌勺，但老何派喜纯来也是够给面子的了。

薛大娘为了吉利，她请住在四合院外院三间南房的京剧演员澹台智珠去接亲，澹台智珠人好，又长得俊俏，真是站有站相走有走相。"文革"中，年纪轻轻的澹台智珠也没少遭迫害，被视为"牛鬼蛇神"下放到一家小纽扣厂当了一名包装工，不久嫁给了车工李铠。后来澹台智珠被落实了政策重返舞台，但并没有像有些明星那样发生婚变，小日子过得倒也让外人看了眼红，但李铠心头却总也摆脱不掉那一层阴影。

早晨，剧团里与澹台智珠搭档唱小生的濮阳荪忽然打来电话告急，说拉京胡的老赵和打板鼓的老佟被一个名角女人勾到外地搭台子去了，团里的演出面临被拆台的危险。李铠平素就讨厌一身娘们儿气、在舞台上与自己的老婆拉拉扯扯的濮阳荪，听他这会儿在电话那头没完没了地泣诉，愤而离家出走。弄得澹台智珠接完电话还得满世界去找丈夫，竟给薛大娘这边晒了台。情急之中，薛大娘只好把迎亲的人选换成了詹丽颖。

詹丽颖也住在四合院，她的岁数要比澹台智珠大一些，50年代大学毕业，心地善良，是个直性子，可能坏事就坏

形象感受

荀磊，是作品中青年人物中的一个典型代表，为人善良、淳朴、热情、有理想、有抱负，虽然在作品中作者没有过多的刻画，也正是由于这样，作者在刻画其他人物时重点烘托了他的性格特征。他是钟鼓楼附近那个古旧四合院里青年的榜样，同时，也是我们当代青少年学习的好榜样。

在了这个"直"上面。1957年,她的头上被扣上一顶右派的帽子,一改造就是20多年,大好的青春年华就这样流逝了。后来,她与一位四川的技术员结了婚,户口问题解决不了,两人一直分居两地。让这样一个在生活上算不得十分圆满的人去接亲,薛大娘心里不是没有遗憾,但一时找不到更合适的人选,只好这样对付一下了。

四合院里还住着无赖汉卢宝桑,他最早来薛家吃婚宴,卢宝桑一分钱的贺礼也不掏,进门就要烟要糖,抽了吃了还嫌档次不高。

再说郭杏儿,她是第一次到北京。下了火车时间还挺早,她便背着小包裹先到天安门广场照了张像,然后又去王府井给荀师傅买了糖酒糕点。郭杏儿来到荀师傅家时正巧冯婉姝也在这儿,听人家口里说"电脑""信息"什么的,郭杏儿觉得有些发蒙。

当天的新郎叫薛纪跃,他并不像大多数新郎在完婚之日那样兴高采烈,他为了给未婚妻潘秀娅买一块高级雷达小坤表,父母节衣缩食攒了三年钱。潘秀娅在一家照相馆收款,她找对象的原则不是像小说或电视剧中的女孩子们那样看重爱情,而是主要考虑

探究性阅读

《钟鼓楼》通过写1982年12月12日早上5点至下午5点的12个小时内,在北京钟鼓楼一带发生的一系列貌似平凡却很值得玩味的事,展示了当代生活中极其丰富多彩的社会场景。通过不同的人、不同的心态、不同的言行,深刻地反映了20世纪80年代初北京市民的社会生活面貌,并体现出当时下层人民在艰难困苦中的忍耐力和意志力,他们在日常生活中互相关照、扶持的凝聚力,以及他们在各种困境中缓慢发展的生命力。另外,我们还可以通过作者对一系列鲜明而生动的人物形象描绘,了解老北京婚礼风俗的变化,以及集邮、武术等方面的知识。

是否"合适"。在试图通过高攀教授子弟改变自己社会地位受挫之后,她选中了薛纪跃。

詹丽颖接回新娘后,忙回到了自己家。因为家中还有两位不同寻常的客人——被詹丽颖硬拉到一起谈对象的嵇志满和慕樱。男方老嵇40多岁了依然独身,在一所中学教学,是个集邮爱好者。

名句精华

在北京北城，离钟楼、鼓楼不远的一所贝子府中，忽然有一声凄厉的惨叫。贝子虽是逊于亲王、郡王、贝勒的第四等贵族，但那府第也颇为轩昂华丽。值夜的仆人和巡更的更夫听见了那声转瞬即逝的惨叫，慌忙行动起来，点燃了许多摇曳着红舌的蜡烛，动用了若干盏羊角提灯，立即在全府中进行了紧急巡查。回廊曲折、花木蓊郁的后花园自然是巡查的重点。天上没有半点星光，阵阵小风掠过，厅堂檐角的"铁马"发出杂沓的音响。

于是，那声短暂的惨叫被怀疑为掠过府邸上空的"夜猫子"的嚎声，那当然属于"不祥之兆"，需得加倍小心——姨娘当场吩咐，天一亮便到隆福寺和白云观请僧、道来府禳解。一切似乎又归于正常。多燃的灯烛相继熄灭，多余的人等相继散去，值夜的照常坐屋值夜，巡更的照常绕着府墙打更。天上密布的紫云裂开一道缝隙，一束蛋青色的月光泻向地面。

仅仅是因为他年轻！他能够做、并且是可以做得最好的事，仅仅是因为还轮不到他来做，便做成功了也遭到漠视！而最古怪的是，这事明明是国家需要尽早做成的，并且"有资格"去做的人，还没有去做，甚至也不打算去做，但他做了也还是不被承认！有的人宁愿留下空白，也要论资排辈！……

女方慕樱就住本院，但搬到这儿时间不算太长。她对外称自己是医生，其实在某单位医务室工作，至多算个医务工作者。建国初，她凭着一时的冲动嫁给了一个在抗美援朝中立过功的伤残军人，被保送上大学后婚姻破裂，嫁给了同班的一个男生，"文革"中再次离婚。现在慕樱正在追求刚刚恢复工作的国务院某部部长齐壮思，对老稽好像没有什么兴趣，只是看中了他爱好集邮这一点，趁机向他索要了一张《梅兰芳舞台艺术》小型张转手送给齐壮思。

中午时分，薛家的婚宴进入了高潮。带有几分醉意的卢宝桑耍起了酒疯，当众羞辱路喜纯，说路喜纯的父亲解放前在妓院里做事，给嫖客、妓女跑腿、打杂。路喜纯被人揭了疮疤，又气又恨，真想痛打卢宝桑一顿，但厚道的小路生怕自己的一时激动毁了薛家好事，只有偷偷落泪。卢宝桑错以为小路好欺侮，越发不依不饶，惹得同桌喝喜酒的殷大爷实在看不下眼，一个点穴便使这小子瘫倒在地。

中学生姚向东趁着人多眼杂也混进了薛家大院的喜庆人流中，他乘众人不备，捞走了新娘的贵重嫁妆——雷达表和薛家准备酬谢厨师小路的酬金。新娘潘秀娅发现嫁妆不见了，脸上顿失其色，躲到屋里不出来给客人点烟，还嚷着要回娘家，眼见得"好戏"要演砸，善良的荀师傅赶忙掏出自己的钱让荀磊火速去商店再买一块一模一样的新雷达表，谎称是小偷逃走时丢在门口被他们捡到的。

和澹台智珠家住并排的是老编辑韩一潭。在他的指点帮助下许多文学新人脱颖而出，有的还被誉为"新秀"，当然也有自己不成器，却口口声抱怨韩老误人子弟

的人。今天过晌，就来了一个神经兮兮的文学青年向他讨要 7 年前的废稿，并且当着大伙儿的面羞辱了韩老，把韩老气了个半死。

澹台智珠在大街上寻找丈夫，逛荡了好几个小时连个人影都未见。走至钟鼓楼下，她看见一群老人正在晒太阳、侃大山，便凑过去随便听听解解闷。

在荀磊买表回来的路上，遇见张秀藻，这是今天他们第二次邂逅。秀藻陪妈妈看新房回来，他们家马上就要搬走了。此时，她对这个朝夕相见的四合院更觉得有些依恋不舍。这时，两个年轻人才忽然意识到，今天是"西安事变"爆发 46 周年的纪念日。一种超乎个人生命、情感和事业之上的无形而坚实的东西在两个人思想中同时得以升腾，那便是历史感、使命感——把人类历史和个人命运交融一起的神圣感觉。秀藻仿佛觉得从前被她推崇备至的雨果的爱情诗好像并不算成功，倒是维克多老先生弥留之际讲的一句话更为惊心动魄："人生便是白昼与黑夜的斗争。"

两个人边走边聊，不知不觉中已经拐进了他们住的那条胡同。身后不远，是高高的钟鼓楼。鼓楼在前，红墙黄瓦。钟楼在后，灰墙绿瓦。如果不发生意外的灾变，它们还将巍然屹立下去，不断地迎接着下一刻、下一天、下一月、下一年、下一代，并作为社会历史和个人命运的见证而永存。

情感体验

小说《钟鼓楼》虽然截取的是北京钟鼓楼下一个四合院里九户居民在一天里所发生的日常的事，却贯串了三四十个人物几十年的遭遇变化，着重叙述了"文革"后，国家、社会和个人经历伤痛后一个自我疗伤的过程，并呈现出昂扬奋发的青春活力。作者成功地把塑造人物同对生活思考的抒情议论紧密结合在一起，使故事情节富有极大的感染力，读起来耐人寻味。

西厢记

故事说的是唐贞元年间，前朝的崔相国去世，他的夫人郑氏携小女儿崔莺莺和丫环红娘护送崔相国的灵柩回家乡安葬，到了河中府的时候，因为道路受阻，只好暂时住在普救寺的西厢房内。这一年崔莺莺刚好19岁，针织女工，诗词书算，都非常擅长。她父亲在世时，就已将她许配给郑氏的侄儿郑恒。

一天，小姐与红娘到殿外玩耍，碰巧遇到书生张珙。张珙本是西洛人，是礼部尚书之子，父母双亡，家境贫寒。他只身一人赴京城赶考，路过此地，忽然想起他的八拜之交杜确，于是住了下来。听状元店里的小二哥说，这里有座普救寺，是则天皇后香火院，景致很美，三教九流，过往者无不瞻仰。在寺庙游览的时候，张生见到莺莺容貌俊俏，赞叹道："十年不识君王面，始信婵娟解误人。"为能多见上几面，他便与寺中方丈借宿，住进西厢房。

一日，崔老夫人为亡夫做道场。这崔老夫人治家很严，道场内外没有一个男子出入，张生硬着头皮溜进去。这时斋供道场都完备了，该夫人和小姐进香了，以报答父亲的养

作者及作品简介

《西厢记》的作者是王实甫，但是关于他生平情况的历史记载却很少。王实甫是大都（今北京）人。后人推测他的生卒年大约是1260年至1336年，主要创作活动大约在元成宗元贞、大德年间（1297年—1307年），这正是元杂剧的鼎盛时期。

王实甫的杂剧如今仅存《西厢记》《破窑记》和《丽春园》等13种。其中最著名的《西厢记》共五本，是王实甫的代表作，在元代和明代就为人推崇，被称为杂剧之冠。剧本描写书生张生在寺庙中遇见崔相国之女崔莺莺，两人产生爱情，通过婢女红娘的帮助，历经坎坷，终于冲破封建礼教束缚而结合的故事。

王实甫的杂剧《西厢记》有鲜明、深刻的反封建的主题。张生和崔莺莺的恋爱故事，已经不再停留在"才子佳人"的模式上，也没有把"夫贵妻荣"作为婚姻的理想。他们否定了封建社会传统的联姻方式，始终追求真挚的感情，爱情已被置于功名利禄之上。《西厢记》结尾处，在中国文学史上第一次正面地表达了"愿普天下有情人都成眷属"的美好愿望。《西厢记》之所以能成为元杂剧的"压卷"之作，不仅在于主题思想上，而且它在戏剧冲突、结构安排、人物塑造等方面，都取得了很高的艺术成就。

探究性阅读

元代著名的杂剧《西厢记》，在中国文学史上爱情主题的演变中，极有意义。作品主要描写了崔张爱情的曲折历程。歌颂了以爱情为基础的男女结合，表达了反对封建礼教、封建婚姻制度、封建等级制度的进步主张，鼓舞了青年男女为争取爱情自由、婚姻自主而抗争，体现出当时社会反对封建礼教和封建婚姻制度的进步思想。第一次喊出了"愿普天下有情人都成眷属"的主张，这也是它的民主精华所在。

育之恩。张生想："小姐是一女子，尚有报父母之心；小生湖海飘零数年，自父母下世之后，并不曾有一张纸钱相报。"

张生从和尚那里知道莺莺小姐每夜都到花园内烧香。夜深人静，月朗风清，僧众都睡着了，张生来到后花园内，偷看小姐烧香，随即吟诗一首："月色溶溶夜，花阴寂寂春；如何临皓魄，不见月中人？"莺莺也随即和了一首："兰闺久寂寞，无事度芳春；料得行吟者，应怜长叹人。"张生夜夜苦读，感动了小姐崔莺莺，她对张生即生爱慕之情。

叛将孙飞虎听说崔莺莺有"倾国倾城之容、西子太真之颜"，便率领五千人马，将普救寺层层围住，限老夫人三日之内交出莺莺做他的"压寨夫人"，大家束手无策。这崔莺莺倒是位刚烈女子，她宁可死，也不愿被那贼人抢了去。危急之中夫人声言："不管是什么人，只要能杀退贼军，扫荡妖氛，就将小姐许配给他。"庙里的和尚都不愿意白白送死，纷纷逃跑了。

危急时刻，张生挺身而出。他让寺院长老出去跟孙飞虎说：夫人本待将小姐出来，送与将军，奈小姐有父丧在身。将军若要做女婿呢，可将兵退一射之地。限三日功德圆满，脱了孝服，换上颜色衣服，定将小姐送与将军。

孙飞虎听后，说："既然如此，限你三日后。若不送来，我叫你人人皆死，个个不存。你对夫人说去，恁的这般好性儿的女婿，教他招了。"

于是，孙飞虎便退兵了。然后，张生写了一封书信给杜确，

让他派兵前来，打退孙飞虎。杜确与张生有八拜之交，是武状元，任征西大元帅，统领十万大军，镇守蒲关。惠明和尚下山去送信，三日后，杜确的救兵到了，打退了孙飞虎。

崔老夫人在酬谢席上以莺莺已许配郑恒为由，让张生与崔莺莺结拜为兄妹，并厚赠金帛，让张生另择佳偶，这使张生和莺莺都很痛苦。看到这些，丫环红娘有些不忍心，就对张生说，"妾见先生有琴一张，必善于此。俺小姐深慕于琴。今夕妾与小姐同至花园内烧夜香，但听咳嗽为令，先生动操；看小姐听得时说甚么言语，却将先生之言达知。"夜晚，张生弹琴向莺莺表白自己的相思之苦，莺莺也向张生倾吐爱慕之情，一对相爱的人终于明白了彼此的心思。

之后，由于崔老夫人管教比较严，多日不见莺莺，张生害了相思病。趁红娘探病之机，张生托她捎信给莺莺。莺莺回信约张生月下相会。夜晚，小姐莺莺在后花园弹琴，张生听到

形象感受

莺莺是个大家闺秀，从小就受到封建教育，具有古代大家闺秀的特点，但是叛逆的她挣扎出了封建礼教的束缚，和穷书生张生结为夫妇。她情窦初开，渴望爱情，却又不乏少女特有的羞涩、犹豫，不肯轻易流露真情；她不满封建礼法，勇敢反抗"门当户对""父母之命，媒妁之言"的封建婚姻制度，但又不乏深沉的忧伤。

红娘身份卑微，但在崔张的爱情婚姻事件中起着关键性的作用。她支持崔张爱情，积极地帮助他们对付封建家长的干预。她机敏伶俐、坦率、热心地为张生出谋划策，又仔细揣摩小姐的心理，实施撮合又不露痕迹；对老夫人，她敢于抗争，有勇有谋。

老夫人竭力维护门阀利益和封建礼教，表现出冷酷无情、背信弃义的特征，是典型封建家长形象。

名句精华

[幺篇]朝中宰相贤,天下庶民富;万里河清,五谷成熟;户户安居,处处乐土;凤凰来仪,麒麟屡出。

[清江引]谢当今盛明唐主,敕赐为夫妇。永老无别离,万古常完聚,愿普天下有情人的都成了眷属。

[随尾]则因月底联诗句,成就了怨女旷夫。显得有志的状元能,无情的郑恒苦。

琴声,攀上墙头一看,是莺莺在弹琴,急欲与小姐相见,便翻墙而入,莺莺见他翻墙而入,反怪他行为下流,发誓再不见他,致使张生病情愈发严重。莺莺借探病为名,到张生房中与他幽会。

后来,老夫人看莺莺有些日子神情恍惚,言语不清,行为古怪,便怀疑她与张生有越轨行为。于是叫来红娘逼问,红娘无奈,只得如实说来。红娘向老夫人替小姐和张生求情,并说这不是张生、小姐和红娘的罪过,而是老夫人的过错,老夫人不该言而无信,让张生与小姐兄妹相称。

老夫人无奈,告诉张生如果想娶莺莺小姐,必须进京赶考取得功名方可。莺莺小姐在十里长亭摆下筵席为张生送行,她再三叮嘱张生休要"停妻再娶妻",休要"一春鱼雁无消息"。长亭送别后,张生行至草桥店，梦中与莺莺相会，醒来不胜惆怅。

半年以后，张生一举及第，得了头名状元。他留在客馆听候圣旨，非常担心小姐挂念自己，于是就修一封书，令琴童回去，告诉老夫人，能够知道自己得中，让他们安心。张生写就家书一封，叫琴童过来，让他星夜到河中府去，并嘱咐他见小姐时说："官人怕娘子忧，特地先着小人将书来。"莺莺见信后，非常欣喜，让书童捎回汗衫一领，裹肚一条，袜儿一双，瑶琴一张，玉簪一枚，斑管一枝，以表明自己的心意。

这时，郑恒来到普救寺想骗娶莺莺，被丫环抢白一回。他又捏造谎言，说张生已被卫尚书招为东床佳婿，莺莺听后也悲痛欲绝。老夫人心想，相国在时已许下了郑恒与莺莺的婚事，自己违了先夫的遗愿。又听说张生做了尚书的女婿，认为自己是相国之家，没有把女儿与人做次妻之理。就决定拣个吉日良辰，让郑恒与莺莺成亲。

恰巧成亲之日，张生以河中府尹的身份归来，征西大元帅杜确也来祝贺。老夫人对张生冷嘲热讽，张生明白有人在中间挑拨。夫人叫来丫环对质，知道是郑恒在中间作怪，张生就要求和郑恒当面对质。因为郑恒说了假话，借口推托，不敢与张生见面。在红娘和白马将军的帮助下，郑恒的谎言被揭穿，真相大白，最后郑恒因羞愧撞树而死，张生与莺莺终于结成美满姻缘。

情感体验

中国古代戏剧的杰作《西厢记》，主要是描写张生与莺莺在大相国寺邂逅相识，一见钟情，历经劫难，终成眷属的美丽动人而浪漫的爱情故事。情节细致婉转，文词优美动人，其文采清新而俊逸，不愧为元杂剧的"压卷之作"。该剧在戏剧冲突、结构安排、人物塑造等方面，都有很高的艺术成就，是中国文学史上的一朵奇葩。我们在故事的起落中，常常为莺莺和张生担心，最后，我们也为他们有一个美满的结局而感到高兴。

茶馆

（第一幕）

　　1898年初秋，康梁等人领导的维新运动失败了。

　　北京裕泰大茶馆里。这种茶馆现在已不多见了。这里卖茶，也卖简单的茶饭。玩鸟的人们，每天在遛够了画眉、黄鸟等之后，要到这里歇歇脚喝茶。商议事情的，说媒拉纤的，也到这里来。那年月，时常有打群架的，但总是会有朋友出头给双方调解；三五十口子打手，经调解人东说西说，便都喝碗茶，吃碗烂肉面，就可以化干戈为玉帛了。总之，这是当时非常重要的地方，有事无事都可以来坐上半天。在这里，可以听到最荒唐的新闻和奇怪的意见，也可以看到某人新得到的奇珍，这简直可以算作文化交流的所在。

　　此时，茶馆老板王利发正坐在柜台里，以相面为生的唐铁嘴溜达进来，要给王利发相面。王利发送给他一碗茶，不让他给自己算命，告诉唐铁嘴如果他自己不戒大烟，就交不上好运。

作者及作品简介

　　《茶馆》的作者是老舍（1899年—1966年），满族，原名舒庆春，字舍予，生于北京。1957年发表的《茶馆》，不但是老舍戏剧创作的高峰，而且还是独具风韵的现实主义杰出剧作，是融悲剧与喜剧为一体的时代巨篇。

　　《茶馆》的人物塑造非常出色。熟悉老北京平民生活的老舍，以温婉幽默的笔法寄寓了对人物遭际的深切同情。从贯穿全剧的掌柜王利发身上，人们看到一个善于经营、不断改良的小业主形象，而维新运动中脱生出来的民族资本家秦仲义，虽有实业救国的宏愿，但奈何不了社会环境的险恶无常，只落得倾家荡产的结果。他们的悲惨命运，正是旧中国五十年沧桑变幻历史的写照。剧中的其他人物，虽着墨不多，但三言两语间就已勾勒出人物的轮廓。

　　《茶馆》在结构上的特点主要在于"以人物带动故事"，同时作品放弃传统的戏剧冲突和高潮的设置，构造独特的情境与人物出场，发展了戏剧创作的经验。

　　从语言看，剧本的台词简洁明快，不拖沓，京腔白话，绝少雕饰。无论诉怨、抗争，还是讽刺嘲弄，都引人入胜。

有一起要打群架的，正在后院调解，许多打手往后院走去。满人松二爷和常四爷也进茶馆来喝茶，说话时不小心冲撞了打手二德子。常四爷说他不应该在这儿抖威风，要抖威风，跟洋人打去。二德子伸手要打常四爷，马五爷给他解了围。但王利发说常四爷连马五爷也得罪了，因为马五爷本身就是吃洋饭的。

刘麻子也来到了茶馆。他是个说媒拉纤的，心狠手辣。他来这儿是为了给太监——庞总管买一个媳妇。京郊贫民康六因生活所迫，以十两银子的价格把女儿康顺子卖给了刘麻子，而刘麻子却向庞太监要了二百两银子。

探究性阅读

《茶馆》全剧没有完整、贯穿始终的情节，每一幕都有一些主要的故事片段。但总体是以裕泰茶馆的变迁为主线，截取清末、民初和抗战胜利国民党统治时期的三个横断面，穿插各色人物和各样离奇琐细的事情，以展现旧中国社会的阴暗与朽坏，也描绘出寻常百姓的挣扎和他们哀怨、愤懑与无可奈何的心情。这就使我们深刻地感悟到了当时的社会已经烂透了，已经到了该被彻底埋葬的时候了。

秦仲义，王利发茶馆的房主，来到茶馆，要王利发多交房租。一个乡妇带着自己十来岁的女儿来到茶馆，想把女儿卖掉。常四爷可怜她们，就给她们买了两碗烂肉面，却遭到秦仲义的冷嘲热讽，他说大清国完不完不在于给穷人一碗烂肉面。他想把自己的资产全卖掉开工厂，以实业救国。

宋恩子和吴祥子这两个清廷的特务，也在茶馆转悠，寻觅可疑的人。常四爷说了句"大清国要完"，就被他们带走坐牢。

庞太监来到茶馆找刘麻子，秦仲义向他问起谭嗣同的事，他狠狠地说："天下太平了，圣旨下来了，谭嗣同问斩！告诉您，谁敢改祖宗的章程，谁就掉脑袋！"这话引起茶馆里人们议论起谭嗣同和康有为来。王利发怕惹事，恳求大伙儿不要谈国事。

（第二幕）

十年后。袁世凯死后，军阀混战时期。各个帝国主义国家分别暗中支持不同派别的军阀，使中国陷入了内战深渊。

形象感受

掌柜王利发贯穿着全剧，他头脑活络，为人善良而又自私，对人热情而又有点势利。他尽量地多说好话，讨人喜欢，左右逢源，以求把这份家业支撑下去。但终于逃不过受勒索和受欺凌的命运，被逼自尽。在他的身上我们看到了一个善于经营、不断改良的小业主形象。

常四爷，在剧中是一个正面人物，是一条硬汉子。性格耿直豪放，因言致祸。他吃皇粮，但对腐败的清王朝不满，对洋人更是痛恨。在他的身上，我们看到了当时那些不甘受奴役的中国人，同时，也反映了当时旧中国人民的反抗情绪。

北京城内的茶馆相继关门，"裕泰"是硕果仅存的一家了。一个初夏的上午，裕泰茶馆为避免被淘汰，已改变了样子与作风。它前部仍然卖茶，后部却改成了公寓。茶座也大加改良：一律是小桌与藤椅，桌上铺着浅绿色桌布。连墙上的装饰画也变成了时装美人。"莫谈国事"的纸条保存下来，而且字写得更大。

因为修理门面，茶馆停了几天营业，预备明天开张。王利发的妻子王淑芬和跑堂李三正忙着布置。

王淑芬劝李三剪去小辫儿，李三却说："改良！改良！越改越凉，冰凉！"还说改来改去，万一哪一天把皇上改回来，他的小辫还有用。接着李三抱怨人手不够用，干活太累，又不给长工钱，王淑芬和王利发都劝他，说要是买卖好做，能不加人，能不给他长工钱吗？这年月，有口饭吃，就不错了。王利发怕关了城门，买不到菜，就催促李三去买菜。这时，有一群难民在门外央告。巡警替王利发赶走难民后，就向他敲诈。没想到又有一群大兵过来，王利发给了他们钱，好不容易才把他们打发走。

唐铁嘴来到茶馆，这年月他倒混好了。照他的话说："年头越乱，我的生意越好！这年月，谁活着谁死都碰运气，怎能不多算算命、相相面呢？"他想租王利发茶馆后面的公寓房，王利发说没有空房，拒绝了他。

报童来卖报，说是长辛店大战的新闻，王利发问有没有不打仗的报纸，报童让他自己找，王利发就把报童赶走了。

常四爷自食其力，成了卖菜的人。他赶在茶馆重新开张之前，给王利发送来了一串腌萝卜和两只鸡。正好在茶馆里碰到了松二爷、吴祥子和宋恩子。常、松两个老朋友见面十分亲热，但见到吴祥子和宋恩子，常四爷仍十分气愤。

吴祥子和宋恩子说谁给吃饭就给谁效力，常四爷说如果洋人给饭吃呢？吴祥子恬不知耻地说要他们效力的都仗着洋人撑腰。

吴祥子和宋恩子仍干着老本行，来茶馆搜捕人，王利发求情，说公寓里住的都是可靠的人。他们就让王利发每个月给他们送钱，他们就不再到茶馆抓人。

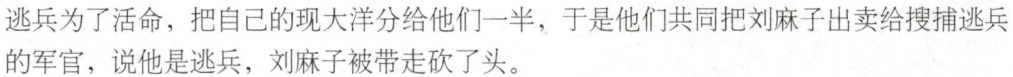

刘麻子也来到茶馆，又准备卖人。十年前在茶馆被刘麻子卖给太监做老婆的康顺子带着儿子康大力（太监买的儿子）来到茶馆，正好看到刘麻子，她痛骂刘麻子干伤天害理的事。庞太监死后，康顺子被赶出家门，走投无路，王淑芬做主留下了她娘儿俩。刘麻子准备卖给两个逃兵一个媳妇，正当他们谈买卖时，被宋恩子和吴祥子盯上。而此时追捕逃兵的军官来到茶馆，两个逃兵为了活命，把自己的现大洋分给他们一半，于是他们共同把刘麻子出卖给搜捕逃兵的军官，说他是逃兵，刘麻子被带走砍了头。

曾经做过国会议员的崔久峰不愿再过问时事，躲在王利发开的公寓里修道，秦仲义找他，他也不去，他说中国非亡不可。而秦仲义在开工厂、办银号，希望以实业救国。

（第三幕）

抗日战争胜利后，国民党特务和美国兵在北京横行霸道的时候，裕泰茶馆已经衰落了。藤椅已不见，代之以小桌与条凳；房屋和家具也都旧了；"莫谈国事"的条子更大、更多了，在这些条子旁边还贴着"茶钱先付"的新纸条。

一天清早，还没有下窗板，利发的儿子王大栓，正独自垂头丧气地收拾屋子。

大栓的妻子周秀花正嘱咐女儿王小花不要讲康大力到她家来过的事。康大力已是西山八路军游击区的人，他头一天晚上来到茶馆，想把康顺子接走。康顺子拿不定主意是走还是不走，怕给茶馆带来灾祸。

王利发托小刘麻子找女招待，没想到竟引火烧身。这使得小刘麻子起了霸占茶馆的心思。他派丁宝来到茶馆，王大栓不愿用女招待，而王利发还抱着一丝只要改良，就能继续把茶馆开下去的想法，想用女招待招徕顾客。

名句精华

（王利发）人总得活着吧？我变尽了方法，不过是为活下去！是呀，该贿赂的，我就递包袱。我可没做过缺德的事，伤天害理的事，为什么就不叫我活着呢？我得罪了谁？谁？皇上，娘娘那些狗男女都活得有滋有味的，单不许我吃窝窝头，谁出的主意？

（常四爷）松二爷，我的朋友，饿死啦，连棺材还是我给他化缘化来的！他还有我这么个朋友，给他化了一口四块钱的棺材；我自己呢？我爱咱们的国呀，可是谁爱我呢？

小刘麻子和小唐铁嘴相遇在茶馆。小唐铁嘴说自己现在是唐天师,而小刘麻子给小唐铁嘴叙述他要组织一个"托拉斯"的计划,意即他要把舞女、明娼、暗娼、女招待全组织起来,由他一手包办,供应给美国军队、各级官员。他还请小唐铁嘴给他的"托拉斯"起了个"花花联合公司"的名字。

曾包办满汉全席、现在却在包监狱伙食的明师傅,说评书的名手邹福远,邹福远的师弟卫福音来到茶馆,各自抱怨世道艰难,命运不济。

庞太监的四侄媳妇——庞四奶奶来到茶馆,她说庞四爷马上要在有八路军的西山登基了,不过庞四爷贪酒好色,弄了好几个小老婆,所以她来到茶馆,想推康顺子去做太后,她自己做皇后,一齐管着皇上。康顺子已经受够了庞家的虐待,不愿再和庞家的人打交道,因此拒绝了她。她就威胁王利发,让王利发劝康顺子,否则,她就砸了茶馆。王利发看情况不好,就让儿媳把康顺子送走了。

小二德子拿着打学生挣的钱来喝茶,王大栓不收,还骂他是流氓。小二德子又要去打教员,王小花的两个老师正好被他撞上,他挥拳便打,王大栓出手相助,帮老师逃跑了。小二德子迁怒于王利发,扬言要打他。

小丁宝冒险来到茶馆,给王利发通风报信,说小刘麻子要霸占这个茶馆,王利发下了要和茶馆共存亡的决心。他把周秀花和王小花娘儿俩打发走,让她们去追康顺子。

常四爷沦落成一个卖花生的小商贩,秦仲义的工厂被拆了,仓库也被政府查封了。他们都来到茶馆,秦仲义诉说自己的不幸;常四爷痛斥世道的不公,他说自己死后都怕没有人给自己烧纸,三位老人竟然在茶馆里为自己烧起纸钱来。

小刘麻子为霸占茶馆,勾结了宪兵司令部的沈处长。当沈处长和小刘麻子来到茶馆,讨论把它改造成"处长个人的小俱乐部"时,王利发上吊自杀了。裕泰茶馆,这个百年老字号,也随之湮灭了。

情感体验

《茶馆》中的故事发生在北京一个普通的茶馆里。这里人来人往,会聚了各色人物,三教九流,一个小茶馆恰似一个小社会。作者以这个茶馆为特点,将半个多世纪的时间跨度,把众多的主要和次要人物浓缩在茶馆当中。可见,作者明显是为那个时代而送葬。读后,我们就会对作品中的人物遭际深表同情。

雷雨

这部剧作在两个场景、不到二十四小时内，集中展开了周鲁两家三十年的恩怨情仇。

20世纪20年代一个夏天，气候闷热逼人，室外没有阳光，天空昏暗，暴风雨即将来临。周公馆的老爷周朴园从矿上回来两天了，由于矿上闹罢工，所以一直忙于处理公务，没有见到太太蘩漪。蘩漪对周朴园也不关心。她从楼上下来，向四凤打听昨天大少爷是什么时候回家的。

最近一段时间，自从四凤和大少爷有了秘密之后，蘩漪对四凤的态度好像好了许多。四凤只是刚才从她爹鲁贵那里得知，大少爷和他继母蘩漪之间原来有段私情。现在太太这么一问，心里便紧张起来。更令她担心的是，她的母亲今天才从外地做工回来，而太太立刻就要她请到府里来，不

作者及作品简介

《雷雨》的作者是曹禺（1910年—1996年），我国著名的现当代剧作家，原名万家宝，祖籍湖北潜江，生于天津一个封建官僚家庭。《雷雨》是曹禺的第一个艺术生命，是他1933年创作的处女作四幕剧，也是现代话剧成熟的标志。《雷雨》一发表就震动了文坛，而此时的曹禺只有23岁。

《雷雨》以周朴园为中心，在错综复杂的尖锐冲突中展开剧情。全剧八人，各有其独特的思想感情与经历，但是他们的命运又都与周朴园相牵连。在众多的矛盾冲突中，周萍、蘩漪和四凤的爱情纠葛是一条明线，周朴园与鲁侍萍则是一条暗线。这两条线索，同时并存，彼此交织，互为影响，交相钳制，使剧情紧张曲折，引人入胜。

作品大胆地吸取了外国优秀剧作的丰富经验，成功地推出了具有中国特色的戏剧性强、爆发力大的剧作。结构严密、紧凑、完整，人物少，时间短，场景集中。剧情发展入情入理，既合乎生活逻辑，又合乎人物性格逻辑，最后高潮出现，具有不可抗拒的说服力。

《雷雨》是性格悲剧、命运悲剧和社会悲剧的统一体，因为在其中人物性格的形成、命运的倾向与社会的阶层充满了交织与联系。曹禺在刻画八个人物时是褒贬有别，立场鲜明的。他们有各自的性格与悲剧遭遇，刻画得最成功的是蘩漪的形象，关于她的女性心理分析以及她的象征意蕴一直是学术界讨论的主要话题。作品借鉴欧洲古典主义的"三一律"，戏剧冲突高度集中、艺术结构紧凑精巧、人物语言充分性格化，显示了曹禺独特的艺术风格。

知道安的是什么心。

四凤把老爷让太太喝的药端上来，蘩漪勉强喝了一口，终于嫌苦，让四凤给倒掉了。

蘩漪的儿子周冲，大少爷周萍的弟弟，这时欢跳着进屋来。他用17岁孩子特有的活泼语气向母亲请安。他告诉母亲，他爱上了年轻美丽的姑娘四凤。蘩漪很吃惊。但是，当她见周冲连父亲的反对也不怕，反而得到许多欣慰。她想起周萍把自己这个继母勾引到手后，由于害怕父亲，又厌弃了自己，不禁悲从中来。她赞美自己的儿子道："你这性格倒像你母亲。"

正说间，周萍进来了。他只向他的弟弟打了招呼，蘩漪看他冷淡自己，便道："萍！"周萍这才不情愿地说："哦，您也在这儿。"周冲对哥哥说："你不知道母亲病了吗？"不等周萍答话，蘩漪便说道："你哥哥怎会把我身体放在心上。"

老爷周朴园处理完公务，踱进屋来。他对儿子们的恭敬和礼貌很满意。但他看到蘩漪没有喝药，便强迫蘩漪喝下去。

周公馆闷得透不过气来。是雷雨要来了。一间屋子，不论春夏秋冬，周朴园都不许开它的窗户。里面的家具摆设也都是30年前的旧式样，还有一张年轻女人的照片，一直放在桌上。

形象感受

周朴园是《雷雨》的主要人物，周公馆的主人。他出身封建世家，又留学德国，回国后成了资本家，现在是矿上的董事长。他是带有浓厚封建性的资本家。在他身上，我们充分地看到了近代资产阶级自私、冷酷、残忍和虚伪的特质，以及封建家长专横暴虐的本性。

蘩漪是具有独特性格魅力的妇女形象。"她有火炽的热情，一颗强悍的心，她敢冲破一切的桎梏，做一次困兽的斗。"她"尖锐"，被作者称为"是一把犀利的刀"，具有"最雷雨的性格"。在她的身上，我们深刻地体会到了一个追求自由的女性被逼上可怕的绝路，以及专制统治的封建家庭对人性的摧残、扭曲。

30年前，周朴园的第一个妻子，为周家生了长子周萍后，带着刚刚生下的二儿子，被周家赶出了门。因为这个女子是周家的佣人，周家老太爷不同意这桩有辱门楣的婚姻。年轻女子离开周家，便投河自尽。30年以来，周朴园心中一直纪念着她，这间屋子的摆设完全按照那个女子的喜好布置的。

繁漪是周朴园的第二个太太。她只比周萍大7岁。在周朴园眼里,她不是个女人,而是有精神病的病人,她得不到任何温情。病态地,她爱上了软弱的周萍。他们的幽会和疯狂的情感被佣人鲁贵发现了。这之后,周萍却开始逃避这乱伦式的偷情。繁漪让四凤的母亲鲁妈来,就是要赶走被周萍所爱的四凤,重新得到周萍。她对周萍说:"你不能就这么抛弃我,我不能受周家两代人的欺负。我要让你尝尝一个女人受伤害时的力量。"

四凤的母亲鲁妈来到周公馆。她,不是别人,正是30年前那个投河自杀却没有死去的周萍的母亲侍萍。她认出了周公馆,她决定立刻带四凤离开。然而,这时,周朴园却来到她们面前,认出了她。侍萍拒绝了周朴园的钱,她提出见周萍的要求。周朴园答应了。

说来真巧,这次闹工运的领袖是侍萍的儿子,也是周朴园抛弃的儿子,现在叫鲁大海。闻得实情,周朴园觉得是对自己作孽的报应。

仇人又是父子在周公馆见面了。鲁大海知道工人罢工被周朴园破坏了,怒不可遏地扑向周朴园。于是侍萍看到了父子、兄弟势不两立的惨剧。

四凤不知其中原委,她不愿意跟母亲离开周公馆,因为她把爱情已经献给了大少爷周萍。看见女儿犹豫的神色,侍萍不得不疑心女儿是否和周公馆的少爷有了隐情。一会儿,四凤抽泣起来,侍萍便问她有什么话,要她好好告诉妈。鲁贵岔开了话题,他说,四凤一身小姐气,她是舍不得这个地方。

年轻单纯的周冲,很不满意白天父亲对工人鲁大海的态度。当他知道鲁大海是四凤的哥哥时,便来到鲁侍萍家,送来100元钱。恰好,侍萍和鲁大海出门去了,贪财的鲁

探究性阅读

《雷雨》所展示的是一幕人生大悲剧,是命运对人残忍的作弄。专制、伪善的家长,热情、单纯的青年,被情爱烧疯了的女人,痛悔着罪孽却又不自知地犯下更大罪孽的公子哥,还有家族的秘密,身世的秘密,所有这一切在一个雷雨夜爆发。有罪的、无辜的人一起走向毁灭。曹禺以极端的雷雨般狂飙恣肆的方式,发泄被抑压的愤懑,直指中国的家庭和社会,进而为我们生动地勾勒出现实社会的阶级关系。

名句精华

外面还隐隐滚着雷声，雨声淅沥可闻，窗前帷幕垂了下来，中间的门紧紧地掩了，由门上玻璃望出去，花园的景物都掩埋在黑暗里，除了偶尔天空闪过一片耀目的电光，蓝森森的看见树同电线杆，一瞬又是黑漆漆的。

整个地来看她，她似乎是一个水晶，只能给男人精神的安慰，她的明亮的前额表现出深沉的理解，像只是可以供清谈的；但是当她陷于情感的冥想中，忽然愉快地笑着；当她见着她所爱的，红晕的颜色为快乐散布在脸上，两颊的笑涡也显露出来的时节，你才觉得出她是能被人家爱的，应当被人爱的，你才知道她到底是一个女人，跟一切年轻的女人一样。

贵接过钱来，欢喜得不得了。白天的一场变故，也把鲁贵的饭碗给砸了。在家里，他正骂咻咻的。他知道二少爷周冲也喜欢四凤，所以他故意让周冲和四凤单独待在一起，自己则出门买酒肉打牙祭去了。大海却正好这时回家，他一见周家的人就怒火中烧，他恨自己妹妹不争气，还在勾引周家少爷。他恶狠狠冲周冲道："你给我滚，再让我看见你，小心我打断你的腿。"少爷周冲的心里原本是一团善意，他心无芥蒂地说，他希望四凤能和他一起受教育，他将分出他的一半学费供给四凤，他称赞四凤是世界上最纯洁可爱的人。大海嘲笑地说："少爷，你以为这就是仁慈吗？四凤是我妹妹，我最了解她，她是普普通通的女孩，她也想穿丝袜，想坐汽车的。她和你们多待一天，就会多做一天小姐的梦，希望以后也成为阔太太。这些，我们穷人连想都想不起。"大海从鲁贵手里拿过钱塞到周冲手中，大叫道："滚！"

侍萍撞见逃走的周冲，她心惊肉跳，盘问四凤，到底和周家少爷发生了什么事情。四凤心绪烦乱，一天发生的事情是她所承受不了的。但她无论如何不能说出她和周萍的关系。侍萍说："四凤，妈是个可怜的人，我的女儿不能在这些事上再骗妈。"四凤哭倒在母亲怀里，她只能说："妈，您为什么不相信自己的女儿啊。"侍萍让女儿发誓，今后不再见周家的人。

深夜，周萍悄悄来看四凤。四凤不见。周萍用计骗开四凤的窗户，爬了进去。情人哭作一团。外面大雨倾盆，黑暗中隐隐传来女人的哭泣。谁能想到，这是蘩漪的哭声。她跟踪周萍而至，目睹昔日的情人投入他人的怀抱，自己就像是被随便遗弃的废物。怨恨充斥了她的内心。偶尔天幕中划过的闪电，映亮了窗外怨毒而苍白的脸。悲喜交加的情人都没有看见。

侍萍和大海进四凤的屋里来了。惊惶失措的四凤和周萍想逃跑，可是他们发现，刚才大开的窗户突然被人从外面紧紧封死了。偷情暴露了，四凤无脸见人，哭着夺门而出。

在周公馆，死一样的寂静。这是孕育最大悲剧前的寂静。

浑身雨水淋淋的蘩漪与周萍四目相对。蘩漪企图用最后的力气挽救她和周萍的关系，她也是个软弱的女人。她希望周萍把她从这个地狱似的家救出去，只要她能和周萍在一起，就是将来接来四凤，蘩漪也心无怨言。她的乞求已打动不了周萍的铁石心肠。绝望中的蘩漪完全丧失了理智。

四凤找到了周萍。这时，哥哥大海、母亲侍萍也来到周公馆。他们担心四凤想不开。但是，可怜的侍萍怎知道，她再也没有力量可以拆散这对情人了，因为四凤终于说出，她已经怀上了周萍的孩子。周萍满怀希望地对侍萍说，他将带四凤离开这里，去创建他们美满的生活。说这话时，四凤和周萍这对兄妹眼里闪烁着憧憬的光芒。侍萍敢在这个时候告诉他们真相吗？她同意了这对兄妹的私奔。

蘩漪和周冲突然出现在楼道。她本意是让周冲从他哥哥手中抢过四凤。谁知，此时周冲发现，他对四凤的感情并不是爱情。这个可怜的周冲，他目睹了他所崇敬的母亲的丧心病狂。他的母亲用最具有破坏力的语言讲述了自己和周萍的偷情，她叫道，她已不是母亲，不是妻子，她只是被周萍激活的女人，一个闷死又活过来的女人，她喊周朴园，她要让他听到这一切。

这样闹，对周萍和四凤并无任何影响了。他们就要远走高飞了。可是，周朴园此时闻声而至，他误以为侍萍终于是来认亲子周萍来了，便轻巧地将这层性命攸关的纸捅破了。四凤哭号着奔出门外，周冲追了出去，他们在周家花园漏电的电线上双双毙命。大少爷用枪自杀。

两个妇人疯了。黑夜中电闪雷鸣。

情感体验

《雷雨》这部不朽的现实主义名著，在有限的演出时间内成功地概括了一个资产阶级家庭前后30年的腐朽堕落的历史，使我们深刻地感受到了作者对当时半封建半殖民地中国上层社会的憎恨。同时，也使我们清楚地看到了作品中人物悲剧的深刻的社会根源，起着教育我们认识黑暗制度的作用。

鲁迅散文选

《朝花夕拾之父亲的病》

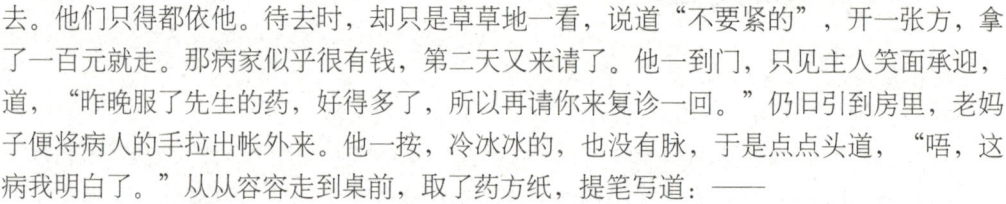

大约十多年前罢，S城中曾经盛传过一个名医的故事：

他出诊原来是一元四角，特拔十元，深夜加倍，出城又加倍。有一夜，一家城外人家的闺女生急病，来请他了，因为他其时已经阔得不耐烦，便非一百元不去。他们只得都依他。待去时，却只是草草地一看，说道"不要紧的"，开一张方，拿了一百元就走。那病家似乎很有钱，第二天又来请了。他一到门，只见主人笑面承迎，道，"昨晚服了先生的药，好得多了，所以再请你来复诊一回。"仍旧引到房里，老妈子便将病人的手拉出帐外来。他一按，冷冰冰的，也没有脉，于是点点头道，"唔，这病我明白了。"从从容容走到桌前，取了药方纸，提笔写道：——

"凭票付英洋壹百元正。"下面是署名，画押。

"先生，这病看来很不轻了，用药怕还得重一点吧。"主人在背后说。

"可以，"他说。于是另开了一张方：

"凭票付英洋贰百元正。"下面仍是署名，画押。

这样，主人就收了药方，很客气地送他出来了。

我曾经和这名医周旋过两整年，因为他隔日一回，来诊我的父亲的病。那时虽然已经很有名，但还不至于阔得这样不耐烦；可是诊金却已经是一元四角。现在的都市上，诊金一次十元并不算奇，可是那时是一元四角已是巨款，很不容易张罗的了；又何况是隔日一次。他大概的确有些特别，据舆论说，用药就与众不同。我不知道药品，所觉得的，就是"药引"的难得，

作者及作品简介

《朝花夕拾》的作者是鲁迅，原名周树人，字豫才，浙江绍兴人，出身于破落的封建家庭。他是中国现代伟大的文学家、翻译家和新文学运动的奠基人。

《朝花夕拾》创作于1926年，计10篇：《狗·猫·鼠》《阿长与〈山海经〉》《二十四孝图》《五猖会》《无常》《从百草园到三味书屋》《父亲的病》《琐记》《藤野先生》《范爱农》，前五篇写于北京，后五篇写于厦门。《朝花夕拾》最初以《旧事重提》为总题目，陆续发表于《莽原》半月刊上。1927年7月，鲁迅在广州重新加以编订，并添写《小引》和《后记》，改名《朝花夕拾》。

《朝花夕拾》中的作品都是回忆性文章，但它们不是对往事的单调的记录，而是用娴熟的文学手法写成的优美的散文珍品。作品中浓厚的生活气息和生动鲜明的人物形象，使《朝花夕拾》具有很高的艺术欣赏价值。

此外，这些作品在写作手法上，把叙述、描写、抒情、议论有机地糅合在一体，充满诗情画意，而且在叙事、议论中，常插入相关的童话、传说和典故，为此吸引了众多的读者。

探究性阅读

《朝花夕拾》是新文学散文创作的硕果，主要收录了鲁迅先生记述他童年和青年生活片段的10篇文章。从侧面勾划了古老中国的社会风貌，进而反映了作者早年的生活道路和思想情趣。它在热烈的抒情中闪烁着讽刺的火花，在平静的叙述里夹杂着很有深意的妙语，铺得开收得拢，既严肃又幽默，不论就传记意义或文学意义来说，都是十分珍贵的。此外，作品用以优美的笔调、沉郁的感情、平实的语言、鲜活的人物形象，丰富而有内涵的童年故事，同时，也抨击了囚禁人的旧社会，充分地体现了鲁迅先生要求"人的解放"的强烈愿望。

新方一换，就得忙一大场。先买药，再寻药引。"生姜"两片，竹叶十片去尖，他是不用的了。起码是芦根，须到河边去掘；一到经霜三年的甘蔗，便至少也得搜寻两三天。可是说也奇怪，大约后来总没有购求不到的。

据舆论说，神妙就在这地方。先前有一个病人，百药无效；待到遇见了什么叶天士先生，只在旧方上加了一味药引：梧桐叶。只一服，便霍然而愈了。"医者，意也。"其时是秋天，而梧桐先知秋气。其先百药不投，今以秋气动之，以气感气，所以……。我虽然并不了然，但也十分佩服，知道凡有灵药，一定是很不容易得到的，求仙的人，甚至于还要拼了性命，跑进深山里去采呢。

这样有两年，渐渐地熟识，几乎是朋友了。父亲的水肿是逐日利害，将要不能起床；我对于经霜三年的甘蔗之流也逐渐失了信仰，采办药引似乎再没有先前一般踊跃了。正在这时候，他有一天来诊，问过病状，便极其诚恳地说：

"我所有的学问，都用尽了。这里还有一位陈莲河先生，本领比我高。我荐他来看一看，我可以写一封信。可是，病是不要紧的，不过经他的手，可以格外好得快……。"

这一天似乎大家都有些不欢，仍然由我恭敬地送他上轿。进来时，看见父亲的脸色很异样，和大家谈论，大意是说自己的病大概没有希望的了；他因为看了两年，毫无效验，脸又太熟了，未免有些难以为情，所以等到危急时候，便荐一个生手自代，和自己完全脱了干系。但另外有什么法子呢？本城的名医，除他之外，实在也只有一个陈莲河了。明天就请陈莲河。

陈莲河的诊金也是一元四角。但前回的名医的脸是圆而胖的，他却长而胖

了:这一点颇不同。还有用药也不同,前回的名医是一个人还可以办的,这一回却是一个人有些办不妥帖了,因为他一张药方上,总兼有一种特别的丸散和一种奇特的药引。

芦根和经霜三年的甘蔗,他就从来没有用过。最平常的是"蟋蟀一对",旁注小字道:"要原配,即本在一窠中者。"似乎昆虫也要贞节,续弦或再醮,连做药资格也丧失了。但这差使在我并不为难,走进百草园,十对也容易得,将它们用线一缚,活活地掷入沸汤中完事。然而还有"平地木十株"呢,这可谁也不知道是什么东西了,问药店,问乡下人,问卖草药的,问老年人,问读书人,问木匠,都只是摇摇头,临末才记起了那远房的叔祖,爱种一点花木的老人,跑去一问,他果然知道,是生在山中树下的一种小树,能结红子如小珊瑚珠的,普通都称为"老弗大"。

"踏破铁鞋无觅处,得来全不费工夫。"药引寻到了,然而还有一种特别的丸药:败鼓皮丸。这"败鼓皮丸"就是用打破的旧鼓皮做成;水肿一名鼓胀,一用打破的鼓皮自然就可以克伏他。清朝的刚毅因为憎恨"洋鬼子",预备打他们,练了些兵称作"虎神营",取虎能食羊,神能伏鬼的意思,也就是这道理。可惜这一种神药,全城中只有一家出售的,离我家就有五里,但这却不像平地木那样,必须暗中摸索了,陈莲河先生开方之后,就恳切详细地给我们说明。

"我有一种丹,"有一回陈莲河先生说,"点在舌上,我想一定可以见效。因为舌乃心之灵苗……。价钱也并不贵,只要两块钱一盒……。"

我父亲沉思了一会儿,摇摇头。

"我这样用药还会不大见效,"有一回陈莲河先生又说,"我想,可以请人看一看,可有什么冤愆……。医能医病,不能医命,对不对?自然,这也许是前世的事……。"

我的父亲沉思了一会,摇摇头。

凡国手,都能够起死回生的,我们走过医生的门前,常可以看见这样的匾额。现在是让步一点了,连医生自己也说道:"西医长于外科,中医长于内科。"但是

S城那时不但没有西医,并且谁也还没有想到天下有所谓西医,因此无论什么,都只能由轩辕岐伯的嫡派门徒包办。轩辕时候是巫医不分的,所以直到现在,他的门徒就还见鬼,而且觉得"舌乃心之灵苗"。这就是中国人的"命",连名医也无从医治的。

不肯用灵丹点在舌头上,又想不出"冤愆"来,自然,单吃了一百多天的"败鼓皮丸"有什么用呢?依然打不破水肿,父亲终于躺在床上喘气了。还请一回陈莲河先生,这回是特拔,大洋十元。他仍旧泰然的开了一张方,但已停止败鼓皮丸不用,药引也不很神妙了,所以只消半天,药就煎好,灌下去,却从口角上回了出来。

从此我便不再和陈莲河先生周旋,只在街上有时看见他坐在三名轿夫的快轿里飞一般抬过;听说他现在还康健,一面行医,一面还做中医什么学报,正在和只长于外科的西医奋斗哩。

中西的思想确乎有一点不同。听说中国的孝子们,一到将要"罪孽深重祸延父母"的时候,就买几斤人参,煎汤灌下去,希望父母多喘几天气,即使半天也好。我的一位

名句精华

想到生的乐趣,生固然可以留恋;但想到生的苦趣,无常也不一定是恶客。无论贵贱,无论贫富,其时都是"一双空手见阎王",有冤的得伸,有罪的就得罚。然而虽说是"下等人",也何尝没有反省?自己做了一世人,又怎么样呢?未曾"跳到半天空"么?没有"放冷箭"么?无常的手里就拿着大算盘,你摆尽臭架子也无益。

——《无常》

有人说,他是生人走阴,就是原是人,梦中却入冥去当差的,所以很有些人情。我还记得住在离我家不远的小屋子里的一个男人,便自称是"走无常",门外常常燃着香烛。但我看他脸上的鬼气反而多。莫非入冥做了鬼,倒会增加人气的么?吁!鬼神之事,难言之矣,这也只得姑且置之弗论了。

——《无常》

有时我常常想:他的对于我的热心的希望,不倦的教诲,小而言之,是为中国,就是希望中国有新的医学;大而言之,是为学术,就是希望新的医学传到中国去。他的性格,在我的眼里和心里是伟大的,虽然他的姓名并不为许多人所知道。

——《藤野先生》

人呢,能直立了,自然是一大进步;能说话了,自然又是一大进步;能写字作文了,自然又是一大进步。然而也就堕落,因为那时也开始了说空话。

——《狗·猫·鼠》

教医学的先生却教给我医生的职务道:可医的应该给他医治,不可医的应该给他死得没有痛苦。——但这先生自然是西医。

父亲的喘气颇长久,连我也听得很吃力,然而谁也不能帮助他。我有时竟至于电光一闪似的想道:"还是快一点喘完了罢……。"立刻  觉得这思想就不该,就是犯了罪;但同时又觉得这思想实在是正当的,我很爱我的父亲。便是现在,也还是这样想。

早晨,住在一门里的衍太太进来了。她是一个精通礼节的妇人,说我们不应该空等着。于是给他换衣服;又将纸锭和一种什么《高王经》烧成灰,用纸包了给他捏在拳头里……。

"叫呀,你父亲要断气了。快叫呀!"衍太太说。

"父亲!父亲!"我就叫起来。

"大声!他听不见。还不快叫?!"

"父亲!父亲!!"

他已经平静下去的脸,忽然紧张了,将眼微微一睁,仿佛有一些苦痛。

"叫呀!快叫呀!"她催促说。

"父亲!!"

"什么呢?……不要嚷……。不……。"他低低地说,又较急地喘着气,好一会,这才复了原状,平静下去了。

"父亲!!"我还叫他,一直到他咽了气。

我现在还听到那时的自己的这声音,每听到时,就觉得这却是我对于父亲的最大的错处。

情感体验

作品本应该描写的是一个快乐美丽的童年,而作者以一个孩子的眼光看世界,读起来让人感到亲切,充满激情。使我们深深地感受到作者的童年是那么烂漫。其中,也收录了一些作品,反映了作者对封建习俗和封建思想文化的憎恨,以及对当时中国人怒其不争的感情。

朱自清散文选

《绿》

我第二次到仙岩的时候,我惊诧于梅雨潭的绿了。

梅雨潭是一个瀑布潭。仙瀑有三个瀑布,梅雨潭最低。走到山边,便听见哗哗的声音;抬起头,镶在两条湿湿的黑边儿里的,一带白而发亮的水便呈现于眼前了。我们先到梅雨亭。梅雨亭正对着那条瀑布,坐在亭边,不必仰头,便可见它的全体了。亭下深深的便是梅雨潭。这个亭踞在突出的一角的岩石上,上下都空空儿的,仿佛一只苍鹰展着翼翅浮在天宇中一般。三面都是山,像半个环儿拥着,人如在井底了。这是一个秋季的薄阴的天气。微微的云在我们顶上流着,岩面与草丛都从润湿中透出几分油油的绿意。而瀑布也似乎分外的响了。那瀑布从上面冲下,仿佛已被扯成大小的几绺,不复是一幅整齐而平滑的布。岩上有许多棱角,瀑流经过时,作急剧的撞击,便飞花碎玉般乱溅着了。那溅着的水花,晶莹而多芒,远望去,像一朵朵小小的白梅,微雨似的纷纷落着。据说,这

作者及作品简介

朱自清,原名自华,字佩弦,号秋实,原籍浙江绍兴。他是现代著名的作家和学者。朱自清有著作27种,共约190万言,包括诗歌、散文、文艺批评、学术研究等。其中他的散文创作取得最引人注目的成就。

朱自清的散文不仅以描写见长,并且还在描写中达到情景交融的艺术境界,而他的写景散文在现代文学的散文创作中占有重要地位,他运用白话文描写景致最具魅力。如《绿》中,就用比喻、对比等手法,细腻深切地勾画出了梅雨潭瀑布的色与质,文字刻意求工,显示出作者驾驭语言文字的高超技巧。

此外,他的散文语言文字很讲究,但不过分雕琢,不用大红大绿的色彩涂抹,而是朴实、自然。但也不是单纯的朴素,而是寓灵机、灵巧、灵动、灵秀于朴素之中,也常依据忽然触发的感受,凭借丰富的想象,使物象灵光闪现,进而把读者引入如诗如画的境界中,为此吸引着众多的读者。

总之,朱自清极高艺术成就的散文作品,不仅为白话美文提供了典范,而且还为培养文学青年和繁荣散文创作提供了宝贵的艺术经验。

就是梅雨潭之所以得名了。但我觉得像杨花,格外确切些。轻风起来时,点点随风飘散,那更是杨花了。——这时偶然有几点送入我们温暖的怀里,便倏的钻了进去,再也寻它不着。

梅雨潭闪闪的绿色招引着我们,我们开始追捉她那离合的神光了。揪着草,攀着乱石,小心探身下去,又鞠躬过了一个石穹门,便到了汪汪一碧的潭边了。瀑布在襟袖之间,但我的心中已没有瀑布了。我的心随潭水的绿而摇荡。那醉人的绿呀,仿佛一张极大极大的荷叶铺着,满是奇异的绿呀。我想张开两臂抱住她,

但这是怎样一个妄想呀。——站在水边,望到那面,居然觉着有些远呢!这平铺着,厚积着的绿,着实可爱。她松松的皱缬着,像少妇拖着的裙幅;她轻轻的摆弄着,像跳动的初恋的处女的心;她滑滑的明亮着,像涂了"明油"一般,有鸡蛋清那样软,那样嫩,令人想着所曾触过的最嫩的皮肤;她又不杂些儿渣滓,宛然一块温润的碧玉,只清清的一色——但你却看不透呢!我曾见过北京什刹海拂地的绿杨,脱不了鹅黄的底子,似乎太淡了。我又曾见过杭州虎跑寺旁高峻而深密的"绿壁",重叠着无穷的碧草与绿叶的,那又似乎太浓了。其余呢,西湖的波太明了,秦淮河的又太暗了。可爱的,我将什么来比拟你呢?我怎么比拟得出呢?大约潭是很深的,故能蕴蓄着这样奇异的绿;仿佛蔚蓝的天融了一块在里面似的,这才这般的鲜润呀。——那醉人的绿呀!我若能裁你以为带,我将赠给那轻盈的舞女;她必能临风飘举了。我若能挹你以为眼,我将赠给那善歌的盲

欣赏性阅读

朱自清的散文委婉细致,意境优美,语言质朴而有风采,取得了很高的艺术成就。无论是记人记事,还是写景状物,都能描绘逼真,表现作者的真情。在阅读朱自清的散文时,这一点是要认真理会的。像《背影》中描写的父子间的深情,《给亡妇》中抒发的对亡妻的思念,《白采》中对朋友的诚恳等等。此外,作者还把其坦诚的真、浓郁的情、朴素的美以及构思的精巧结合起来,使读者能够充分地理解蕴藏在作品里的美感深度。

名句精华

月光如流水一般，静静地泻在这一片叶子和花上。薄薄的青雾浮起在荷塘里。叶子和花仿佛在牛乳中洗过一样，又像笼着轻纱的梦。虽然是满月，天上却有一层淡淡的云，所以不能朗照，但我以为这恰是到了好处——酣眠固不可少，小睡也别有风味的。月光是隔了树照过来的，高处丛生的灌木，落下参差的斑驳的黑影，却又像是画在荷叶上。塘中的月色并不均匀，但光与影有着和谐的旋律，如梵婀玲上奏着的名曲。

——《荷塘月色》

去的尽管去了，来的尽管来着；去来的中间，又怎样地匆匆呢？早上我起来的时候，小屋里射进两三方斜斜的太阳。太阳他有脚啊，轻轻悄悄地挪移了；我也茫茫然跟着旋转。于是——洗手的时候，日子从水盆里过去；吃饭的时候，日子从饭碗里过去；默默时，便从凝然的双眼前过去。我觉察他去的匆匆了，伸出手遮挽时，他又从遮挽着的手边过去，天黑时，我躺在床上，他便伶伶俐俐地从我身上跨过，从我脚边飞去了。

——《匆匆》

雨是最寻常的，一下就是三两天。可别恼。看，像牛毛，像花针，像细丝，密密地斜织着，人家屋顶上全笼着一层薄烟。树叶儿却绿得发亮。小草儿也青得逼你的眼。傍晚时候，上灯了，一点点黄晕的光，烘托出一片安静而和平的夜。在乡下，小路上，石桥边，有撑着伞慢慢走着的人；地里还有工作的农民，披着蓑戴着笠。他们的房屋，稀稀疏疏的，在雨里静默着。

——《春》

生命本来不应该有价格的；而竟有了价格！人贩子，老鸨，以至近来的绑票土匪，都就他们的所有物，标上参差的价格，出卖于人；我想将来或许还有公开的人市场呢！在种种"人货"里，价格最高的，自然是土匪们的票了，少则成千，多则成万；大约是有历史以来，"人货"的最高的行情的。

——《温州的踪迹》

妹；她必明眸善睐了。我舍不得你；我怎舍得你呢？我用手拍着你，抚摸着你，如同一个十二三岁的小姑娘。我又掬你入口，便是吻着她了。我送你一个名字，我从此叫你"女儿绿"，好么？我第二次到仙岩的时候，我不禁惊诧于梅雨潭的绿了。

《说扬州》

在第十期上看到曹聚仁先生的《闲话扬州》，比那本出名的书有味多了。不过那本书将扬州说得太坏，曹先生又未免说得太好；也不是说得太好，他没有去过那里，所说的只是从诗赋中，历史上得来的印象。这些自然也是扬州的一面，不过已然过去，现在的扬州却不能再给我们那种美梦。

自己从七岁到扬州，一住十三年，才出来念书。家里是客籍，父亲又是在外省当差事的时候多，所以与当地贤豪长者并无来往。他们的雅事，如访胜，吟诗，赌酒，收画名家，烹调佳味，我那时全没有份，也全不在行。因此虽住了那么多年，并不能做扬州通，是很遗憾的。记得的只是光复的时候，父亲正病着，让一个高等流氓凭了军政府的名字，敲了一竹杠；还有，在中学的几年里，眼见所谓"甩子团"横行无忌。"甩

子"是扬州方言,有时候指那些"怯"的人,有时候指那些满不在乎的人。"甩子团"不用说是后一类,他们多数是宦家子弟,仗着家里或者"帮"里的势力,在各公共场所闹标劲,如看戏不买票,起哄等等,也有包揽词讼,调戏妇女的。更可怪的,大乡绅的仆人可以指挥警察工区长,可以大模大样招摇过市——这都是民国五六年的事,并非前清君主专制时代。自己当时血气方刚,看了一肚子气;可是人微言轻,也只好让那口气憋着罢了。

从前扬州是个大地方,如曹先生那文所说;现在盐务不行了,简直就算个没"落儿"的小城。可是一般人还忘其所以地耍气派,自以为美,几乎不知天多高地多厚。这真是所谓"夜郎自大"了。扬州人有"扬虚子"的名字;这个"虚子"有两种意思,一是大惊小怪,二是以少报多,总而言之,不离乎虚张声势的毛病。他们还有个"扬盘"的名字,譬如东西买贵,人家可以笑话你是"扬盘";又如店家价钱要得太贵了,你可以诘问他,"把我当扬盘看么?"全是捧出来给别人看的,正好形容耍气派的扬州人,又有所谓"商派",讥笑那些仿效盐商的奢侈生活的人,那更是气派中之气派了。但是这里只就一般情形说,刻苦诚笃的君子自然也有;我所敬爱的朋友中,便不缺乏扬州人。提起扬州这地名,许多人想到的是出女人的地方。但是我长到那么大,从来不曾在街上见过一个出色的女人,也许那时女人还少出街吧?不过从前人所谓"出女人",实在指姨太太与妓女而言;那个"出"字就和出羊毛、出苹果的"出"字一样。《陶庵梦忆》里有"扬州瘦马"一节,就记的这类事;但是我毫无所知。不过纳妾与狎妓的风气渐渐衰了,"出女人"那句话恐怕迟早会失掉意义的吧。

另有许多人想,扬州是吃得好的地方。这个保你没错儿。北平寻常提到江苏菜,总想着是甜甜的腻腻的。现在有了淮扬菜,才知道江苏菜也有不甜的;但还以为油重,和山东菜的清淡不同。其实真正油重的是镇江菜,上桌子常教你腻得无可奈何。扬州菜若是让盐商家的厨子做起来,虽不到山东菜的清淡,却也滋润,利落,决不腻嘴腻舌。不但味道鲜美,颜色也清丽悦目。扬州又以面馆著名。好在汤味醇美,是所谓白汤,由种种出汤的东西如鸡鸭鱼肉等熬成,好在它的厚,和熊掌一般。也有清汤,就是一味鸡汤,倒并不出奇。内行的人吃面要"大煮";普通将面挑在碗里,浇上汤,"大煮"是将面在汤里煮一会,更能入味些。

扬州最著名的是茶馆,早上去下午去都是满满的。吃的花样最多。坐定了沏上茶,便有卖零碎的来兜揽,手臂上挽着一个黯淡的柳条筐,筐子里摆满了一些小蒲包分放着瓜子花生炒盐豆之类。又有炒白果的,在担子上铁锅爆着白果,一片铲子的声音。得先告诉他,才给你炒。炒得壳子爆了,露出黄亮的仁儿,铲在铁丝罩里送过来,又热又香。还有卖五香牛肉的,让他抓一些,摊在干荷叶上;叫茶房拿点好麻酱油来,拌上慢慢地吃,也可向卖零碎的买些白酒——扬州普通都喝白酒——喝着。这才叫茶房烫干丝。北平现在吃干丝,都是所谓煮干丝,那是很浓的,当菜很好,当点心却未必合适。烫干丝先将一大块方的白豆腐飞快地切成薄片,再切为细丝,放在小碗里,用开水一浇,干丝便熟了;逼去了水,搏成圆锥似的,再倒上麻酱油,搁一撮虾米和干笋丝在尖儿,就成。说时迟,那时快,刚瞧着在切豆腐干,一眨眼已端来了。烫干丝就是这样做好的,不妨碍你吃别的。接着该要小笼点心。北平淮扬馆子出卖的汤包,诚哉是好,在扬州却少见;那实在是淮阴的名产,扬州不该掠美的。扬州的小笼点心,肉馅儿的,蟹肉馅儿的,笋肉馅儿的且不用说,最可口的是菜包子菜烧卖,还有干菜包子。菜选那最嫩的,剁成泥,加一点儿糖一点油,蒸得白生生的,热腾腾的,到口轻松地化去留下一丝儿余味。干菜也是切碎,也是加一点儿糖和油,燥湿恰到好处;细细地咬嚼,可以嚼出一点橄榄般的回味来。这么着每样吃点儿也并不太多。要是有饭局,还尽可以从容地去。但是要老资格的茶客才能这样有分寸;偶尔上一回茶馆的本地人外地人,却总忍不住狼吞虎咽,到了儿捧着肚子走出。

扬州游览以水为主,以船为主,已另有文记过,此处从略。城里城外古迹很多,如"文选楼""天保城""雷塘""二十四桥"等,却很少人留意;大家常去的只是史可法的"梅花岭"罢了。倘若有相当的假期,邀上两三个人去寻幽访古倒有意思;自然,得带点花生米、五香牛肉、白酒。

情感体验

朱自清的散文,如同观赏和品味一幅幅优美的画卷,确实写得美。读后使人爱不释手。在他的所有散文创作中追求的是一个"真"字和一个"美"字,他以真挚的感情,写自己的所见所闻所思所感,从而打动着读者的心。他的散文创作还善于描绘景物,使其各具特色,且都充满了诗情画意,使我们得到了不同的审美感受。

冰心诗歌选

《春水》

（一）
春水！
又是一年了，
还这般的微微吹动。
可以再照一个影儿么？
春水温静的答谢我说：
"我的朋友！
我从来未曾留下一个影子，
不但对你是如此。"

（二）
四时缓缓的过去——
百花互相耳语说：
"我们都只是弱者！

甜香的梦
轮流着做罢，
憔悴的杯
也轮流着饮罢，
上帝原是这样安排的呵！

（三）
青年人！
你不能像风般飞扬，
便应当像山般静止。
浮云似的
无力的生涯，
只做了诗人的资料呵！

（四）
芦荻，
只伴着这黄波浪么？
趁风儿吹到江南去罢！

（五）
一道小河
平平荡荡的流将下去，
只经过平沙万里——
自由的，
沉寂的，
它没有快乐的声音。
一道小河
曲曲折折的流将下去，
只经过高山深谷——
险阻的，
挫折的，
它也没有快乐的声音。
我的朋友！
感谢你解答了
我久闷的问题，
平荡而曲折的水流里，
青年的快乐

文化溯源

《繁星·春水》的作者是冰心，原名谢婉莹，祖籍福建省长乐县。她既是一位小说家，又是一位诗人，还是一位散文家。

《繁星》和《春水》是她的早期诗作，不仅是冰心诗歌的代表作，也是中国现代诗作的代表性作品，被一代又一代的读者所熟知。

《春水》是《繁星》的姐妹篇，由182首小诗组成。同样是在《晨报副镌》上最先发表，不过《春水》的问世要比《繁星》晚三个月。

冰心坦陈她的《繁星》和《春水》是接受了泰戈尔诗作的影响，这是她最早的两本诗集，也是五四时期出现较早的诗歌作品。《繁星》最初在《晨报副镌》与读者见面时，被认为是新一代诗风。然而，《繁星》和《春水》的艺术风格，却与《女神》的狂飙突进有着极大的差异。冰心的诗作温柔、细腻，微带着忧愁，微含着哲理，有一种超凡脱俗的韵味。

在其中荡漾着了！

（六）
诗人！
不要委屈了自然罢，
"美"的图画，
要淡淡的描呵！

（七）
一步一步的扶走——
半隐的青紫的山峰
怎的这般高远呢？

（八）
月呵！
什么做成了你的尊严呢？
深远的天空里，
只有你独往独来了。

（九）
倘若我能以达到，
上帝呵！
何处是你心的尽头，
可能容我知道？
远了！
远了！
我真是太微小了呵！

（一〇）
忽然了解是一夜的正中，
白日的心情呵！
不要侵到这境界里来罢。

（一一）
南风吹了，
将春的微笑
从水国里带来了！

探究性阅读

《繁星》和《春水》是冰心在探索人生的过程中灵光闪动的汇合，里面包含着她对生命真谛的认识和理解，包含着丰硕的哲理。在《繁星》里，她不断唱出了爱的赞歌。她最热衷于赞颂的，是母爱。除了挚爱自己的双亲外，冰心也很珍重手足之情。在《春水》里，冰心虽然仍旧在歌颂母爱，歌颂亲情，歌颂童心，歌颂大自然，但是，她却用了更多的篇幅，来含蓄地表述她本人和她那一代青年知识分子的烦恼和苦闷。总的来说，作者是用忧愁的温柔的笔调，述说着心中的感受，同时也在探索着生命的意义，表达着要认知世界本相的愿望。

（一二）
弦声近了，
瞽目者来了；
弦声远了，
无知的人的命运
也跟了去么？

（一三）
白莲花！
清洁拘束了你了——
但也何妨让同在水里的红莲
来参礼呢？

（一四）
自然唤着说：
"将你的笔尖儿
浸在我的海里罢！
人类的心怀太枯燥了。"

（一五）
沉默里，
充满了胜利者的凯歌！

（一六）
心呵！
什么时候值得烦乱呢？
为着宇宙，
为着众生。

（一七）
红墙衰草上的夕阳呵！
快些落下去罢，
你使许多的青年人颓老了！

（一八）
冰雪里的梅花呵！
你占了春先了。
看遍地的小花
随着你零星开放。

《繁星》

（一）
繁星闪烁着——
深蓝的太空，
何曾听得见它们对语？
沉默中，
微光里，
它们深深的互相颂赞了。

> **名句精华**
>
> 空中的鸟!何必和笼里的同伴争噪呢?你自有你的天地。
> ——《繁星》
>
> 墙角的花!你孤芳自赏时,天地便小了。
> ——《春水》
>
> 言论的花,开得愈大;行为的果子,结得愈小。
> ——《繁星》

（二）
童年呵!
是梦中的真,
是真中的梦,
是回忆时含泪的微笑。

（三）
万顷的颤动——
深黑的岛边,
月儿上来了。
生之源,
死之所!

（四）
小弟弟呵!
我灵魂中三颗光明喜乐的星。
温柔的,
无可言说的,
灵魂深处的孩子呵!

（五）
黑暗,
怎样的描画呢?
心灵的深深处,
宇宙的深深处,
灿烂光中的休息处。

（六）
镜子——
对面照着,
反而觉得不自然,
不如翻转过去好。

（七）
醒着的,
只有孤愤的人罢!

听声声算命的锣儿,
敲破世人的命运。

（八）
残花缀在繁枝上;
鸟儿飞去了,
撒得落红满地——
生命也是这般的一瞥么?

（九）
梦儿是最瞒不过的呵,
清清楚楚的,
诚诚实实的,
告诉了
你自己灵魂里的密意和隐忧。

（一〇）
嫩绿的芽儿,
和青年说:
"发展你自己!"
淡白的花儿,
和青年说:
"贡献你自己!"
深红的果儿,

和青年说：
"牺牲你自己！"

（一一）
无限的神秘，
何处寻它？
微笑之后，
言语之前，
便是无限的神秘了。

（一二）
人类呵！
相爱罢，
我们都是长行的旅客，
向着同一的归宿。

（一三）
一角的城墙，
蔚蓝的天，
极目的苍茫无际——
即此便是天上——人间。

（一四）
我们都是自然的婴儿，
卧在宇宙的摇篮里。

（一五）
小孩子！
你可以进我的园，
你不要摘我的花——
看玫瑰的刺儿，
刺伤了你的手。

（一六）
青年人呵！
为着后来的回忆，
小心着意的描你现在的图画。

（一七）
我的朋友！
为什么说我"默默"呢？
世间原有些作为，
超乎语言文字以外。

（一八）
文学家呵！
着意的撒下你的种子去，
随时随地要发现你的果实。

（一九）
我的心，
孤舟似的，
穿过了起伏不定的时间的海。

（二〇）
幸福的花枝，
在命运的神的手里；
寻觅着要付与完全的人。

（二一）
窗外的琴弦拨动了，
我的心呵！
怎只深深的绕在余音里？
是无限的树声，
是无限的月明。

（二二）
生离——
是朦胧的月日，
死别——
是憔悴的落花。

（二三）
心灵的灯，
在寂静中光明，
在热闹中熄灭。

（二四）
向日葵对那些未见过白莲的人，
承认他们是最好的朋友。
白莲出水了，
向日葵低下头了：
她亭亭的傲骨，
分别了自己。

（二五）
死呵！
起来颂扬它；
是沉默的终归。

（二六）
高峻的山巅，
深阔的海上——
是冰冷的心，
是热烈的泪；
可怜微小的人呵！

（二七）
诗人，
是世界幻想上最大的快乐。
也是事实中最深的失望。

（二八）
故乡的海波呵！
你那飞溅的浪花，
从前怎样一滴一滴的敲我的盘石，
现在也怎样一滴一滴的敲碎我的心弦。

情感体验

《繁星·春水》中歌咏自然的诗篇，在描绘自然之美的同时，也表现了诗人独特的审美情趣。由于她的诗淳朴而自然，每一首都宛如天空中的星星、荷叶上的露珠，晶莹剔透，给人一种沁透心脾的感觉。该作品既有诗歌的韵律，也有散文的美感，把大自然之美表现在纸上，能够给读者非常直接的审美感受。

郭沫若诗歌选

《女神》

天狗

我是一条天狗呀!
我把月来吞了,
我把日来吞了,
我把一切的星球来吞了,
我把全宇宙来吞了。
我便是我了!
我是月底光,
我是日底光,
我是一切星球底光,
我是 X 光线底光,
我是全宇宙底 Energy 底总量!
我飞奔,
我狂叫,
我燃烧。
我如烈火一样地燃烧!
我如大海一样地狂叫!
我如电气一样地飞跑!
我飞跑,
我飞跑,
我飞跑,
我剥我的皮,
我食我的肉,
我吸我的血,

作者及作品简介

　　《女神》的作者是郭沫若,原名郭开贞,又名郭鼎堂。四川乐山人。《女神》是他的代表作,同时也是中国现代新诗的奠基之作,出版于1921年8月,全诗共三辑,以第三辑最为重要。他的许多代表诗篇皆出于此,如《凤凰涅槃》《天狗》《炉中煤》《匪徒颂》等。

　　《女神》所表达的思想内容,首先是五四狂飙突进时代改造旧世界、冲击封建藩篱的要求。主人公以一个追求个性解放的叛逆者形象出现,要求打破一切封建枷锁;其次,是对祖国深情的热爱和对美好明天的憧憬。诗中歌唱太阳、光明、希望,处处洋溢着积极进取的欲望。

　　《女神》在艺术上取得了新诗最辉煌的成就,它是五四时期浪漫主义的瑰丽奇峰。《女神》的格式追求"绝对自由,绝对自主",而不受任何一种格式的束缚。它的形式自由多变,依感情的变化自然地形成"情绪的节奏"。

　　《女神》的浪漫主义特征主要表现在:诗中采用了比喻、象征的手法,并常借助神话传说、历史故事表达感情。

　　此外,《女神》的诗风多豪壮、雄健、颇具阳刚之美。郭沫若的诗可以说是新诗中豪放的先驱,但同时,他也有许多清丽婉约之作。

我啃我的心肝,
我在我神经上飞跑,
我在我脊髓上飞跑,
我在我脑筋上飞跑。
我便是我呀!
我的我要爆了!

炉中煤——眷念祖国的情绪
啊,我年青的女郎!
我不辜负你的殷勤,
你也不要辜负了我的思量。
我为我心爱的人儿
燃到了这般模样!
啊,我年青的女郎!
你该知道了我的前身?
你该不嫌我黑奴卤莽?
要我这黑奴的胸中,
才有火一样的心肠。
啊,我年青的女郎!
我想我的前身
原本是有用的栋梁,
我活埋在地底多年,

欣赏性阅读

表达五四时期个人和民族的情感与欲求的《女神》,以浪漫主义激情、自由奔放、雄浑瑰丽的诗风以及自我抒情为主体,进而构成了中国新诗史上一道亮丽的风景。它不是对现实生活的客观描绘与剖析,而是着重表现诗人的主观理想和情怀,具有浓郁的浪漫主义特色。此外,作品取材于上古神话传说和民间想象的诗篇,以"开辟鸿荒的大我"形象,暗示和比拟着古老的国家和民族在新时代来临时的觉醒和更生,进而表达了诗人对黑暗的诅咒和对光明的渴求。

到今朝总得重见天光。
啊,我年青的女郎!
我自从重见天光,
我常常思念我的故乡,
我为我心爱的人儿
燃到了这般模样!

地球,我的母亲!
地球,我的母亲!
天已黎明了,
你把你怀中的儿来摇醒,
我现在正在你背上匍行。

地球,我的母亲!
你背负着我在这乐园中逍遥。
你还在那海洋里面,
奏出些音乐来,安慰我的灵魂。

地球,我的母亲!
我过去,现在,未来,
食的是你,衣的是你,住的是你,
我要怎么样才能够报答你的深恩?

地球，我的母亲！
从今后我不愿常在家中居住，
我要常在这开旷的空气里面，
对于你，表示我的孝心。

地球，我的母亲！
我羡慕你的孝子，田地里的农人，
他们是全人类的褓母，
你是时常地爱抚他们。

地球，我的母亲！
我羡慕你的宠子，炭坑里的工人，
他们是全人类的普罗美修士，
你是时常地怀抱着他们。

地球，我的母亲！
我羡慕那一切的草木，我的同胞，你的儿孙，
他们自由地，自主地，随分地，健康地，
享受着他们的赋生。

> **名句精华**
>
> 姊妹们，新造的葡萄酒浆，不能盛在那旧了的皮囊。为容受你们的新热、新光，我要去创造个新鲜的太阳！
>
> ——《女神之三》
>
> 青沉沉的大海，波涛汹涌着，潮向东方。光芒万丈地，将要出现了哟——新生的太阳！天海中的云岛都已笑得来火一样地鲜明！我恨不得，把我眼前的障碍一概划平！
>
> ——《太阳礼赞》
>
> 夕阳，笼在蔷薇花色的纱罗中，如像满月一轮，寂然有所思索。恋着她的海水也故意装出个平静的样儿，可他嫩绿的绢衣却遮不过他心中的激动。
>
> ——《日暮的婚筵》

地球，我的母亲！
我羡慕那一切的动物，尤其是蚯蚓——
只不羡慕那空中的飞鸟：
他们离了你要在空中飞行。

地球，我的母亲！
我不愿在空中飞行，
我也不愿坐车，乘马，着袜，穿鞋，
我只愿赤裸着我的双脚，永远和你相亲。

地球，我的母亲！
你是我实有性的证人，
我不相信你只是个梦幻泡影，
我不相信我只是个妄执无明。

地球，我的母亲！
我们都是空桑中生出的伊尹，
还有位什么父亲。

地球，我的母亲！

我想这宇宙中的一切都是你的化身：
雷霆是你呼吸的声威，
雪雨是你血液的飞腾。

地球，我的母亲！
我想那缥缈的天球，是你化妆的明镜，
那昼间的太阳，夜间的太阴，
只不过是那明镜中的你自己的虚影。

地球，我的母亲！
我想那天空中一切的星球，
只不过是我们生物的眼球的虚影；
我只相信你是实有性的证明。

地球，我的母亲！
已往的我，只是个知识未开的婴孩，
我只知道贪受着你的深恩，
我不知道你的深恩，不知道报答你的深恩。

地球，我的母亲！
从今后我知道你的深恩，
我饮一杯水，纵是天降的甘霖，
我知道那是你的乳，我的生命羹。

地球，我的母亲！
我听着一切的声音言笑，
我知道那是你的歌，
特为安慰我的灵魂。

地球，我的母亲！
我眼前一切的浮游生动，
我知道那是你的舞，
特为安慰我的灵魂。

地球，我的母亲！
我感觉着一切的芬芳彩色，
我知道那是你给我的玩品，
特为安慰我的灵魂。

地球，我的母亲！
我的灵魂便是你的灵魂，
我要强健我的灵魂，
用来报答你的深恩。

地球，我的母亲！
从今后我要报答你的深恩，
我知道你爱我还要劳我，
我要学着你劳动，永久不停！

春之胎动
独坐北窗下举目向楼外四望：
春在大自然的怀中胎动着在了！

远远一带海水呈着雌虹般的彩色，
俄而带紫，俄而深蓝，俄而嫩绿。

暗影与明辉在黄色的草原头交互浮动，
如像有探海灯在转换着的一般。

天空最高处作玉蓝色，有几朵白云飞驰；
白云的缘边色如乳糜，叫人微微眩目。

情感体验

《女神》以崭新的诗形,火山爆发式的情感,第一次喊出了中国人民、特别的热血青年彻底反帝反封建的心声。这些诗是从诗人心灵深处流出来的,是他的"生的颤动、灵的喊叫",从中可以看到诗人的全部灵魂,他的心中奔涌着的热血,他一点也不掩饰不矜持地把自己的灵魂、悲苦、欢乐、爱情和理想,全部袒露在我们的面前。

楼下一只白雄鸡,戴着鲜红的柔冠,
长长的声音叫得已有几分倦意了。

几只杂色的牝鸡偃伏在旁边的沙地中,
那些女郎们都带着些娇慵无力的样儿。

海上吹来的微风才在鸡尾上动摇,
早悄悄地偷来吻我的颜面,又偷跑了。

空漠处时而有小鸟的歌声。
几朵白云不知飞向何处去了。

海面上突然飞来一片白帆……
不一刹那间也不知飞向何处去了。

海舟中望日出
铅的圆空,
蓝靛的大洋,
四望都无有,
只有动乱,荒凉,
黑汹汹的煤烟
恶魔一样!

云彩染了金黄,

还有一个爪痕露在天上。
那只黑色的海鸥
可要飞向何往?

我的心儿,好像
醉了一般模样。
我倚着船栏,
吐着胆浆……

哦!太阳!
白晶晶地一个圆珰!
在那海边天际
黑云头上低昂。
我好容易才得盼见了你的容光!
你请替我唱着凯旋歌哟!
我今朝可算是战胜了海洋!

鲁迅杂文选

《我观北大》

因为北大学生会的紧急征发,我于是总得对于本校的二十七周年纪念来说几句话。

据一位教授的名论,则"教一两点钟的讲师"是不配与闻校事的,而我正是教一点钟的讲师。但这些名论,只好请恕我置之不理;——如其不恕,那么,也就算了,人那里顾得这些事。

我向来也不专以北大教员自居,因为另外还与几个学校有关系。然而不知怎的,——也许是含有神妙的用意的罢,今年忽而颇有些人指我为北大派。我虽然不知道北大可真有特别的派,但也就以此自居了。北大派么?就是北大派!怎么样呢?

但是,有些流言家幸勿误会我的意思,以为谣我怎样,我便怎样的。我的办法也并不一律。譬如前次的游行,报上谣我被打落了两个门牙,我可决不肯具呈警厅,吁请补派军警,来将我的门牙从新打落。我之照着谣言做去,是以专捡自己所愿意者为限的。

我觉得北大也并不坏。如果真有所谓派,那么,被派进这派里去,也还是也就算了。理由在下面:——

既然是二十七周年,则本校的萌芽,自然是发于前清的,但我并民国初年的情形也不知道。惟据近七八年的事实看来,第一,北大是常为新的,改进的运动的先锋,要使中国向着好的,往上的道路走。虽然很中了许多暗箭,背了许多谣言;教授和学生也都

作品简介

杂文是鲁迅一生运用最多的文学形式,他一生写了《坟》《热风》《华盖集》《华盖集续编》《三闲集》《二心集》《南腔北调集》《伪自由书》《准风月谈》《花边文学》《且介亭杂文》《且介亭杂文二集》《且介亭杂文末编》等15部杂文集。

在这15部杂文集中,鲁迅把笔触伸向了各种不同的文化现象,各种不同阶层的各种不同的人物,其中有无情的揭露、有愤怒的控诉、有尖锐的批判、有辛辣的讽刺、有机智的幽默、有细致的分析、有果决的论断、有激情的抒发、有痛苦的呐喊、有亲切的鼓励、有热烈的赞颂,笔锋驰骋纵横,词采飞扬,形式多样,变化多端。

鲁迅在杂文的创作过程中,更自由、大胆地表现出现代人的情感和情绪体验,为中国文学的发展开辟了一条更加宽广的道路。

逐年地有些改换了，而那向上的精神还是始终一贯，不见得弛懈。自然，偶尔也免不了有些很想勒转马头的，可是这也无伤大体，"万众一心"，原不过是书本子上的冠冕话。

第二，北大是常与黑暗势力抗战的，即使只有自己。自从章士钊提了"整顿学风"的招牌来"作之师"，并且分送金款以来，北大却还是给他一个依照彭允彝的待遇。现在章士钊虽然还伏在暗地里做总长，本相却已显露了；而北大的校格也就愈明白。那时固然也曾显出一角灰色，但其无伤大体，也和第一条所说相同。

我不是公论家，有上帝一般决算功过的能力。仅据我所感得的说，则北大究竟还是活的，而且还在生长的。凡活的而且在生长者，总有着希望的前途。

今天所想到的就是这一点。但如果北大到二十八周年而仍不为章士钊者流所谋害，又要出纪念刊，我却要预先声明：不来多话了。一则，命题作文，实在苦不过；二则，说起来大约还是这些话。

《路》

又记起了Gogol做的《巡按使》的故事：

中国也译出过的。一个乡间忽然纷纷传皇帝使者要来私访了，官员们都很恐怖，在客栈里寻到一个疑似的人，便硬拉来奉承了一通。等到奉承十足之后，那人跑了，而听说使者真到了，全台演了一个哑口无言剧收场。

上海的文界今年是恭迎无产阶级文学使者，沸沸扬扬，说是要来了。问问黄包车夫，车夫说并未派

探究性阅读

鲁迅杂文是中国现代思想史和文学史上的珍贵文献，是中国现代"社会相"的大全。鲁迅杂文的文体自由多变，短评是他常用的形式。他的文风或严峻凛然，或锋芒毕露，或泼辣犀利等，多姿多彩不拘一格。而且都是对中华民族斗争史的真实描绘，进而深刻地反映的中国社会具有相当的深度和广度，从中人们可以清楚地看到中国近、现代社会的历史面貌。此外，作者还对中国国民灵魂进行了深刻的解剖，体现了作者对当时的政客、名流、正人君子的嘴脸以及民众之中劣根性的东西已经看透，并深表痛恨。

遣。这车夫的本阶级意识形态不行,早被别阶级弄歪曲了罢。另外有人把握着,但不一定是工人。于是只好在大屋子里寻,在客店里寻,在洋人家里寻,在书铺子里寻,在咖啡馆里寻……

文艺家的眼光要超时代,所以到否虽不可知,也须先行拥篲清道,或者伛偻奉迎。于是做人便难起来,口头不说"无产"便是"非革命",还好;"非革命"即是"反革命",可就险了。这真要没有出路。

现在的人间也还是"大王好见,小鬼难当"的处所。出路是有的。何以无呢?只因多鬼祟,他们将一切路都要糟蹋了。这些都不要,才是出路。自己坦坦白白,声明了因为没法子,只好暂在炮屁股上挂一挂招牌,倒也是出路的萌芽。

"地火在地下运行,奔突;熔岩一旦喷出,将烧尽一切野草,以及乔木,于是并且无可朽腐。"

"但我坦然,欣然。我将大笑,我将歌唱。"(《野草》序)

还只说说,而革命文学家似乎不敢看见了,如果因此觉得没有了出路,那可实在是很可怜,令我也有些不忍再动笔了。

名句精华

譬如早晨听到乌鸦叫,少年毫不介意,迷信的老人,却总须颓唐半天。虽然很可怜,然而也无法可救。没有法,便只能先从觉醒的人开手,各自解放了自己的孩子。自己背着因袭的重担,肩住了黑暗的闸门,放他们到宽阔光明的地方去;此后幸福的度日,合理的做人。

——《坟·我们现在怎样做父亲》

但自从"清党"以后,这"直截痛快"以外,却又增添了一种神经过敏。"命"自然还是要革的,然而又不宜太革,太革便近于过激,过激便近于共产党,变了"反革命"了。所以现在的"革命文学",是在顽固这一种反革命和共产党这一种反革命之间。

——《而已集·扣丝杂感》

因为在进军的途中,对于敌人,个人主义者所发的子弹,和集团主义者所发的子弹是一样的能够致其死命;任何战士死伤之际,便要减少些军中的战斗力,也两者相等的。但自然,因为终极目的的不同,在行进时,也时时有人退伍,有人落荒,有人颓唐,有人叛变,然而只要无碍于进行,则愈到后来,这队伍也就愈成为纯粹,精锐的队伍了。

——《二心集·非革命的急进革命论者》

可是"友邦人士"一惊诧,我们的国府就怕了,"长此以往,国将不国"了,好像失了东三省,党国倒愈像一个国,失了东三省谁也不响,党国倒愈像一个国,失了东三省只有几个学生上几篇"呈文",党国倒愈像一个国,可以博得"友邦人士"的夸奖,永远"国"下去一样。

——《二心集·"友邦惊诧"论》

《运命》

有一天,我坐在内山书店里闲谈——我是常到内山书店去闲谈的,我的可怜的敌对的"文学家",还曾经借此竭力给我一个"汉奸"的称号,可惜现在他们又不坚持了才知道日本的丙午年生,今年二十九岁的女性,是一群十分不幸的人。大家相信丙午年生的女人要克夫,即使再嫁,也还要克,而且可以多至五六个,所以想结婚是很困难的。这自然是一种迷信,但日本社会上的迷信也还是真不少。我问:可有方法解除这夙命呢?回答是:没有。

接着我就想到了中国。

许多外国的中国研究家,都说中国人是定命论者,命中注定,无可奈何;就是中国的论者,现在也有些人这样说。但据我所知道,中国女性就没有这样无法解除的命运。"命凶"或"命硬",是有的,但总有法子想,就是所谓"禳解";或者和不怕相克的命的男子结婚,制住她的"凶"或"硬"。假如有一种命,说是要连克五六个丈夫的罢,那就早有道士之类出场,自称知道妙法,用桃木刻成五六个男人,画上符咒,和这命的女人一同行"结俪之礼"后,烧掉或埋掉,于是真来订婚的丈夫,就算是第七个,毫无危险了。

中国人的确相信运命,但这运命是有方法转移的。所谓"没有法子",有时也就是一种另想道路——转移运命的方法。等到确信这是"运命",真真"没有法子"的时候,那是在事实上已经十足碰壁,或者恰要灭亡之际了。运命并不是中国人的事前的指导,乃是事后的一种不费心思的解释。中国人自然有迷信,也有"信",但好像很少"坚信"。我们先前最尊皇帝,但一面想玩弄他,也尊后妃,但一面又有些想吊她的膀子;畏神明,而又烧纸钱作贿赂,佩服豪杰,却不肯为他作牺牲。崇孔的名儒,一面拜佛,信甲的战士,明天信丁。宗教战争是向来没有的,从北魏到唐末的佛道二教的此仆彼起,是只靠几个人在皇帝耳朵边的甘言蜜语。风水,符咒,拜祷……偌大的"运命",只要化一批钱或磕几个头,就改换得和注定的一笔大不相同了——就是并不注定。

我们的先哲,也有知道"定命"有这么的不定,是不足以定人心的,于是他说,这用种种方法之后所得的结果,就是真的"定命",而且连必须用种种方法,也是命中注定的。但看起一般的人们来,却似乎并不这样想。

人而没有"坚信",狐狐疑疑,也许并不是好事情,因为这也就是所谓"无特

操"。但我以为信运命的中国人而又相信运命可以转移,却是值得乐观的。不过现在为止,是在用迷信来转移别的迷信,所以归根结蒂,并无不同,以后倘能用正当的道理和实行——科学来替换了这迷信,那么,定命论的思想,也就和中国人离开了。

假如真有这一日,则和尚,道士,巫师,星相家,风水先生……的宝座,就都让给了科学家,我们也不必整年的见神见鬼了。

十月二十三日。

情感体验

鲁迅的杂文一般不平实直白地解释论点和论据之间相契相合的关系,而是在随意漫说中"草蛇灰线",让人在事实与事实、议论与议论、事实与议论的相互关系中受到启发,自己得出结论。鲁迅的杂文虽是对民众之劣的东西的论析和揭露,但今天读来并没有时过境迁的感觉,相反却给人以长久的启示,让我们深刻地看到当时反动势力的丑恶嘴脸,以及形形色色的社会人物。

《草鞋脚》

在中国,小说是向来不算文学的。在轻视的眼光下,自从十八世纪末的《红楼梦》以后,实在也没有产生什么较伟大的作品。小说家的侵入文坛,仅是开始"文学革命"运动,即一九一七年以来的事。自然,一方面是由于社会的要求的,一方面则是受了西洋文学的影响。

但这新的小说的生存,却总在不断的战斗中。最初,文学革命者的要求是人性的解放,他们以为只要扫荡了旧的成法,剩下来的便是原来的人,好的社会了,于是就遇到保守家们的迫压和陷害。大约十年之后,阶级意识觉醒了起来,前进的作家,就都成了革命文学者,而迫害也更加厉害,禁止出版,烧掉书籍,杀戮作家,有许多青年,竟至于在黑暗中,将生命殉了他的工作了。

这一本书,便是十五年来的,"文学革命"以后的短篇小说的选集。因为在我们还算是新的尝试,自然不免幼稚,但恐怕也可以看见它恰如压在大石下面的植物一般,虽然并不繁荣,它却在曲曲折折地生长。

至今为止,西洋人讲中国的著作,大约比中国人民讲自己的还要多。不过这些总不免只是西洋人的看法,中国有一句古谚,说:"肺腑而能语,医师面如土。"我想,假使肺腑真能说话,怕也未必一定完全可靠的罢,然而,也一定能有医师所诊察不到,出乎意外,而其实是十分真实的地方。

鲁迅短篇小说选

《呐喊之阿Q正传》

在江南水乡的未庄，土谷祠里住着一个人。他没有固定的职业，只给人家做短工：割麦便割麦，舂米便舂米，撑船便撑船。他到底姓什么，不仅未庄人不清楚，就连他自己也茫然。只是在他活着的时候，人们叫他阿Q。为了称呼上的便利，作者也称他为阿Q。有一回，阿Q说他似乎是姓赵，和赵太爷原是本家，细细地排起来，比起赵太爷的儿子赵秀才还长三辈。

哪知道，第二天地保便叫阿Q到赵太爷家里去。赵太爷一见他，大声喝道："阿Q，你这个浑小子！你说我是你的本家么？"阿Q不开口。赵太爷跳了过去，给了他一个嘴巴："你怎么能会姓赵！——你哪里配姓赵！"阿Q没有抗辩，只用手摸着左颊，和地保退了出去。此后，便再也没有人提起他的氏族来。未庄人对于阿Q，只要他帮忙，只拿他开个玩笑，从来没有留心他的"行状"。

阿Q既自尊又自负。所有未庄的居民全不在他眼里，和别人口角时，间或瞪着眼睛说："我们先前——比你阔得多啦！你算是什么东西！"就是对有钱有势的赵太爷、钱太爷并不表现出格外的崇奉，他想，我的儿子会阔得多呢。他鄙薄城里人：用三尺长三寸宽

作品简介

《呐喊》是鲁迅的第一本短篇小说集，1923年8月由北京新潮社出版，收14篇小说（《狂人日记》《孔乙己》《药》《明天》《一件小事》《风波》《故乡》《阿Q正传》《端午节》《白光》《兔和猫》《鸭的喜剧》《社戏》）。

《呐喊》中的作品，大都写于五四运动的高潮时期，要为新文化运动助阵振威，为此取名《呐喊》，意指作者受新文化运动的鼓舞，"有时候仍不免呐喊几声，聊以慰藉那在寂寞里奔驰的猛士，使他不惮于前驱。"集子中的作品明显地保留着作者于五四高潮时期，在结束了一段时间的沉默之后，奋起呼喊的特色。

《呐喊》在继承中国古典小说优秀传统的基础上，吸收外国文学的表现方法，融会贯通，创造了具有崭新民族风格的现代小说。此外，鲁迅在塑造艺术形象时，采用"杂取种种人，合成一个"的方法，笔下的人物形象都有巨大的概括性，同时深刻地表现了"我们国人的灵魂"。

的木板做成的凳子，未庄人叫长凳，城里人却叫条凳，这是错的，可笑；油煎大头鱼，未庄都加上半寸长的葱叶，城里却加切细的葱丝，这也是错的，可笑。

在阿Q看来，自己几乎是一个完人，可惜他身体上还有一些弱点。在他头皮上，颇有几处不知起于何时的癞疮疤。为此，他忌讳别人说"癞"，说"光"，说"亮"。一犯讳，不问有心与无心，估量了对手，口讷的他便骂，气力小的他便打。然而不知怎么一回事，总还是阿Q吃亏的时候多。于是，当未庄的闲人以此玩笑

他时，阿Q没有办法，只得想出另外报复的话来："你还不配……"说这话时，似乎他觉得自己头上长的是一种高尚而又光荣的癞头疮。

阿Q和闲人打架时总是失败，当闲人心满意足得胜走了的时候，阿Q呆站片刻，心里总会涌出这样的念头：我总算被儿子打了，现在的世界真不像样……于是心满意足得胜似地走了。

阿Q喜欢赌博，但总是输，很少赢。有一回，他真的赢了，铜钱变成角洋，角洋变成大洋，大洋又成了叠。正当他兴高采烈的时候，不知谁和谁打起架来，随之赌摊不见了，属于自己的那堆洋钱也不见了。这一回他真的感到失败的痛苦。他若有所失地走进土谷祠，擎起右手，狠狠地在自己脸上连打了两个嘴巴，打完之后，便心平气和起来，似乎打人的是自己，被打的是另一个人，不久便心满意足地躺下睡着了。

阿Q承蒙赵太爷打他嘴巴之后出了名，并得意了许多年。可在

形象感受

阿Q，他是小说集《呐喊》中代表性文章之中一个主要人物形象，他的性格极其复杂，充满矛盾。他质朴而又愚蠢，受尽剥削欺凌而又不敢正视现实，妄自尊大；对权势者有着本能的不满，表现出某种自发的朦胧的革命意识，而又受到封建传统观念和正统思想的严重影响。但作为他的主要性格特征的是他的"精神胜利法"（通称"阿Q精神"），即在接连不断的失败中随时幻想自己是胜利者，用以自宽自解，自欺欺人。从他的身上可以看到一个令人"哀其不幸，怒其不争"的过目难忘的形象，这是辛亥革命前后不觉悟、被压迫农民的缩影。

有一年的一天,他接连受到了两个屈辱:一是被他看不上眼的王胡扭住辫子在墙上碰了响头,接着又被假洋鬼子手中的"哭丧棒"(手杖)打了一顿。恰在这里,对面来了静修庵的小尼姑,于是他把愤怒转移到了小尼姑身上。"我不知道我今天为什么这样晦气,原来就是因为见了你"——他想,接着他迎上前去,向小尼姑挑衅,连拧带摸地调戏她。"你这断子绝孙的阿Q!"——小尼姑带着哭声骂着。

拧了小尼姑以后,阿Q觉得自己大拇指和第二个拇指有点古怪,仿佛比平常滑腻些……"断子绝孙的阿Q!"的骂声使他想到:不错,应该有一个女人,断子绝孙便没有人供一碗饭。这一天,阿Q在赵太爷家里舂了一天米,吃过晚饭,便坐在厨房里吸旱烟。吴妈——赵太爷家里唯一的女仆,洗完了碗碟后在长凳下坐下和阿Q聊天。

吴妈告诉阿Q:太太两天没有吃饭了,因为老爷要买个小的……;少奶奶八月里要生孩子了。阿Q心里一直想着:女人……女人……吴妈……这小孤孀。吴妈还在唠叨,阿Q放下烟管,站了起来,忽然抢上前去,对着吴妈跪下说:"我和你困觉!我和你困觉!"吴妈被吓得连哭带叫地往外跑。为此,阿Q遭了赵秀才一顿大竹杠,罚了款,被赶出了赵家的门。从此以后,未庄再也没有人请阿Q干活了。

之后,阿Q找不到活干,肚子饿得委实有点"妈妈的"。他留心打听,才知道未庄人有事都去找小D。这小D是一个穷小子,又瘦又乏,在阿Q的眼里,他的位置是在王胡之下的,谁料这小子竟夺去了他的饭碗。一气之下,便找小D算账。要在平时,

探究性阅读

《呐喊》以烈火一般的战斗激情,对封建制度和封建礼教进行严厉的批判和抨击。集于题名"呐喊",意在为先驱者呐喊助威,使他们不悼于前行。《狂人日记》以及《孔乙己》《白光》等篇,把矛头对准封建礼教和科举制度,并深刻地揭露了封建制度"吃人"的本质。《故乡》《阿Q正传》等展示了一幅辛亥革命前后农村破产、凋敝的真实图景,深刻地反映了辛亥革命时期社会各阶级之间的复杂关系等。总的来说,作者是用一个个场景,一个个鲜明的人物形象,深刻地揭示了思想革命的重要性和艰巨性,同时也深刻地表现了"我们国人的灵魂"。

小D也不是阿Q的对手,可是阿Q近来挨了饿,又瘦又乏的小D与他便成了势均力敌,他们表演了一场精彩的"龙虎斗"。这以后,仍然没有人来叫阿Q做短工。

为了生计,他打定了进城的主意。在未庄再看见阿Q的时候,是刚过了这年的中秋。阿Q走近酒店的柜台前,从腰间掏出满把银的和铜的,往柜台上一扔说:"现钱!打酒来!"他身穿新夹袄,看去腰间还挂着大褡裢,沉甸甸的将裤带拽成了很弯、很弯的一条弧线。对于发了财的阿Q人们自然另眼相看。然而不久,人们打听出阿Q进城发迹是在城里做了小偷,而且不过也是一个小角色,不但不能上墙,并且不能进洞,只站在墙外接东西。于是人们对他又"敬而远之"了。

宣统三年九月十四日,平静的未庄掀起了轩然大波:城里的举人老爷连夜开来一只大船,把许多财物送到了赵太爷家里。茶坊酒肆里说革命党便是造反,造反便是与他为难,所以一向是"深恶而痛绝之"的,现在看到城里的举人老爷也这样害怕革命,未庄的男女十分慌张,于是对革命便有点神往了。"革命也好罢,"阿Q想,"革这伙妈妈的命,太可恶!太可恨!……便是我,也要投降革命党了。"

阿Q禁不住大声嚷道:"造反了!造反了!"未庄人都用惊惧的眼光看着他,就连十分威风的赵太爷也对他恭敬起来,叫他"老Q"。他的心像六月里喝了雪水一样舒服,飘飘然地在未庄飞了一通。回到土谷祠,独自躺在自己的小屋里,心里说不出的新鲜和高兴,并且做起了"革命梦":杀仇人,先杀小D和赵太爷,还有赵秀才和假洋鬼子……最后杀王胡;拿东西、元宝、洋钱、洋纱衫,秀才娘子的宁式床……要什么就有什么;选女人,赵司晨的妹子太丑,邹七嫂的女儿太小,假洋鬼子的老婆会和没有辫子的男人睡觉,不是好东西,赵

名句精华

我在朦胧中,眼前展开一片海边碧绿的沙地来,上面深蓝的天空中挂着一轮金黄的圆月。我想:希望本是无所谓有,无所谓无的。这正如地上的路;其实地上本没有路,走的人多了,也便成了路。
——《故乡》

空中青碧到如一片海,略有些浮云,仿佛有谁将粉笔在笔洗里似的摇曳。月亮对着陈士成注下寒冷的光波来,当初也不过像是一面新磨的铁镜罢了,而这镜诡秘的照透了陈士成的全身,就在他的身上映出铁的月亮的影。
——《白光》

秋天的后半夜,月亮下去了,太阳还没有出,只剩下一片乌蓝的天;除了夜游的东西,什么都睡着。华老栓忽然坐起身,擦着火柴,点上遍身油腻的灯盏,茶馆的两间屋子里,便弥满了青白的光。
——《药》

秀才老婆眼泡上有一个疤，吴妈好久不见了，可惜脚太大。阿Q还没想得十分停当，便已发出了隆隆的鼾声。第二天，他起得很迟，走出街上看时，样样都照旧。阿Q仍然感到肚饿。

未庄的人心逐渐安宁了。据传来的消息，革命党虽然进了城，倒没有什么大异样。知县大老爷还是原官，举人老爷也做了什么官，带兵的还是先前的老把总，最大的变化是城里的人剪了辫子。消息传到未庄，未庄将辫子盘在头上的人也多起来，阿Q也是其中的一个。阿Q投降了革命，盘了辫子，仍然受到冷落，可赵秀才和假洋鬼子因为在胸前挂起了"柿油党"的银桃子而神气了起来。阿Q认识到自己要结识革命党，于是跑去找假洋鬼子，要求参加革命。可是，假洋鬼子却扬起"哭丧棒"将他赶了出来，不准他革命。

这时阿Q心里涌起了忧愁，他再也没有别的路，他所有的抱负、志向、希望、前程，都被一笔勾消了。阿Q越想越气，终于忍不住满心痛恨起来，狠狠地点一点头说道："不准我造反，只准你造反？妈妈的假洋鬼子，——好，你造反！造反是杀头的罪名呵，我总要告一状，看你抓进县里去杀头，——满门抄斩，——嚓！嚓！"

过了几天，因为赵太爷家遭了抢，阿Q被作为替罪羊抓进城里关进了大牢。在大堂上他糊里糊涂地在准备好的状子上签了押，画了圆圈，把他当作抢贼的一伙判了死刑。

第二天上午，阿Q被抬上了一辆没有篷的车，这时他突然感觉到这不是去杀头么？他一急，两眼发黑，耳朵里嗡的一声，似乎发昏。然而他没有全发昏，有时虽然着急，有时却也泰然；他似乎觉得人生天地之间，大约本来有时也未免有杀头的。于是，他又得意地喊道"过了二十年又是一个……""好！"看热闹的人丛中发出豺狼嗥叫般的喝彩声。临死前，阿Q最遗憾的有两件事：一是画押时，圆圈画得不圆；二是游街时，没有唱出几句戏来。

阿Q死后，未庄的舆论都说阿Q坏，被枪毙便是他坏的证据。而城里的舆论却不然，他们多半不满足，以为枪毙没有杀头好看；而且游了那么久的街，竟然没有唱一句戏，使大家白跟了一趟。

情感体验

在《呐喊》一书中，作者用幽默而又带有讽刺意味的语言，愤怒而又带有鼓励的语气，激励着当时半梦半醒的中国人，用带有指责和批评的语言，说明当时社会的黑暗，同时，也使读者体会到了作者急切地希望沉睡中的巨龙——中国，早日苏醒，重振我中华雄威！作品的出现显示了新文化时期"文学革命"的实际，同时又激动了读者的心。

语文常谈

（一）语言和文字

作者首先指出了：只有人类才有真正的语言，并举了一个小学里读书的例子，进而证明了人类语言的特点就在于能用变化无穷的语音，表达变化无穷的意义。这是任何其他动物办不到的。人类语言采用声音作为手段，而不采用手势或图画，也不是偶然。也正是由于采用了嘴里的声音作为手段，人类语言才得到前程万里的发展。

自从有了人类，就有了语言。世界上还没有发现过任何一个民族或者部落是没有语言的。至于文字，那就不同了。文字（书写符号）和字音不可分割，因而文字（书面语）和语言（口语）也就不可能不相符合。但是事实上文字和语言只是基本上一致，不是完全一致。这是因为文字和语言的使用情况不同。说话是随想随说，甚至是不假思索，脱口而出；写东西的时候可以从容点儿，琢磨琢磨。

在人们的生活中，语言和文字可以说都有很大的用处，各有各的使用范围。语言文字应该两条腿走路。面对面的时候，当然说话最方便；除非方言不通，才不得不"笔谈"。如果对方不在面前，就非写信不可；如果要把话说给广大地区的人听，甚至说给未来的人听，这就必须写成文章。可见，人们不得不学会说话，也不得不学会写文章，为此，作者吕叔湘认为，在语言文字问题上，不得不用两条腿走路。

作者及作品简介

《语文常谈》的作者是吕叔湘，江苏丹阳人，当代著名语言学家，曾任中国社会科学院语言研究所所长。长期从事汉语语法研究，创论颇丰，在语言文字应用和语文知识普及方面也做了很多工作。

《语文常谈》是一部讨论汉语常识问题的文集，从8个方面来进行论述：(1) 讲述有关语言、文字的知识及其二者之间的辩证关系。(2) 从声、韵、调方面讲述语音、音韵。(3) 从形、音、义方面讲述异体字、同音字、多义字。(4) 从字、词、句方面谈语句结构的问题。(5) 从意内言外角度谈语义问题。(6) 从古今言殊方面谈语音、语义、语法的变化。(7) 四方谈异，介绍中国的各大方言及推广普通话问题。(8) 文字改革，就汉字改革的历程及趋势进行简要论述。

作品采用聊家常式的口吻与语言，叙述精要，深入浅出，通俗易懂，生动幽默，澄清了很多错误观点和认识，对提高语文水平甚有帮助。

探究性阅读

《语文常谈》是一部讨论汉语常识问题的文集，共分为8章。从"只有人类有真正的语言"谈到"绕口令"，从"形、音、义的纠葛"讲到"从文言到白话"，最后还谈汉字拼音、简化和文字改革，且重心在于文字改革与汉语拼音方案，作者认为它是解决以上种种问题的答案。作品是以聊家常式的语言和口吻，叙述精要，深入浅出，以及与读者交谈汉语中的常见现象，解剖存在的问题，并提出建设性看法，又以生动有趣的例子来说明，对提高语文水平甚有帮助。同时，也使我们深入地了解了汉语中最常见的一些现象和问题。

（二）声、韵、调

"声、韵、调"是了解汉语字音的基本概念。汉语里每个字的音，按传统的说法是由"声"和"韵"这两部分构成的。事实上，只有"声"是比较单纯，可以不再分析；"韵"却相当复杂，还可以进一步分析。首先应该提出来的是"声调"，就是字音的高低升降，古时候的"平、上、去、入"，如今在普通话里已经变成了"阴平（第一声）、阳平（第二声）、上声（第三声）、去声（第四声）"。把声调除开之后，"韵"还可以分成"韵头、韵腹、韵尾"三部分。换个说法，汉语里一个字是一个音节（只有极少数例外，如"瓩"念"千瓦"，"浬"念"海里"），一个音节包含声调、声母、韵头、韵腹、韵尾五个成分。这里面只有声调和韵腹是必不可少的，声母、韵头、韵尾不是必要的，有些音节里缺少这个，有些音节里缺少那个，有些音节里是全都没有的。接着作者举了一些典型的例子，进而阐述了声、韵、调在文学上的应用。

（三）形、音、义

作者首先指出了形、音、义的纠葛是很多的。异体字是汉字历史发展的产物，古书上的异体字也不可能一概取消。可是作为现代文字工具，异体字实在是有百弊而无一利，应当彻底整理一下。单纯的异体字好处理，部分异体字处理起来可得费点心思。异读字的情况比异体字复杂得多，进而在文字的学习上增加不小的困难，为此，作者认为异读字要尽量地减少。

此外，现代汉语里同音字也特别多。普通话里有字的音节大约1200多个，一般字典、词典收字大约8000—10000个，平均一个音节担负七八个字。当然不可能"平均"，有许多音节只有一个字，有不少音节有十五六个字，《新华字

典》（1962年版）里 zhì 这个音节有 38 个字，外加 9 个异体。同音字多了，是否会在语言里产生混乱呢？事实上，这种可能性极小。因为字总是组织在词句里的，这个音在这里联系什么意义，一般没问题。

（四）字、词、句

作者在这里谈的是语句的结构问题。他指出语言必须先有大大小小的一些单位，没有不同的单位就谈不上什么结构。最常讲到的语言单位有词、短语、句子等等。这些是语法学家们用的名目，一般人脑子里大概只有"字"和"句"。

在古时候，"字"这个字除了别的意义之外，还用在语文方面，主要指文字的形体。后来，逐渐由一定的音和一定的义结合在一起而组成了字，这也正所谓一个语言单位。可是要讲语文问题，就需要分别定个名称。专门指形体的时候，最好管它叫"汉字"；专门指声音的时候，最好管它叫"音节"；专门指音义结合体的时候，最好管它叫"语素"；汉字、音节、语素形成三位一体的"字"。说到句子，当然就得从语言出发了，一个人一次说的话是一个交际单位，因此不管多短，都得算一个句子。而句子的长短也不会相差太远。而词在古代指的是虚字的意思。作者在这里指出了"词"的两面性，它既是语法结构的单位，又是组成语法的单位，这两方面不是永远一致，而是有时候要闹矛盾的。最后，作者指出了汉语中语法的一些特点。

名句精华

很多从前非用文字不可的场合，现在都能用语言来代替，省钱，省事，更重要的是快，比文字不知快多少倍。语言文字两条腿走路的道理应该更受到重视了。
——《语文常谈》

使用语文是一种技能，跟游泳打乒乓球没有什么本质上的不同，不过语文活动的生理机制比游泳打乒乓球更加复杂罢了。任何技能都必须具备以下特点：一是正确，二是熟练。要正确必须善于模仿，要熟练必须反复实践。
——《语文常谈》

讲西方语言的语法，词和句子是主要的单位，语素、短语、小句是次要的。（这是就传统语法说，结构主义语法里边语素的地位比词重要）讲汉语的语法，由于历史的原因，语素和短语的重要性不亚于词，小句的重要性不亚于句子。
——《语文常谈》

要明白一种语文的文法，只有应用比较的方法。
——《语文常谈》

事物的发展大都决定于客观的形势。我们现在不能满足于"蓝青官话"。而要求有明确标准的"普通话"，不能再满足于这种普通话只在某一阶层的人中间通行，而要求它在全民中间逐渐推广，这都是由我们的时代和我们社会的性质决定的。
——《语文常谈》

（五）意内言外

作者认为字义是约定俗成的。随着语言的不断发展，字义和词义也辗转相生。我们日常用到的字或词十之八九都是多义的。说到意义，究竟什么是意义呢？作者通过一些简单的例子阐述一下"意义"这个词，并且指出并不是离开语言就没有"意义"。

总之，在人们的语言活动中出现的意义是很复杂的。有语言本身的意义，有环境给予语言的意义；在语言本身的意义之中，有字句显示的意义，有字句暗示的意义；在字句显示的意义之中，既有单字、单词的意义，也有语法结构的意义。

（六）古今言殊

世界上万事万物都永远在那儿运动、变化、发展，作者认为语言也是在变的，其变化涉及到了语音、语法、语汇三方面。语汇联系人们的生活最为紧密，因而变化也最快，最显著，而语音因为汉字不是以标音为主，单看文字是看不出古今的变化。其实古今的差别还是很大的，如旧诗都是押韵的，可是现在有许多诗念起来就不像以前那么押韵了。

随着语言的变化，文字自然也得跟着变化，可是事实上文字的变化总是落后于语言，而且二者的距离常常有越拉越大的倾向。作者认为主要有两个原因，也正是由于这两个原因，历史上曾经多次出现过脱离口语的书面语，像欧洲中世纪的拉丁文等都是显著的例子。

而在中国，除了上面提到的两个原因，汉字也起着推波助澜的作用。汉语演变的主要趋势是语词多音化，而汉字不表音，便于用一个字来代表一个复音词，比如嘴里说"眉毛和头发"，笔底下写"眉发"，既省事，又"古雅"，一举两得。况且口语里有些字究竟该怎么写，也煞费踌躇，虽然历代不断出现新造的字，到现在仍然有许多口语里的字写不出来或者没有一定的写法。同时，汉字的难学使中国读书识字的人数经常维持在很小的比率，而既读书识字则了解传统的文字又比用拼音文字的民族容易，社会上对于语体文字的需要就不那么迫切，因而造成长期使用所谓"文言"的局面。但是在文言中不免有点简单化，使得口语不断

冲击书面语，进而文言的面貌发生了变化，同时，白话也就在那里慢慢地生长着，成熟着。

（七）四方谈异

大家都知道汉语的方言很多，可究竟有多少呢？很难用一句话来回答。作者认为汉语有八种方言：北方话（从前叫做"官话"）、吴语、湘语、赣语、粤语、客家话、闽南话、闽北话。方言与方言之间的差别最引人注意的是语音，划分方言也是主要依据语音。作者以苏州话和普通话为例，证实了凡是语音的差别比较大的，语汇的差别也比较大。

接着作者在阐述方言与方言之间的界限时，指出了我们要推广普通话，另外，还通过一些典型的例子，归纳了方言区的人怎样学习以及学好普通话的方法。

（八）文字改革

语言是一种工具，文字代表语言，当然更是一种工具。有时候一种文字，由于这种或那种原因，不能很好地代表语言，于是文字有了改革的需要，在世界文字史上是屡见不鲜的事情。在历史上，汉字改革问题一直是汉语文改革问题的一个重要部分。早在宋朝，就有人主张文字改革。到了清朝末年，中国人接触外国事物更多了，于是兴起了一种切音字运动，这只不过是提出一个方案，做了一些宣传，这主要是因为受当时政治形势的限制。直到现在，半个多世纪过去了，这期间的变化可大了。白话文已经取得全面的胜利，普通话的使用范围已经大大地扩大了，汉语拼音方案的公布也已经给拼音文字打下了可靠的基础，虽然直到目前为止，它的主要任务还是给汉字注音。

接着作者指出了拼音汉字的优点大于其缺点。最后，作者在谈简化汉字时，指出简化字只能是一种治标的办法。不管怎样简化，仍然改变不了汉字的本质，还是以字为单位，字数以千计，无固定的次序，不能承担现代化文字工具的重任。显然，作者认为要真正解决问题还是得搞拼音汉字。

谈美书简

《谈美书简》

《谈美书简》是一部系统的美学著作，书中的13封信对怎样学习美学、马克思主义美学体系，以及美感、典型、形象思维、创作方法等等美学范畴，作了生动而详细的阐释。

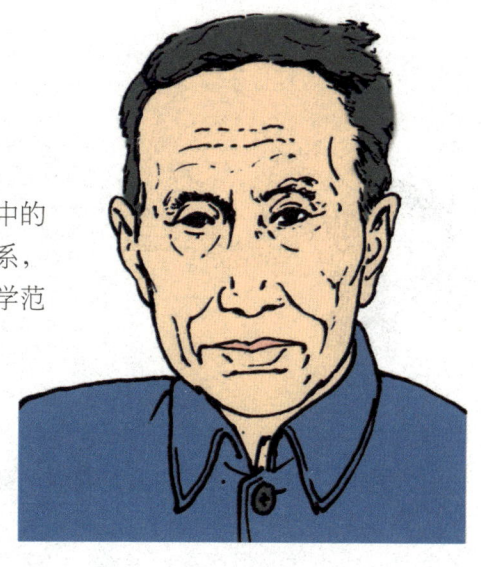

第一封《代前言：怎样学习美学？》

朱光潜首先谈了写作《谈美书简》的动意，在回答"怎样学习美学"这一问题时，说他感触最深的是治学的学风。针对美学是个旁涉很多领域的边缘学科，以及国内"资料太少"这一特殊性，朱光潜指出："研究美学的人如果不学一点文学、艺术、心理学、历史和哲学，那会是一个更大的欠缺"；要"学通一二种外语"，直接阅读外文书籍；尤其应下大力气去攻读马克思主义理论。

第二封《从现实生活出发还是抽象概念出发？》

1956年，全国开展了美学大讨论，在这场大讨论中，朱光潜承认自己过去"站的是唯心主义立场"，"用的是唯心主义的形而上学的逻辑方法"，信奉的是柏拉图、康德、黑格尔、克罗齐等人的"主观唯心主义"的美学思想。到20世纪80年代，朱光潜尽管还坚持"美是主观与客观的统一"这一总命题，但他讨厌对美下定义，认为这是从抽象的概念出发而不是从现实出发去研究美学问题，他提倡"从现实出发去研究美学问

作者及作品简介

《谈美书简》的作者是朱光潜，安徽桐城人。朱光潜先生是我国现代著名的美学家、文艺理论家和教育家，学界亲切地称他为"美学一代宗师"和"美学老人"。

《谈美书简》是朱先生82岁高龄的暮年之作，初版于1980年。这是一本小书，总共只有七八万字，由13封书信结集而成，文字通俗晓畅，生动风趣，读来亲切自然，发人深省。本书既是对自己美学生涯和美学思想的回顾和整理，也是对青年们有关美学方面问题的一个回复。书中就青年们普遍关心的美和美感、美的规律、美的范畴等一系列美学问题进行了深入探讨。同时也对文学的审美特征，文学的创作规律及特点作了详尽的阐释。

书信体作为《谈美书简》的体裁和结构，具有其他体裁和结构方式所无法比拟的优势。另外还用形象、朴实、精确的语言解释抽象、深奥的美学概念、范畴、原理。这在朱光潜青年时期写的《谈美》一书中已经得以体现，而80年代的这本书又继承了过去的传统，以最通俗的语言生动形象地解说艰深的美学范畴与原理。

题"，提倡"正确辨认生活与艺术中的一切丑现象"，认为"自然丑也可以转化为艺术美"，"艺术家有描写丑恶的权利"。

第三封《谈人》

朱光潜提出作为审美主体的人是"一个整体"。审美活动和整个人的其他许多功能如"思考力、情感和追求上进的意志"是有内在的联系的。强调反"人的感性活动""当作实践去理解"；把人的活动本身理解为"客体的活动"，进而提出"艺术作品必须向人这个整体说话"这一命题。

第四封《关于马克思主义与美学一些误解》

在此，朱光潜重申他对马克思主义的信仰，郑重提出"我们提倡'解放思想'，但不能从马克思主义思想中'解放'出来"。针对"马克思主义创始人并没有写过一部美学或文艺理论的专著，说不上有一个完整的美学体系"等"一些误解"，朱光潜说，构成马克思主义美学的这个完整体系"是长期发展而且散见于一系列著作中的。"

第五封《艺术是一种生产劳动》

朱光潜认定"艺术是一种生产劳动，是精神方面的生产劳动，其实精神生产与物质生产是一致的，而且是互相储存的"。生产劳动是社会性的人凭他的本质力量对自然进行加工改造。这是一个双向过程。在这个过程中，一方面，自然经过人的改造而日益丰富化，成了"人化自然"；另一方面，人发挥了他的本质力量，使其在改造自然中"对象化"了，因而也肯定了自己，使自己的本质力量日益加强和提高了。人类历史就这样日益发展下去，以至于达到"人的彻底的自然主义和自然的彻底人道主义"的辩证统一。

第六封《冲破文艺创作和审美学中的一些禁区》

长期以来，文艺创作和美学中的禁区是"人性论"、"人道主义"、"人情味"和"共同美感"。在朱光潜看来，人性是普遍存在的，是人作为人的自然本性，"人性和阶级性的关系是共性与特殊性或全部与部分的关系。部分并不能代表或取消全

体,肯定阶级性并不是否定人性"。"人道主义"总的核心思想"就是尊重人的尊严","把人放在高于一切的地位,因为人虽是一种动物,却具有一般动物所没有的自觉心和精神生活。人道主义可以说是人的本位主义。""在文艺作品中人情味就是人民所喜闻乐见的东西","最富于人情味的母题莫过于爱情"。在阐释"共同美感"时,朱光潜援引了马克思"艺术起源于劳动"的论述,指出"劳动是人类的共同职能",它所产生的美感也就是"人类的共同美感"。

第七封《从生理学观点谈美和美德》

　　作者在这封信中主要从生理学与心理学角度分析了节奏感、移情作用和内模仿等问题,而这些问题又是值得重视的、需要重新加以评价和研究的。作者认为节奏是音乐、舞蹈和歌唱这些最原始也最普遍的三位一体的艺术所共同具有的一个要素。节奏不仅见于艺术作品,也见于人的生理活动。人体中呼吸、循环、运动等器官本身的自然而又有规律的起伏流转就是节奏。如果审美对象所表现的节奏符合人体的生理自然节奏,人就感到和谐愉快,否则就感到"拗"或"失调",就不愉快。所谓移情就是指人在聚精会神中关照一个对象(自然或艺术作品)时,由于物我两忘进而达到物我同一,把人的生命和情趣"外射"或转移到对象上去,使本无生命和情趣的外物仿佛具有人的生命活动,使本来只有物理的东西也显得有人情。

第八封《形象思维与文艺的思想性》

　　朱光潜认为,为弄清形象思维问题,首先需要界定一下"什么叫思维?""思维就是开动脑筋来掌握和解决面临的客观现实生活中的问题"。"思维本身既是一种实践活动,又是一种认识活动。"思维分为两步,"第一步是掌握具体事物的形象,如色、声、嗅、味、触之类感官所接触到的形式和运动都在头脑里产生一种印象,这是原始

探究性阅读

　　《谈美书简》主要是为了满足初学美学青年的需要而写作的,系统明了地介绍了初步的美学知识,但朱光潜先生在其中却表达了自己一生的治学心得——真可谓是作者"暮年心血的经营",书中有严肃的学术思考,作者又以一贯的亲切的行文风格娓娓道来,使人在轻松中接受美学的熏陶。我们要细腻地去领会作者的深层思想,他主张的是人们要积极地投入现实生活,而不能逃避人生,同时,还要以一种审美的心态去面对现实生活,这样才能给现实人生增添美好的色彩。他的人生艺术化的主张是积极入世且审美化的。

名句精华

艺术必须根据自然，但艺术并不等于自然美，而自然丑也可以转化为艺术美，这就说明艺术家有描写丑恶的权利。

节奏主要见于声音，但也不限于声音，形体长短大小粗细相错综，也可以见出规律和节奏。

人是一个整体，一个多方面的内在联系着的各种能力的统一体。艺术作品必须向人这个整体说话，必须适应人的这种丰富的统一体，这种单一的杂多。

艺术家把应表现的思想和情趣表现在音调和节奏里，听众就从这音调节奏中体验或感染到那种思想和情趣，从而引起同情共鸣。

的感性认识"，叫做感觉、印象、观念或表象。第二步是在此基础上的深化，可以经由两种途径或方式，这就是形象思维与抽象思维。形象思维与抽象思维的目的都在于获得对事物的更进一步的认识。"把从感性认识所得来的各种印象加以整理和安排，来达到一定的目的，这就叫形象思维。""把许多感性形象加以分析和综合，求出每类事物的概念、原理或规律，这是从感性认识飞跃到理性认识，这种思维就是抽象思维或逻辑思维"。形象思维和抽象思维（或逻辑思维）的不同之处，在于形象思维始终停留在感性认识阶段，没有从感性认识到理性认识的飞跃。

第九封《文学作为语言艺术的独特地位》

文学是以语言为媒介，而语言中的文字却只是代表观念的一种符号，本身并无意义。语言这种媒介不是感性的而是观念性的，也就是说，语言要通过符号（字音和字形）间接引起事物的观念。文学作为语言艺术在艺术门类中占有独特的地位。"文学实际上就是语言学"。

第十封《浪漫主义和现实主义》

朱光潜反对把"浪漫主义"或"现实主义"这样的本来是特定历史阶段的称呼硬套到其他时代与民族的文艺创作上去，而主张从"浪漫主义的"或"现实主义的"这样的创作方法的角度，对各时代和民族的文艺做出分析。与此同时，朱光潜认为不能把浪漫主义与现实主义的区分绝对化。"浪漫主义侧重从主观内心世界出发,情感和幻想较占优势";"现实主义从客观现实出发,抓住其中本质特征,加以典型化"。这两种创作方法虽然是客观存在,却不宜过分渲染,像旗帜那样鲜明对立。要"从主客观统一的观点来看待这个问题。"在伟大的艺术家们身上,现实主义和浪漫主义时常好像是结合在一起的。

第十一封《典型环境中的典型人物》

"环境"指"行动发生的具体场合,即客观现实世界,包括社会类型、民族特色、阶级力量对比、文化传统和时代精神,总之,就是历史发展的现状和趋势"。典型环境起着决定典型人物性格的作用。"人格的伟大和刚强只有借矛盾对立的伟大和刚强的程度才能衡量出来。""典型环境中的典型人物",这是马克思、恩格斯的典型观中的一个基本原则。恩格斯把"真实地再现典型环境中的典型人物"看作现实主义的主要因素。

第十二封《审美范畴中的悲剧性和喜剧性》

悲剧与喜剧是两种不同的艺术体裁,具有两种不同的审美特性。悲剧与喜剧很难截然划分,从根本上说,是因为现实世界的矛盾本来就很复杂,纵横交错,很难分出悲喜两个类型,同时人们的审美情趣也多种多样,不同的人对同一个戏剧往往产生不同的感受。"世界对爱动情感的人是个悲剧,对爱思考的人是个喜剧。"我们中华民族的喜剧感向来很强,而悲剧感却比较薄弱。其原因之一是我们的"诗的正义感"很强,爱好大团圆的结局,很怕看到亚里斯多德所说的"像我们自己一样的好人因小过错而遭受大的灾祸"。

第十三封《结束语:"还须弦外有余音"》

朱光潜对来信问到关于学外语和美学问题的朋友们提出忠告:"学美学的人入手要做的第一件大事还是学好马列主义";其次,"掌握一种外语到能自由阅读的程度","掌握国际最新资料";第三,"要随时注意国内文艺动态","最好学习一门性之所近的艺术:文学、绘画或音乐,避免将来当空头美学家或不懂文艺的文艺理论家"。

论语

学而第一

(1) 子曰:"学而时习之,不亦说乎?有朋自远方来,不亦乐乎?人不知而不愠,不亦君子乎?"

(2) 有子曰:"其为人也孝弟,而好犯上者,鲜矣;不好犯上,而好作乱者,未之有也。君子务本,本立而道生。孝弟也者,其为仁之本与!"

(3) 子曰:"巧言令色,鲜矣仁!"

(4) 曾子曰:"吾日三省吾身:为人谋而不忠乎?与朋友交而不信乎?传不习乎?"

(5) 子曰:"道千乘之国,敬事而信,节用而爱人,使民以时。"

(6) 子曰:"弟子,入则孝,出则弟,谨而信,泛爱众,而亲仁。行有余力,则以学文。"

(7) 子夏曰:"贤贤易色;事父母,能竭其力;事君,能致其身;与朋友交,言而有信。虽曰未学,吾必谓之学矣。"

(8) 子曰:"君子不重,则不威;学则不固。主忠信。无友不如己者。过,则勿惮改。"

作者及作品简介

孔子姓孔,名丘,字仲尼,春秋后期鲁国(今山东曲阜东南)人,是中国古代最有影响的思想家和教育家,儒家的创始人。《论语》是孔子及其弟子所著,它是儒家的经典之一。宋时,理学家朱熹把《论语》《孟子》《大学》《中庸》合在一起,称为四书。

《论语》是语录体散文,是我国散文最初的一种形态。多以三言两语为章,言简意赅,发人深省,许多已成为至理名言。由于先秦时代的文学观念还远远没有成熟,当时的文学作品往往不那么纯正,通常与史学、哲学等紧密结合在一起,《论语》也是如此。它不是纯粹的文学创作,但在记述孔子讲学论道的言论时,在记述孔子与弟子们的对话时,在记述孔子日常的交游活动时,往往能将孔子及其弟子和其他一些人的语、默、动、静等各种情态,以及人物的举止、口吻、音容等一起描绘出来,从而展现出人物的性格特征与思想风貌。其中,被展现得最充分,被描绘得最丰满,被塑造得最生动的人物形象当然就是孔子。与此同时,孔子弟子及其他人的形象也得到相应的刻画。

《论语》里许多精彩的语言经过长期的凝聚或沿用已成为今天常用的成语,如三思而行、过犹不及、择善而从、见贤思齐、因材施教、当仁不让、色厉内荏、祸起萧墙等等。并且,比起《尚书》来,《论语》语言要显得流畅通达,活泼生动,语气词、叠句、排比、对偶大量运用,感情色彩很浓。

(9) 曾子曰："慎终，追远，民德归厚矣。"

(10) 子禽问于子贡曰："夫子至于是邦也，必闻其政，求之与？抑与之与？"子贡曰："夫子温、良、恭、俭、让以得之。夫子之求之也，其诸异乎人之求之与？"

(11) 子曰："父在，观其志；父没，观其行；三年无改于父之道，可谓孝矣。"

(12) 有子曰："礼之用，和为贵。先王之道，斯为美；小大由之。有所不行，知和而和，不以礼节之，亦不可行也。"

(13) 有子曰："信近于义，言可复也。恭近于礼，远耻辱也。因不失其亲，亦可宗也。"

(14) 子曰："君子食无求饱，居无求安，敏于事而慎于言，就有道而正焉，可谓好学也已。"

(15) 子贡曰："贫而无谄，富而无骄，何如？"子曰："可也；未若贫而乐，富而好礼者也。"子贡曰："《诗》云：'如切如磋，如琢如磨'，其斯之谓与？"子曰："赐也，始可与言《诗》已矣，告诸往而知来者。"

(16) 子曰："不患人之不己之，患不知人也。"

里仁第四

(1) 子曰："里仁为美。择不处仁，焉得知？"

(2) 子曰："不仁者，不可以久处约，不可以长处乐。仁者安仁，知者利仁。"

(3) 子曰："唯仁者，能好人，能恶人。"

(4) 子曰："苟志于仁矣，无恶也。"

(5) 子曰："富与贵，是人之所欲也；不以其道得之，

名句精华

子曰："吾十有五而志于学，三十而立，四十而不惑，五十而知天命，六十而耳顺，七十而从心所欲，不逾矩。"
——《为政第二》

宰予昼寝。子曰："朽木不可雕也，粪土之墙不可朽也。于予与何诛？"子曰："始吾于人也，听其言而信其行；今吾于人也，听其言而观其行。于予与改是。"
——《公冶长第五》

子曰："可与共学，未可与适道；可与适道，未可与立；可与立，未可与权。""唐棣之华偏其反而；岂不尔思？室是远而。"子曰："未之思也，未何远之有？"
——《子罕第九》

孔子曰："益者三乐，损者三乐；乐节礼乐，乐道人之善，乐多贤友，益矣。乐骄乐，乐佚游，乐宴乐，损矣。"
——《李氏第十六》

创造性阅读

《论语》蕴涵了孔子丰富而明睿的哲学思想，展示了他谦逊而高尚的品格，以及他质朴亲切的音容笑貌。作品虽然篇幅不大，但作为儒家经典之一，它所表现的人生态度、思想观念，不仅在我国文化思想史上留下了极为广泛和深刻的影响，而且对整个东方文化都有很大影响。由于它属于语录体，在当时是很容易懂的，但是对于今人来说，则要借助注本。在读的过程中，读者应该仔细感受孔门弟子师徒对答、心心相印的场景，了解儒家思想的原汁原味，并与我们的生活相结合，吸取精华。

不处也。贫与贱，是人之所恶也，不以其道得之，不去也。君子去仁，恶乎成名。君子无终食之间违仁，造次必于是，颠沛必于是。"

(6) 子曰："我未见好仁者，恶不仁者。好仁者，无以尚之；恶不仁者，其为仁矣，不使不仁者加乎其身。有能一日用其力于仁矣乎？我未见力不足者。盖有之矣，我未之见也。"

(7) 子曰："人之过也，各于其党。观过，斯知仁矣。"

(8) 子曰："朝闻道，夕死可矣！"

(9) 子曰："士志于道，而耻恶衣恶食者，未足与议也！"

(10) 子曰："君子之于天下也，无适也，无莫也，义之于比。"

(11) 子曰："君子怀德，小人怀土；君子怀刑，小人怀惠。"

(12) 子曰："放于利而行，多怨。"

(13) 子曰："能以礼让为国乎，何有！不能以礼让为国，如礼何！"

(14) 子曰："不患无位，患所以立；不患莫己知，求为可知也。"

(15) 子曰："参乎！吾道一以贯之。"曾子曰："唯。"子出。门人问曰："何谓也？"曾子曰："夫子之道，忠恕而已矣。"

(16) 子曰："君子喻于义，小人喻于利。"

(17) 子曰："见贤思齐焉，见不贤而内自省也。"

(18) 子曰："事父母几谏，见志不从，又敬不违，劳而不怨。"

(19) 子曰："父母在，不远游，游必有方。"

(20) 子曰："三年无改于父之道，可谓孝矣。"

(21) 子曰："父母之年，不可不知也：一则以喜，一则以惧。"

(22) 子曰："古者言之不出，耻躬之不逮也。"

(23) 子曰："以约失之者，鲜矣。"

(24) 子曰："君子欲讷于言，而敏于行。"

(25) 子曰："德不孤，必有邻。"

(26) 子游曰："事君数，斯辱矣；朋友数，斯疏矣。"

述而第七

(1) 子曰："述而不作，信而好古，窃比于我老彭。"

(2) 子曰："默而识之，学而不厌，诲人不倦，何有于我哉？"

(3) 子曰："德之不修，学之不讲，闻义不能徒，不善不能改，是吾忧也。"

(4) 子之燕居，申申如也，夭夭如也。

(5) 子曰："甚矣吾衰也！久矣吾不复梦见周公！"

(6) 子曰："志于道，据于德，依于仁，游于艺。"

(7) 子曰："自行束脩以上，吾未尝无诲焉。"

(8) 子曰："不愤不启，不悱不发。举一隅不以三隅反，则不复也。"

(9) 子食于有丧者之侧，未尝饱也。

(10) 子于是日哭，则不歌。

(11) 子谓颜渊曰："用之则行，舍之则藏，惟我与尔有是夫。"子路曰："子行三军，则谁与？"

子曰："暴虎冯河，死而不悔者，吾不与也。必也临事而惧，好谋而成者也。"

(12) 子曰："富而可求也，虽执鞭之士，吾亦为之。如不可求，从吾所好。"

(13) 子之所慎：齐，战，疾。

(14) 子在齐闻《韶》，三月不知肉味，曰："不图为乐之至于斯也。"

(15) 冉有曰："夫子为卫君乎？"子贡曰："诺！吾将问之。"入，曰："伯夷、叔齐何人也？"

曰："古之贤人也。"曰："怨乎？"曰："求仁而得仁，又何怨？"出，曰："夫子不为也。"

(16) 子曰："饭疏食饮水，曲肱而枕之，乐亦在其中矣。不义而富且贵，于我如浮云。"

(17) 子曰："加我数年，五十以学易，可以无大过矣。"

(18) 子所雅言，《诗》《书》、执礼，

皆雅言也。

（19）叶公问孔子于子路，子路不对。子曰："女奚不曰，其为人也，发愤忘食，乐以忘忧，不知老之将至云尔。"

（20）子曰："我非生而知之者，好古，敏以求之者也。"

（21）子不语：怪、力、乱、神。

（22）子曰："三人行，必有我师焉。择其善者而从之，其不善者而改之。"

（23）子曰："天生德于予，桓魋其如予何？"

（24）子曰："二三子以我为隐乎？吾无隐乎尔。吾无行而不与二三子者，是丘也。"

（25）子以四教：文，行，忠，信。

（26）子曰："圣人，吾不得而见之矣；得见君子者，斯可矣。"子曰："善人，吾不得而见之矣；得见有恒者，斯可矣。亡而为有，虚而为盈，约而为泰，难乎有恒矣。"

（27）子钓而不纲，弋不射宿。

（28）子曰："盖有不知而作之者，我无是也。多闻，择其善者而从之，多见而识之，知之次也。"

（29）互乡难与言，童子见，门人惑。子曰："与其进也，不与其退也，唯何甚？人洁己以进，与其洁也，不保其往也。"

（30）子曰："仁远乎哉？我欲仁，斯仁至矣。"

（31）陈司败问："昭公知礼乎？"孔子曰："知礼。"孔子退，揖巫马期而进之，曰："吾闻君子不党，君子亦党乎？君取于吴，为同姓，谓之吴孟子。君而知礼，孰不知礼？"巫马期以告。子曰："丘也幸，苟有过，人必知之。"

（32）子与人歌而善，必使反之，而后和之。

（33）子曰："文，莫吾犹人也。躬行君子，则吾未之有得。"

（34）子曰："若圣与仁，则吾岂敢？抑为之不厌，诲人不倦，则可谓云尔已矣。"公西华曰："正唯弟子不能学也。"

情感体验

《论语》一书自古有"半部《论语》治天下"一说，是我国古代智慧的精华。在阅读《论语》的时候，我们可以深深地体验到祖先智慧的魅力，以及给予我们的深刻启迪。如作品中的第一则就告诉了我们在学习的过程中，对知识的理解与运用不能停留在浅层次上，只有通过深入思考，才能真正灵活运用。诸如此类的哲理甚多，另外还有做人的哲理等等。我们要把这些智慧与现实生活相结合，在理解的同时加以运用。

（35）子疾病，子路请祷。子曰："有诸？"子路对曰："有之；《诔》曰：'祷尔于上下神祇'"子曰："丘之祷久矣。"

（36）子曰："奢则不孙，俭则固。与其不孙也，宁固。"

（37）子曰："君子坦荡荡，小人长戚戚。"

（38）子温而厉，威而不猛，恭而安。

孟子

《梁惠王章句上·第二章》

孟子见梁惠王。王立于沼上，顾鸿雁麋鹿，曰："贤者亦乐此乎？"

孟子对曰："贤者而后乐此，不贤者虽有此，不乐也。《诗》云：'经始灵台，经之营之；庶民攻之，不日成之；经始勿亟，庶民子来。王在灵囿，麀鹿攸伏，麀鹿濯濯，白鸟鹤鹤。王在灵沼，于牣鱼跃。'文王以民力为台为沼，而民欢乐之。谓其台曰灵台，谓其沼曰灵沼，乐其麋鹿鱼鳖。古之人与民偕乐，故能乐也。《汤誓》曰：'时日害丧，予及女偕亡！'民欲与之偕亡，虽有台池鸟兽，岂能独乐哉！"

《梁惠王章句下·第四章》

齐宣王见孟子于雪宫。王曰："贤者亦有此乐乎？"

孟子对曰："有。人不得，则非其上矣。不得而非上者，非也；为民上而不与民同乐者，亦非也。乐民之乐者，民亦乐其乐；忧民之忧者，民亦忧其忧。乐以天下，忧以天下；然而不王者，未之有也。昔者齐景公问于晏子曰：'吾欲观于转附朝儛，遵海而南，放于琅邪；吾何修而可以比于先王观也？'晏子对曰：'善哉问也！天子适诸侯曰巡狩。巡狩者，巡所守也。诸侯朝于天子曰述职。述职者，述所职也，无非事者。春省耕而补

作者及作品简介

孟子名轲，邹（今山东邹县）人，战国时期伟大的思想家，儒家的主要代表之一，被尊奉为仅次于孔子的"亚圣"。《孟子》是孟子和他的弟子共同所著。全书一共7篇（《梁惠王》《公孙丑》《滕文公》《离娄》《万章》《告子》《尽心》），每篇又分上下两部分。

作品虽然记载的是孟子及其弟子言行，但主要还是再现了孟子作为儒家学者济世救民的形象和他作为普通人刚直而富于情感的个性特点。

长于论辩，是《孟子》散文的特征。《孟子》中的辩论文，也巧妙灵活地运用了逻辑推理的方法。孟子得心应手地运用类比推理，往往是欲擒故纵，反复诘难，迂回曲折地把对方引入自己预设的结论中。此外，气势浩然是《孟子》散文的另一重要特征。

《孟子》的语言明白晓畅，平实浅近，同时又精练准确，和古奥难懂的《尚书》及铜器铭文显然不同。它继承发展了《论语》《左传》《国语》等开创的新的书面语言形式，形成了一种精练简约、深入浅出的语言风格。可以说，后来统治了我国两千多年的标准书面语，在《孟子》那里已经成熟了。

不足,秋省敛而助不给。'夏谚曰:'吾王不游,吾何以休?吾王不豫,吾何以助?一游一豫,为诸侯度。''今也不然。师行而粮食;饥者弗食,劳者弗息;睊睊胥谗,民乃作慝,方命虐民,饮食若流;流连荒亡,为诸侯忧。''从流下而忘反谓之流;从流上而忘反,谓之连;从兽无厌,谓之荒;乐酒无厌,谓之亡。''先王无流连之乐,荒亡之行。''惟君所行也。'景公说,大戒于国,出舍于郊,于是始兴发补不足。召太师曰:'为我作君臣相说之乐。'盖《徵招》《角招》是也。其诗曰:'畜君何尤!'畜君者,好君也。"

欣赏性阅读

《孟子》是一部中国古代儒家经典著作,虽然并非全由孟子所作,但能够代表孟子本人的思想及其风格。作品主要是孟子及其弟子言行的语录体散文,反映了孔子以后最重要的儒学大师孟子对儒家学说的继承和发展,表现了孟子的思想和理论。千百年后,人们仍能清晰地感受到孟子的个性、情感和精神,看到一个大思想家的鲜活形象。这正是《孟子》千百年来一直具有无穷魅力的重要原因之一。此外,该书文学色彩很浓厚,尤其对孟子本人的心理活动刻画得很成功,此外,作品中有不少反映出中华民族气质的千古警句,值得我们一读。

《公孙丑上·第六章》

孟子曰:"人皆有不忍人之心。先王有不忍人之心,斯有不忍人之政矣。以不忍人之心,行不忍人之政,治天下可运之掌上。所以谓人皆有不忍人之心者:今人乍见孺子将入于井,皆有怵惕恻隐之心;非所以内交于孺子之父母也,非所以要誉于乡党朋友也,非恶其声而然也。由是观之,无恻隐之心,非人也;无羞恶之心,非人也;无辞让之心,非人也;无是非之心,非人也。恻隐之心,仁之端也;羞恶之心,义之端也;辞让之心,礼之端也;是非之心,智之端也。人之有是四端也,犹其有四体也。有是四端而自谓不能者,自贼者也;谓其君不能者,贼其君者也。凡有

四端于我者，知皆扩而充之矣。若火之始然，泉之始达。苟能充之，足以保四海；苟不充之，不足以事父母。"

《公孙丑下·第十三章》

孟子去齐。充虞路问曰："夫子若有不豫色然。前日虞闻诸夫子曰：'君子不怨天，不尤人。'"曰："彼一时，此一时也。五百年必有王者兴，其间必有名世者。由周而来，七百有余岁矣。以其数则过矣；以其时考之，则可矣。夫天未欲平治天下也；如欲平治天下，当今之世，舍我其谁也？吾何为不豫哉！"

《滕文公上·第一章》

滕文公为世子，将之楚，过宋而见孟子。孟子道性善，言必称尧、舜。世子自楚反，复见孟子。孟子曰："世子疑吾言乎？夫道一而已矣！成覸谓齐景公曰：'彼丈夫也，我丈夫也，吾何畏彼哉！'颜渊曰：'舜何人也，予何人也，有为者亦若是！'公明仪曰：'文王我师也，周公岂欺我哉！'今滕绝长补短，将五十里也，犹可以为善国。《书》曰：'若药不瞑眩，厥疾不瘳。'"

《滕文公下·第四章》

彭更问曰："后车数十乘，从者数百人，以传食于诸侯，不以泰乎？"孟子曰："非其道，则一箪食不可受于人；如其道，则舜受尧之天下，不以为泰子以为泰乎？"曰："否，士无事而食，不可也。"曰："子不通功易事，以羡补不足，则农有余粟，女有余布；子如通之，则梓匠轮舆，皆得食于子。于此有人焉：入则孝，出则悌；守先王之道，以待后之学者；而不得食于子。子何尊梓匠轮舆而轻仁义者哉！"曰："梓匠轮舆，其志将以求食也。君子之为道也，其志亦将以求食与？"曰："子何以其志为哉！其有功于子，可食而食之矣。且子食志乎？食功乎？"曰："食志。"曰："有人于此，毁瓦画墁，其志将以求食也，则子食之乎？"曰："否。"曰："然则子非食志也，食功也。"

《离娄上·第七章》

孟子曰:"天下有道,小德役大德,小贤役大贤;天下无道,小役大,弱役强。斯二者天也,顺天者存,逆天者亡。齐景公曰:'既不能令,又不受命,是绝物也。'涕出而女于吴。今也小国师大国,而耻受命焉;是犹弟子而耻受命于先师也。如耻之,莫若师文王;师文王,大国五年,小国七年,必为政于天下矣。《诗》云:'商之孙子,其丽不亿;上帝既命,侯于周服;侯服于周,天命靡常,殷士肤敏,裸将于京。'孔子曰:'仁不可为众也。'夫国君好仁,天下无敌。今也欲无敌于天下而不以仁。是犹执热而不以濯也。《诗》云:'谁能执热,逝不以濯。'"

《离娄下·第二十八章》

孟子曰:"君子所以异于人者,以其存心也。君子以仁存心,以礼存心。仁者爱人,有礼者敬人。爱人者,人恒爱之;敬人者,人恒敬之。有人于此,其待我以横逆则君子必自反也:我必不仁也,必无礼也;此物奚宜至哉!其自反而仁矣,自反而有礼矣,其横逆由是也;君子必自反也:我必不忠。自反而忠矣,其横逆由是也;君子曰:'此亦妄人也已矣!如此则与禽兽奚择哉!于禽兽又何难焉!'是故,君子有终身之忧,无一朝之患也。乃若所忧则有之。舜,人也,我亦人也;舜为法于天下可传于后世,我由未免为乡人也:是则可忧也。忧之如何?如舜而已矣!若夫君子所患,则亡矣。非仁无为也,非礼无行也。如有一朝之患。则君子不患矣。"

《万章上·第五章》

万章曰:"尧以天下与舜,有诸?"孟子曰:"否。天子不能以天下与人。""然则舜有天下也,孰与之?"曰:"天与之。""天与之者,谆谆然命之乎?"曰:"否。天不言,以行与事示之而已矣。"曰:

情感体验

孟子是活跃在战国时期的著名思想家和雄辩家,《孟子》一书是在继承孔子思想的基础上,对其做的深刻阐述,他的民本主义思想,高超的论辩艺术,是我们十分珍贵的文化遗产。同时此书展示了一篇又一篇波澜起伏妙趣横生而又充满气势的唇枪舌剑的精彩论辩,语言不仅平实浅近,痛快流利,而且感情强烈,气势磅礴,富于鼓动性。在读的过程中,读者就能深刻地体会到在论辩中层层紧逼,步步追问的引人入胜之处。

"以行与事示之者，如之何？"曰："天子能荐人于天，不能使天与之天下，诸侯能荐人于天子，不能使天子与之诸侯；大夫能荐人于诸侯，不能使诸侯与之大夫。昔者尧荐舜于天而天受之，暴之于民而民受之。故曰：'天不言，以行与事示之而已矣。'"曰："敢问：'荐之于天而天受之，暴之于民而民受之，'如何？"曰："使之主祭而百神享之，是天受之，使之主事而事治，百姓安之，是民受之也。天与之，人与之。故曰：'天子不能以天下与人。'舜相尧二十有八载，非人之所能为也，天也。尧崩，三年之丧毕，舜避尧之子于南河之南。天子诸侯朝觐者，不之尧之子而之舜，讼狱者，不之尧之子而之舜；讴歌者，不讴歌尧之子而讴歌舜。故曰：'天也。'夫然后，之中国践天子位焉，而居尧之宫。逼尧之子，是篡也，非天与也。《太誓》曰：'天视自我民视，天听自我民听。'此之谓也。"

《万章下·第三章》

万章问曰："敢问'友。'"孟子曰："不挟长，不挟贵，不挟兄弟而友；友也者，友其德也，不可以有挟也。孟献子，百乘之家也，有友五人焉：乐正裘、牧仲，其三人则予忘之矣。献子之与此五人者友也，无献子之家者也；此五人者，亦有献子之家，则不与之友矣。非惟百乘之家为然也，虽小国之君亦有之。费惠公曰：'吾于子思，则师之矣，吾于颜般，则友之矣；王顺、长息，则事我者也。'非惟小国之君为然也，虽大国之君亦有之。晋平公之于亥唐也，入云则入，坐云则坐，食云则食；虽疏食菜羹，未尝不饱，盖不敢不饱也。然终于此而已矣；弗与共天位也，弗与治天职也，弗与食天禄也：士之尊贤者也，非王公之尊贤也。舜尚见帝，帝馆甥于贰室，亦飨舜，迭为宾主。是天子而友匹夫也。用下敬上，谓之贵贵，用上敬下，谓之尊贤；贵贵尊贤，其义一也。"

名句精华

孟子对曰："王好战，请以战喻。填然鼓之，兵刃既接，弃甲曳兵而走，或百步而后止，或五十步而后止；以五十步笑百步，则何如？"
——《梁惠王章句上·第三章》

"居天下之广居，立天下之正位，行天下之大道；得志与民由之，不得志独行其道；富贵不能淫，贫贱不能移，威武不能屈：此之谓大丈夫。"
——《滕文公下·第二章》

孟子曰："天时不如地利，地利不如人和。"三里之城，七里之郭，环而攻之而不胜；夫环而攻之，必有得天时者矣；然而不胜者，是天时不如地利也。城非不高也，池非不深也，兵革非不坚利也，米粟非不多也；委而去之，是地利不如人和也。
——《公孙丑下·第一章》

孟子曰："子路，人告之以有过，则喜。禹闻善言，则拜。"大舜有大焉："善与人同，舍己从人，乐取于人以为善；"自耕稼陶渔以至为帝，无非取于人者。取诸人以为善，是与人为善者也。故君子莫大乎与人为善。
——《公孙丑上·第八章》

庄子

《庄子·外篇·刻意第十五》

　　刻意尚行，离世异俗，高论怨诽，为亢而已矣。此山谷之士，非世之人，枯槁赴渊者之所好也。语仁义忠信，恭俭推让，为修而已矣。此平世之士，教诲之人，游居学者之所好也。语大功，立大名，礼君臣，正上下，为治而已矣。此朝廷之士，尊主强国之人，致功并兼者之所好也。就薮泽，处闲旷，钓鱼闲处，无为而已矣。此江海之士，避世之人，闲暇者之所好也。吹呴呼吸，吐故纳新，熊经鸟申，为寿而已矣。此道引之士，养形之人，彭祖寿考者之所好也。若夫不刻意而高，无仁义而修，无功名而治，无江海而闲，不道引而寿，无不忘也，无不有也。淡然无极而众美从之。此天地之道，圣人之德也。

　　故曰：夫恬淡寂寞，虚无无为，此天地之平而道德之质也。故曰：圣人休休焉则平易矣。平易则恬淡矣。平易恬淡，则忧患不能入，邪气不能袭，故其德全而神不亏。故曰：圣人之生也天行，其死也物化。静而与阴同德，动而与阳同波。不为福先，不为祸始。感而后应，迫而后动，不得已而后起。去知与故，遁天之理。故无天灾，无物累，无人非，无鬼责。其生若浮，其死若休。不思虑，不豫谋。光矣而不耀，信矣而不期。其寝不梦，其觉无忧。其神纯粹，其魂不罢。虚无恬淡，乃合天德。故曰：悲乐者，德之邪也；喜怒者，道之过也；好恶者，德之失也。故心不忧乐，德之至也；一而不变，静之至也；

作者及作品简介

　　庄子名周，宋国蒙（今安徽蒙城）人，著名哲学家。《庄子》是庄子和他的弟子所著，又称《南华经》，是道家经典之一。原有52篇，现存33篇，分为：内篇（7篇），外篇（15篇），杂篇（11篇）。一般认为，内篇是庄子自著，外、杂篇出于其门人、后学之手。

　　《庄子》在诸子散文中艺术成就最高。首先，它善于通过形象的比喻和情节性强的寓言故事说理，将文学与哲理熔为一炉，使深邃的哲理形象生动，充满情趣。其次，《庄子》想象丰富，构思奇特，大胆夸张，意境雄阔，具有浓厚的浪漫主义色彩。

　　语言上，在诸子中成就也最高。不仅嬉笑怒骂，激情澎湃，气势磅礴，而且语汇丰富，创造了不少新词，如"逍遥""浑沌""造化""志怪""小说""寓言""运斤成风""游刃有余""邯郸学步""东施效颦"等等，至今还广为运用。

　　《庄子》的思想与艺术对后世文学的影响，在诸子中也极为突出。郭沫若认为"秦汉以来的一部中国文学史差不多大半在他的影响之下。"

无所于忤，虚之至也；不与物交，淡之至也；无所于逆，粹之至也。故曰：形劳而不休则弊，精用而不已则劳，劳则竭。水之性，不杂则清，莫动则平；郁闭而不流，亦不能清；天德之象也。故曰：纯粹而不杂，静一而不变，淡而无为，动而以天行，此养神之道也。

夫有干越之剑者，柙而藏之，不敢用也，宝之至也。精神四达并流，无所不极，上际于天，下蟠于地，化育万物，不可为象，其名为同帝。纯素之

道，唯神是守。守而勿失，与神为一。一之精通，合于天伦。野语有之曰："众人重利，廉士重名，贤士尚志，圣人贵精。"故素也者，谓其无所与杂也；纯也者，谓其不亏其神也。能体纯素，谓之真人。

《庄子·外篇·缮性第十六》

缮性于俗学，以求复其初；滑欲于俗思，以求致其明：谓之蔽蒙之民。

古之治道者，以恬养知。生而无以知为也，谓之以知养恬。知与恬交相养，而和理出其性。夫德，和也；道，理也。德无不容，仁也；道无不理，义也；义明而物亲，忠也；中纯实而反乎情，乐也；信行容体而顺乎文，礼也。礼乐遍行，则天下乱矣。彼正而蒙己德，德则不冒。冒则物必失其性也。古之人

欣赏性阅读

总的来说，《庄子》是我国哲学和文学宝库中的不可多得的瑰宝奇葩，反映了庄周及其弟子的思想。作品主要采用以寓言为主的创作方法，其构思新奇，气魄宏伟，想象丰富，描述传神，浪漫主义情调浓厚。此外，文中还运用了拟人化的手法，在比喻中熔铸自己的思想，使抽象枯燥的哲理变得娓娓动听，引人入胜。此外，天、地、神、人、动物以及植物无不奔赴庄子的笔端，从而使读者不知不觉走入了文章创造的意境，接受它的感染。文章用语生动、形象、精致，是先秦散文中少见的，有些句子被传诵千古。

在混芒之中,与一世而得淡漠焉。当是时也,阴阳和静,鬼神不扰,四时得节,万物不伤,群生不夭,人虽有知,无所用之,此之谓至一。当是时也,莫之为而常自然。

逮德下衰,及燧人、伏羲始为天下,是故顺而不一。德又下衰,及神农、黄帝始为天下,是故安而不顺。德又下衰,及唐、虞始为天下,兴治化之流,枭淳散朴,离道以善,险德以行,然后去性而从于心。心与心识知,而不足以定天下,然后附之以文,益之以博。文灭质,博溺心,然后民始惑乱,无以反其性情而复其初。由是观之,世丧道矣,道丧世矣,世与道交相丧也。道之人何由兴乎世,世亦何由兴乎道哉!道无以兴乎世,世无以兴乎道,虽圣人不在山林之中,其德隐矣。隐故不自隐。古之所谓隐士者,非伏其身而弗见也,非闭其言而不

出也,非藏其知而不发也,时命大谬也。当时命而大行乎天下,则反一无迹;不当时命而大穷乎天下,则深根宁极而待:此存身之道也。古之存身者,不以辩饰知,不以知穷天下,不以知穷德,危然处其所而反其性,己又何为哉!道固不小行,德固不小识。小识伤德,小行伤道。故曰:正己而已矣。乐全之谓得志。

古之所谓得志者,非轩冕之谓也,谓其无以益其乐而已矣。今之所谓得志者,轩冕之谓也。轩冕在身,非性命也,物之傥来,寄也。寄之,其来不可圉,其去不可止。故不为轩冕肆志,不为穷约趋俗,其乐彼与此同,故无忧而已矣!今寄去则不乐。由是观之,虽乐,未尝不荒也。故曰:丧己于物,失性于俗者,谓之倒置之民。

情感体验

《庄子》是一本奇书,在中国思想史上留下深刻的影响,特别是在高层知识分子中间,更有无可比拟的影响。庄子在深度烦恼中,洞察了人生困惑的根源,能给人无限的启迪和平静的心境。同时那些充满睿智和深刻的警世之论,寄寓了无限义理的寓言传说,几乎时时处处可供我们现代人感知、领悟和吸纳。这些智慧是中国传统文化知行方式的提炼,因而它是历史的;但它同样也是现代的,它能给我们的世俗人生提供一种超越物欲的灵性,一种卓然独特的自由境界。在读的过程中,我们应该着重体会作品中那特有的美学意蕴以及作者深刻的辩证法思想。

《庄子·杂篇·寓言第二十七》

寓言十九，重言十七，卮言日出，和以天倪。寓言十九，藉外论之。亲父不为其子媒。亲父誉之，不若非其父者也。非吾罪也，人之罪也。与己同则应，不与己同则反。同于己为是之，异于己为非之。重言十七，所以已言也。是为耆艾，年先矣，而无经纬本末以期年耆者，是非先也。人而无以先人，无人道也。人而无人道，是之谓陈人。卮言日出，和以天倪，因以曼衍，所以穷年。不言则齐，齐与言不齐，言与齐不齐也。故曰："言无言。"言无言：终身言，未尝言；终身不言，未尝不言。有自也而可，有自也而不可；有自也而然，有自也而不然。恶乎然？然于然；恶乎不然？不然于不然。恶乎可？可于可；恶乎不可？不可于不可。物固有所然，物固有所可。无物不然，无物不可。非卮言日出，和以天倪，孰得其久！万物皆种也，以不同形相禅，始卒若环，莫得其伦，是谓天均。天均者，天倪也。

庄子谓惠子曰："孔子行年六十而六十化。始时所是，卒而非之。未知今之所谓是之非五十九非也。"惠子曰："孔子勤志服知也。"庄子曰："孔子谢之矣，而其未之尝言也。孔子云：夫受才乎大本，复灵以生。鸣而当律，言而当法。利义陈乎前，而好恶是非直服人之口而已矣。使人乃以心服而不敢蘁，立定天下之定。已乎，已乎！吾且不得及彼乎！"

曾子再仕而心再化，曰："吾及亲仕，三釜而心乐；后仕，三千钟而不洎，吾心悲。"弟子问于仲尼曰："若参者，可谓无所县其罪乎？"曰："既已县矣！夫无所县者，可以有哀乎？彼视三釜、三千钟，如观雀蚊虻相过乎前也。"

颜成子游谓东郭子綦曰："自吾闻子之言，一年而野，二年而从，三年而通，四年而物，五年而来，六年而鬼入，七年而天成，八年而不知死、不知生，九年而大妙。生有为，死也。劝公以其私，死也有自也，而生阳也，无自也。

名句精华

人生天地之间，若白驹之过隙，忽然而已。注然勃然，莫不出焉；油然寥然，莫不入焉。已化而生，又化而死。生物哀之，人类悲之。解其天弢，堕其天袠。纷乎宛乎，魂魄将往，乃身从之。乃大归乎！不形之形，形之不形，是人之所同知也，非将至之所务也，此众人之所同论也。彼至则不论，论则不至；明见无值，辩不若默；道不可闻，闻不若塞：此之谓大得。

——《庄子·外篇·知北游第二十二》

故心不忧乐，德之至也；一而不变，静之至也；无所于忤，虚之至也；不与物交，淡之至也；无所于逆，粹之至也。故曰：形劳而不休则弊，精用而不已则劳，劳则竭。水之性，不杂则清，莫动则平；郁闭而不流，亦不能清；天德之象也。故曰：纯粹而不杂，静一而不变，淡而无为，动而以天行，此养神之道也。

——《庄子·外篇·刻意第十五》

惠子曰"我非子，固不知子矣；子固非鱼也，子之不知鱼之乐，全矣！"庄子曰："请循其本。子曰'汝安知鱼乐'云者，既已知吾知之而问我。我知之濠上也。"

——《庄子·外篇·秋水第十七》

天下是非果未可定也。虽然，无为可以定是非。至乐活身，唯无为几存。请尝试言之：天无为以之清，地无为以之宁。故两无为相合，万物皆化生。芒乎芴乎，而无从出乎！芴乎芒乎，而无有象乎！万物职职，皆从无为殖。

——《庄子·外篇·至乐第十八》

而果然乎？恶乎其所适，恶乎其所不适？天有历数，地有人据，吾恶乎求之？莫知其所终，若之何其无命也？莫知其所始，若之何其有命也？有以相应也，若之何其无鬼邪？无以相应也，若之何其有鬼邪？"

众罔两问于景曰："若向也俯而今也仰，向也括撮而今也被发；向也坐而今也起；向也行而今也止：何也？"景曰："搜搜也，奚稍问也！予有而不知其所以。予，蜩甲也，蛇蜕也，似之而非也。火与日，吾屯也；阴与夜，吾代也。彼，吾所以有待邪，而况乎以无有待者乎！彼来则我与之来，彼往则我与之往，彼强阳则我与之强阳。强阳者，又何以有问乎！"

阳子居南之沛，老聃西游于秦。邀于郊，至于梁而遇老子。老子中道仰天而叹曰："始以汝为可教，今不可也。"阳子居不答。至舍，进盥漱巾栉，脱屦户外，膝行而前，曰："向者弟子欲请夫子，夫子行不闲，是以不敢；今闲矣，请问其故。"老子曰："而睢睢盱盱，而谁与居！大白若辱，盛德若不足。"阳子居蹴然变容曰："敬闻命矣！"其往也，舍者迎将其家，公执席，妻执巾栉，舍者避席，炀者避灶。其反也，舍者与之争席矣。

中国文化读物

《诗经》

《诗经》的内容十分广泛，主要有以下几个方面的内容：

祭祀：保存在大雅和"三颂"中的祭祀诗，大多是以祭祀、歌颂祖先为主，或叙述部族发生、发展的历史，或赞颂先公先王的德业，总之是歌功颂德之作。但这些作品也有其历史和文学价值。如被认为是周族史诗的《生民》《公刘》《绵》《皇矣》《大明》五篇作品，从《生民》到《大明》，周人由产生到逐步强大，最后灭商，建立统一王朝的历史过程，得到了完整的表现。五篇史诗，反映了周人征服大自然的伟大业绩，社会制度由原始公社向奴隶制国家的转化，以及推翻商人统治的斗争，是他们壮大发展的历史写照。因此，它们与后世的庙堂文学有明显的区别。

农事：《诗经》时代，农业生产已占有重要地位。《诗经》中的作品，不仅在道德观念和审美情趣上打上了农业文明的烙印，而且产生了一些直接描写农业生产生活和相关的政治、宗教活动的农事诗。如《七月》，诗中客观反映出农夫生活和贵族生活的悬殊差别，在对当时农业生产、农夫生活的平铺直叙中抒发了哀怨和不满，千百年后的读者，不仅能了解到当时的农业生产和农夫的生活状况，而且能真切感受到他们的不幸和痛苦。

燕飨：《诗经》中还有以君臣、亲朋欢聚宴飨为主要内容，反映了上层社会的欢乐、和

作者及作品简介

《诗经》是我国第一部诗歌总集，共收入自西周初年至春秋中叶500多年的诗歌305篇。《诗经》共分风（160篇）、雅（105篇）、颂（40篇）三大部分，编排井然有序。

赋、比、兴的运用，是《诗经》艺术特征的重要标志，也开启了我国古代诗歌创作的基本手法。总之，《诗经》的语言形式形象生动，丰富多彩，引人入胜。

《诗经》关注的是现实，进而抒发了对现实生活触发的真情实感，这种创作态度，使其具有强烈深厚的艺术魅力。无论是在形式体裁、语言技巧，还是在艺术形象和表现手法上，都显示出我国最早的诗歌作品在艺术上的巨大成就。

《道德经》的作者是老子，他是中国古代的哲学家、思想家，道家学派的创始人。春秋末年，留下了五千言《道德经》。作品从宇宙到人生，从物质到精神，从社会到政治，无数个层面上的东西都囊括其中。整部作品闪烁着智慧之美。

《道德经》是中华大地上土生土长的哲学典籍，也是古代史上的唯一，它简朴而联系实际，通俗且平易近人，所以始终召唤着我们这个龙的民族。

谐。体现了周代初年靠血缘亲缘关系、礼乐以及通过这些活动巩固统治的目的。如《小雅·鹿鸣》就是天子宴群臣嘉宾之诗，后来也被用于贵族宴会宾客。这样的欢聚宴饮，热闹祥和。群臣赞美周王，并进谏有益的治国方策。周代上层社会，很多场合都有宴饮，燕飨诗正是这种社会生活的真实反映。

怨刺： 产生于西周初期的燕飨诗，是周初社会繁荣、和谐、融洽的反映。西周中叶以后，特别是西周末期，周室衰微，朝纲废弛，社会动荡，政治黑暗，大量反映丧乱、针砭时政的怨刺诗出现了。怨刺诗主要保存在"二雅"和国风中，如国风中的《魏风·伐檀》《魏风·硕鼠》等诗或讽刺不劳而获、贪得无厌者，或揭露统治者的无耻与丑恶，辛辣的讽刺中寓有强烈的怨愤和不平。这些被后人称为"变风""变雅"的作品，是政治腐朽和社会黑暗的产物。

战争和奴役：《诗经》中有些战争诗，从正面描写了天子、诸侯的武功，表现了强烈的自豪感，充满乐观精神。大雅中的《江汉》《常武》，小雅中的《出车》《六月》《采芑》等等，大都反映了宣王时期的武功。有的战事诗也写出了征夫厌战、思妇闺怨的情绪，在后代诗歌史上都不乏回响。

爱情和婚姻： 反映婚姻爱情生活的诗作，在《诗经》中占有很大比重，不仅数量多，而且内容丰富，既有反映男女相慕相恋、相思相爱的情歌，也有反映婚嫁场面、家庭生活等婚姻家庭诗，还有表现不幸婚姻给妇女带来痛苦的弃妇诗。这些作品主要集中在"国

探究性阅读

《诗经》是我国第一部诗歌总集，从民俗学的角度看，它又是反映我国古代民俗的画卷。本书不仅描述了采集、狩猎、牧业、农业、蚕桑、纺织等生产场面，也有关于生活方面的生活民俗、礼仪民俗、婚姻民俗、岁时节日与信仰民俗、游艺民俗等，不仅是一部优秀的文学作品，还具有很高的历史价值。尤其是本书描述了周代丰富多彩的社会生活、特殊的文化形态，展现了周人的精神风貌和情感世界。

名句精华

关关雎鸠,在河之洲。窈窕淑女,君子好逑。参差荇菜,左右流之。窈窕淑女,寤寐求之。求之不得,寤寐思服。悠哉悠哉,辗转反侧。

——《周南·关雎》

蒹葭苍苍,白露为霜。所谓伊人,在水一方,溯洄从之,道阻且长。溯游从之,宛在水中央。

——《秦风·蒹葭》

昔我往矣,杨柳依依。今我来思,雨雪霏霏。行道迟迟,载渴载饥。我心伤悲,莫知我哀!

——《小雅·采薇》

天下皆知美之为美,斯恶已;皆知善之为善,斯不善矣。有无相生,难易相成,长短相形,高下相盈,音声相和,前后相随,恒也。

——《道德经》(第二章)

持而盈之,不如其已。揣而锐之,不可长保。金玉满堂,莫之能守。富贵而骄,自遗其咎。功遂身退,天下之道。

——《道德经》(第九章)

风"之中,是《诗经》的重要组成部分,也是最精彩动人的篇章。如《氓》以一个普通妇女的口吻叙述自己从恋爱、结婚到被弃的过程。全篇叙事和抒情相结合,巧妙地将事件过程和弃妇的思想情感融为一体,在女主人公悔恨地叙述自己恋爱、结婚和婚后被虐待、被弃的遭遇中,表现出刚强自爱、果断坚决的性格。

《诗经》305篇作品包括的内容远不止于此,如《王风·黍离》描写故国之思,《墉风·载驰》抒发爱国之情,都是传诵千古的名篇。

《道德经》

老子研究哲学,著成《道·德》一书,后人尊称《道德经》。

《道德经》分上下两篇。上篇《道经》为哲学基础篇,全面阐述了一个既简单又不失完整的"道、无、有"思想体系,并从"无"和"有"的对立统一关系出发,回答了哲学上几乎所有的重大问题,特别是在哲学探索中得到了"无为"原理。"无为",不仅是人类谋求发展的最终发展办法,也是整个世界都要遵循的组合法则。主要有六个方面的内容:

(一)道家学说的理论基础

世界乃是客观存在且发展变化的,这是常理,不容置疑,而其如何存在又怎样变化着才是需要道家回答的重要问题。老子在其《道经》开篇的哲学导论里,用古代简洁的语言回答了上述的问题。短短的32字回答便彻底揭示了世界存在的本质特点。

(二)道家实践的基本立场

在这一内容上,老子把朴素的"无为"上升到

理性的"无为"高度,从根本上解决了人类实践的问题。

(三)道家实践的社会目标

人活的是感觉,好的感觉来自好的生活态度。好的生活态度表现为两个方面:一个是它的外在的生存方式;一个是它的内在生命质量。西方人讲究的是第一种,而东方人讲究的是第二种。道家老子依照我们东方文化的习惯,阐述了人类活动的最终目标。

(四)道家心目中的客观世界

世界是客观存在着的,不以人的意志而转移,但每个人对它的认识却不相同,大致可分为儒、道两家。儒家只相信看得见摸得着的那些定形具象之物,而道家不仅用感觉并且用心去读我们这个世界。

(五)道家的社会史观

"思想家同时也是批判家,他在思考人类发展进程的时候离不开对历史和现实的批评。"这是老子所认为的。

(六)道家论"为人处世"

人生在世,如何走好并使之得到充实圆满呢?这个问题正是老子哲学的落脚点,为此在"为人处世"方面提出了不少的建议。

下篇《德经》是意识形态篇,深刻地剖析了人类思想发展史,系统地介绍了道家的道德观、人生观和价值观,以及从道义出发的发展观点和政治主张。主要有以下六个方面的内容:

(一)道家关于"德"的概念

现代词典中"德"已纯粹为某种成文或者不成文的行为准则,而在老子哲学里的"德"的意义却深刻得多,不仅仅局限于人的行为,更是指包括世界观、人生观以及价值观等在内的人的意识形态。

(二)道家的宇宙观

在这一内容上,老子根据"反也者,道之动也。弱也者,道之用也。天下物生于有,有生于无"这三句话,便高度概括了整个世界的运动形式,大自然造化万物的作用方式,以及有形物与无形时空的关系。

(三)道家的人生态度

老子讲"万物负阴而抱阳,冲气以为和"。这可不是什么庸俗的阴阳学说,而

是告诉我们之所以活着的道理：万物众生皆依托着大地，仰承着蓝天，吸取天地之精华而化合成了生命的气息。

（四）道家的至理名言

在《第四十章》老子一口气讲了十四条道家名言，如明道如费、上德如谷等，这对我们纠正学风大有裨益。

（五）道家系统的政治主张

道家崇尚"无为"，倡导"无为之治"，并非全盘否定人的主观能动性，而是反对从主观意志出发，反对以自身利益的名义而实施的社会性干预活动。为此，老子在天下公心的立场上发表了一系列原则性的政治主张。

（六）道家学说的灵魂

历史在评价爱因斯坦的最大贡献时，说他给人类提供了一种全新的思维模式。老子在解释道家学说时，告诉人们其核心、其灵魂就是一种活的思维，即一切从客观出发的思想方法。

总的来说，老子在《道德经》中创立的古典哲学体系一开始便把世界看成两种不同的存在方式：一种是客观存在的世界，一种是主观存在的世界。老子的道家以为，无论是客观的存在，还是主观的存在，都一样由不同形态的两种东西所构成：一种是无形，看不见摸不着；一种是有形，定性又具象。"有"和"无"共存于一个统一体之中，它们内在地联系着，否定任何一方都不成其世界。而以孔子为代表的儒家却不以为然，根本就不承认有一个无形的世界存在着，也就不可能相信自然之神造化了一切，不愿相信人定的规则之外还有什么天道公理，更不肯相信人类伦理的道德是"适者生存"的艰难成果。因此他们可以义无反顾，敢想敢说又敢做敢当，造出自己的"天理"，公然向着天赋的"人欲"宣战，希图建立一个"有为"哲学之下的人治社会，继而征服自然，主宰世界。

由于儒家在哲学上毫无选择又义无反顾地一切从"有"出发，其所有思想都集中在"为"这个社会实践问题上，于是儒、道之争具有了鲜明的中国特色，一家拼命地争权夺势实干加巧干，一家冷眼旁观说三道四猛烈地批判。如此之特点，使得老子这本《道德经》很像讨孔的檄文，篇篇刺向儒家。

中国历史读物

《史记》

《史记》内容丰富,结构宏大,全书一共130篇。按编排顺序,包括"本纪"(历代帝王的传)12篇;"表"(用表格的方式,将历代帝王、诸侯之间的大事简明扼要地排记)10篇;"书"(典籍、文献)8篇;"世家"(诸侯、贵戚及有重大贡献的将相名臣的历史,《孔子世家》与《陈涉世家》是例外)30篇;"列传"(各个时代各个不同类型、不同阶层、不同民族重要历史人物的列传,其中包括最后一篇《太史公自传》)70篇。在这100多篇中以《项羽本纪》为最精彩,而《项羽本纪》中又以巨鹿之战、鸿门宴为最精彩。

《本纪》是全书的总纲,以编年为体,记载历代帝王的世系,年代久远的以朝代为主,年代稍近的以帝王或实际当权者为主。《本纪》实质上是全国编年大事记,起提纲挈领的作用。《世家》亦以编年为体,记述王侯封国、开国功臣和有特殊地位、特殊影

作者及作品简介

《史记》的作者是司马迁(公元前145年—约前90年),字子长,夏阳(今陕西韩城县南)人,生于史官世家,司马迁因继任父职(太史令),承担起撰写《史记》的重任。

《史记》,原名《太史公书》,又称《太史公记》《太史记》《太史公传》《太史公》,后汉荀悦《汉纪》始名《史记》,作品成功地描写了众多的人物。他笔下的人物,几乎包括了各阶级、各阶层、各集团、各行业的,大都写得栩栩如生。语言感情充沛,精练准确,通俗传神。《史记》是我国文学史上的第一部通史巨著,对后世的影响极其深远。同时,司马迁还把我国的历史散文推上了一个新的高峰。

《资治通鉴》的作者是司马光(1019年—1086年),字君实,世称涑水先生,陕州夏县(今属山西)人,是中国古代著名的历史学家。《资治通鉴》是我国历史上一部著名的编年体通史,它上起战国,下至五代,涵盖了1363年的历史。由于编者司马光在史料的搜集、事实的考订、年月日的编排以及精细修饰上所下的功夫,使它成为我们研究唐以前历史的一部必不可少的参考书,而且它在艺术上也有很高的成就。它的行文生动优美,结构严谨,尤长于叙事。如记叙赤壁之战、淝水之战、贞观之治等,周详完备,绘声绘色,是脍炙人口的优秀作品。在描写人物时都能抓住其主要的特点,并加以刻画渲染,给人以鲜明的印象。总之,《资治通鉴》对后世史书编撰影响极深,同时,也受到了较高的评价。

响的人物。其事或许并非牵涉全国,然于某一封国或全国社会生活的某一方面有巨大影响,多数可视为"国别史",诸如《晋世家》《楚世家》《孔子世家》《陈涉世家》等。

《列传》所占篇幅最多,可分两大类:一类是人物传记,有一人一传的专著,有两人或数人的合传,按人物性质排列立传。所记人物

范围极广,涉及贵族、官僚、政治家、经济家、军事家、哲学家、文学家、经学家、策士、隐士、说客、刺客、游侠、医士、占卜者、俳优等社会各个阶层。另一类是对外国或国内少数民族的记载,涉及中外关系史和国内民族关系史。前一类列传有《伯夷列传》《孙子吴起列传》《刺客列传》《儒林列传》等;后一类有《匈奴列传》《南越列传》《西南夷列传》《朝鲜列传》等。《列传》对《本纪》起了充实和具体化的作用。

《表》以谱列帝王、诸侯、贵族、将相大臣的世系、爵位和简要政绩,以年代远近、史事繁简而别为世表、年表、月表。今人观之,也可分为大事表和人物表两类,诸如《三代世表》《十二诸侯年表》《高祖功臣侯者年表》《汉兴以来将相名臣年表》等。《表》的作用是形象、直观,便于观览,可补《本纪》《世家》《列传》之不足,又可省去不少文字,使记载免于烦冗。

《书》分门别类记述历代历法、礼乐、封禅、水利、经济等典章制度,反映了社会生活的各个方面,是《史记》很重要的部分,诸如《礼书》《乐书》《历书》《河渠书》《平准书》等。其中尤以《平准书》最为精彩,记社会经济状况,特别是汉朝经济政策的演变,开后代正史《食货志》之先河。

以下介绍一些精彩的故事。

大泽乡起义:秦二世皇帝元年二月,有九百人被征发前往渔阳,途中遇雨,不能按期到达。秦王朝法律

规定：过期达到防地的，一律处以死刑。陈胜、吴广在一起商量：逃跑是死，起义大不了也是死，同样是死，还是起来造反而死好些。于是吴广、陈胜杀了那两个押送壮丁的军官。他们召集了壮丁们说："大丈夫可不能随随便便地断送了性命，要死，也得做一番大事业才对。王侯将相难道都天生的吗？"壮丁们齐声说："我们听您的号令。"起义队伍攻城略地，势力越来越大。

巨鹿之战：赵将军被秦军打得大败，赵王退守巨鹿城。楚怀王派宋义、项羽、范增去救赵国。宋义按兵不动，并压制项羽提出的出兵解围巨鹿城的要求。宋义还不顾战士们忍冻挨饿，为其子赴任大摆酒宴，项羽果断地杀了宋义以及他的儿子。楚怀王见事已经如此，只得任命项羽为上将军，带兵救赵。项羽统率全部军队渡河，后来又将船只统统凿沉，把煮饭的锅全部打破，连宿营的房子也烧了，只携带三天的干粮，表示死战。到了巨鹿，声威压倒了各路来救赵的诸侯部队。项羽打垮了秦军，在召见各路诸侯部队的将领时，那些将领面对项羽不敢仰视。

鸿门宴：当项羽跟秦王朝大战的时候，刘邦趁秦王朝后方空虚，进入关中，攻下咸阳，并想阻挡项羽入关。项羽进关后，要和刘邦一决雌雄。当时项羽军队有40万，形势显然对刘邦不利。为了避免不利，刘邦假意到鸿门向项羽谢罪，表示自己没有称王的野心。两人一起喝酒时，范增多次暗示项羽杀掉刘邦，项羽总是默默地没有表示。项羽部将项庄舞剑，寻找机会杀刘邦，又被项羽的叔父项伯所阻挡。刘邦的警卫官樊哙在张良的示意下进营，为刘邦辩护。项羽此时已经对刘邦消除了疑心，刘邦借口去茅厕逃走。范增得知后断言：将来与项羽夺天下的，一定是刘邦。

探究性阅读

《史记》一书记载了从黄帝到汉武帝之间长达三千年的政治、经济和文化的历史，比较全面而深刻地反映了我国当时的社会面貌，对后世的史学研究具有深远的影响。它还具有强烈的批判精神和鲜明的人民性。它对封建统治阶级的黑暗腐朽方面，作出了大胆、深刻的揭露。如《酷吏列传》反映官吏的残暴，《魏其武安侯列传》提示外戚的弄权和相互倾轧，都写得很出色。另外，还有一些是生动地描写了社会各阶层人物的活动，特别是对于下层人民的才智功德作了鲜明的肯定和表彰。《陈涉世家》专门为农民起义领袖陈涉立传，高度评价了他在推翻秦王朝统治中的"首事"之功。《刺客列传》歌颂荆轲、聂政等刺客的抗暴精神等等。

《资治通鉴》

《资治通鉴》也很突出对于军事的记载，对战争的描述也很生动。凡是重大的战役，对战争的起因，战局的分析，战事的

名句精华

今两虎共斗,其势不俱生。吾所以为此者,以先国家之急而后私仇也。
——《史记》

力拔山兮气盖世,时不利兮骓不逝。骓不逝兮可奈何!虞兮虞兮奈若何!
——《史记》

陛下用群臣,如积薪耳,后来者居上。
——《史记》

政之大本在于刑赏,刑赏不明,政何以成。创业之初而政本不立,将以垂法后世,不亦难乎。
——《资治通鉴》

礼之为物大矣,用之于身,则动静有法而百行备焉;用之家,则内外有别而九族睦焉;用之于乡,则长幼有伦而俗化美焉;用之于国,则君臣有序而政治成焉;用之于天下,则诸侯顺服而纪纲正焉。
——《资治通鉴》

过程及其影响,都有详细记载。如赤壁之战、淝水之战等,都是杰出的例证。

《资治通鉴》也注意关于经济的记载,因田赋和赋税是封建经济的首要问题,它对于商鞅变法、文景之治、北魏孝文帝的均田制等都有记载。

文化方面,《资治通鉴》也有记载,就学术思想来说,上至先秦的儒、法、名、阴阳、纵横五家的代表人物和学术主张,下及汉初的黄老思想,汉武帝的独尊儒术,以及魏晋玄学的盛行都有记载。对于佛教、道教的起源、发展,以及儒、佛、道之间的斗争也有叙述。对西汉以来经学的发展,典籍的校理,石经的刻立,九经的雕印及流传,都有较系统的陈述。著名的文人学士及其作品也有记载。史学方面,从《汉书》到沈约的《宋书》以及唐代的修史制度,均有记载。科技方面,记载最多的是历代的历法。其他如天文学、地理学、土木建筑(如秦代的长城、隋唐的长安城和洛阳城)、水利工程(隋代的大运河)也有反映。

以下是一些精彩的篇章:

三家分晋:《资治通鉴》的记载始于周威烈王二十三年(公元前403)"初命晋大夫魏斯、赵籍、韩虔为诸侯"。关于为什么《资治通鉴》要从这一年开始,历来有一些不同的看法。在《通鉴记事外编》一书中记有刘恕关于此事问司马光的话,司马光回答说:"周平王以来,事包《春秋》,孔子之经不可损益。"明确说明此书不是上继《春秋》的,因为司马光看来,经是不可续写

的。现在有一派认为《春秋》绝笔于鲁哀公十四年,《左传》续写至鲁悼公十四年韩、魏共灭智伯事而终。《资治通鉴》是上接《左传》的。在"三家分晋"按语中,司马光较为系统地阐述了他的"天子之职莫大于礼,礼莫大于分,分莫大于名"的思想。

赤壁之战:赤壁之战,是我国历史上著名的以少胜多、以弱胜强的战例之一。对魏、蜀、吴三国鼎立局面的形成具有决定性的意义。《资治通鉴》在记载这一战役时,采用了独特的叙述视角,不是从正面去描写战争的具体状况,而是抓住了能够使这一战争胜败的关键点进行分析透视,将鲁肃如何与孙权定计、吴蜀如何定交、诸葛亮如何智激孙权等事一一道来,于末尾交代战争的结果。

淝水之战:这是我国历史上另一个以少胜多、以弱胜强的著名战例。383 年,统一中国北部的前秦王苻坚,为了实现扩张的野心,下令百万大军,进攻偏安江南的东晋,东晋宰相谢安派谢玄率水陆军八万余人迎战。苻坚狂妄轻敌,答应了晋军的要求,在淝水以北退出一片战场,让晋军渡水,以致一退而不可遏止,被晋军打败。作者精心选材,严密结构,以绝大部分篇幅突出双方的人心向背和主观指导的正确与否,揭示出弱者能打败强者的原因,总结出了历史教训。人物形象的刻画也生动鲜明,给人留下深刻的印象。

贞观群臣论治:在中国历史上,唐太宗统治的贞观年间(627 年—649 年),是一个政治开明、社会安定、经济繁荣的时期,史称"贞观之治"。这一时期的形成与诸多方面有关系,但唐太宗的英明和群臣的共治无疑是其中重要的原因之一。《资治通鉴》在选录这一史实时,特别注重贞观群臣与唐太宗关于治乱兴衰的对话。在这些对话中,我们可以发现一代明君的气度和一代名臣的风范,其所论述的观点至今还具有启发意义。

中国政治读物

《天演论》

译自英国生物学家赫胥黎《进化论与伦理学》一书。严复在书中支持赫胥黎的观点，认为人类社会的发展也和自然界一样，都是循着"物竞""天择"的自然规律，强者、智者自能生存，弱者、愚者则被淘汰。

作者在书中首先提出"万物恒变，古今莫外"的观点。之后，针对什么是物竞天择，严复指出，物竞为生物间的生存竞争；天择为生物之竞而胜者被自然界选择保留了下来，其争而败者则被自然界淘汰了。这就叫做物竞天择，适者生存。

作者在《导言十七·善群》案语中写道："英伦民气最伸……如广立民报，而守直言不禁之盟（严注略）；保公二堂递主国成以互相稽察"，成就了他"近三百年治功所进，几于绝景而驰"（《导言十六·进微》）的昌盛局面。严复认识到人民无权利，国家也不会有权利，人民不自由，国家也不会有自由。

《天演论》这本书十分重视人口问题。作者、译者反复言明人类间生存竞争是起于人口过多。《导言三·趋异》案语说："英国计学家马尔达有言：万类生生，各用几何级数，级级皆用定数相乘也。"

作者及作品简介

《天演论》的作者是严复，初名宗光，改名传初，后又改名为复，字几道，又字又陵，出生于福建侯官县（今福州市）阳崎乡一位医生之家。他第一个把达尔文进化论带入中国，是中国近代启蒙思想家、翻译家，也是清末新文化的主要代表之一。

1898年4月22日，严复译著《天演论》出版。此书是严复译自赫胥黎所著《进化论与伦理学》，附有按语并作序，以表达自己的意见。严复译书宗旨是在于说明中国如能顺应"天演"规律而变法维新，就会由弱变强，否则将沦于亡国灭种而被淘汰。同时，当甲午战败以后，列强掀起瓜分中国的狂潮。所以，此书一出版在思想界造成极大震动。

《周恩来外交风云》的作者是傅红星，1963年出生于上海。1985年毕业于复旦大学中文系。中央新闻纪录电影制片厂导演、副总编辑。他拍摄了大量的纪事记录作品，例如《周恩来外交风云》《共和国主席刘少奇》等，并于1998年度荣获中国电影华表奖、优秀纪录片奖。

本书讲述了周恩来运筹帷幄、决胜千里的宏伟大智，形象地展示了他在世界外交舞台上的勃勃英姿，让中国人民充满了自豪感。作品所表现的周恩来鲜明的外交风格和高超的外交艺术体现了周恩来深刻的外交思想。可以说《周恩来外交风云》是新中国外交史的一部教科书。

赫胥黎原著中有关于世运的论述:"在任何时候,自然状态都是经历无数世代的一种不断变化过程的暂时阶段,对我来说,这一点如同近代史中所确立了的任何命题一样,是一个确定的命题。"严复为申明其译述主旨,特此提出世运见解。严复认为,迷信与宗教密切相关,宗教产生于史前社会后期,原始人威慑于自然力之肆虐,误认上天有神灵在主宰下界,因而相信它、崇拜它。进入阶级社会,自然灾害加上阶级压迫,人们痛苦更深,统治者又宣扬人间之祸福命运悉归神灵操纵,于是宗教迷信便深入人心。可见宗教是人们意念受到歪曲、虚幻的一种反映。宗教之名目虽异,而其性质则同。为此,他用进化论解析了万物,宗教迷信就行不通了。

进而,严复在其《导言八·乌托邦》中写道:"故欲臻治之隆,必于民力、民智、民德三者之中求其本也。……智、仁、勇之民兴,而有以为群力群策之资,而后其国乃一富而不可贫,一强而不可弱也。"民力、民智、民德三者以"民智"为最重要。人民有了智慧,能致力于国家之开发,经济渐丰,道德渐高,犯罪率少,社会安定,国家自会兴隆。

严复并不排斥正当的利益,他在书中统一了"义"与"利"。明示功利不应菲薄,合于义的"利"是必须致之的。晚清统治者搜刮民脂民膏不遗余力,而对如何富国强兵则一筹莫展。因此,严复主张向英国经济学家亚当·斯密学习。此外,严复设想的全国上下都能获得的功利是国与民不可一日无的,是应予争取而未可厚非的,是符合亚当·斯密的学说的。

严复批判旧学,说它既不验证物情事理,又守旧、自以为是,故旧学如一汪死水;它也从不对照公理、法则一查其真伪,故旧学停顿了,如原地踏足。

《译例言》云:"原书多论希腊以来学派,凡所标举皆当时名硕,流风绪论,泰西二千年之人心民智系焉,讲西学者所不可不知也。兹于篇末略载诸公生世事业,粗备学者知人论世之资。"在严复译述西方新学之前，中国士大夫对欧洲的学术文化几近无知。他有鉴于此，于笔译《天演论》之际，用不少篇幅介绍希腊文化，以启晚清士人探究西学之欲望。

最终，作者再次强调，自然、社会中的一切事物尽处于变动不居状态。外界环境一旦突变，比方原先的温带之地或变为寒带、或变为热带，则该地域之生物倘不适应那变化了的环境即为自然选择所淘汰。《论十六·群治》说得很清楚："凡脆弱而不善变者不能自致于最宜，而日为天演所耗以日少日灭。故善保群者常利于存，不善保群者常邻于灭。"岂权动植如是，国家民族又何能例外，中英鸦片战毕，清廷一天天腐败愈甚，就因那一伙统治者不能适应已经变化了的世界，仍想以天朝大国自居，一意维护旧法，所以"常邻于灭"，这又是严复在借赫胥黎之口说出他忧国之殷。

严复在《天演论》中表露的哲学观点主要来自赫胥黎。赫胥黎最早提出哲学范畴的"不可知论"一词，而其自然观则属于唯物论体系，他构想的物质本体是绝对的不可知之物，唯此本体则是实有的，非虚幻的。

《周恩来外交风云》

周恩来总理是我国的领导人之一，他担任新中国第一任国务院总理，为开创和建立新中国的新型外交事业作出了巨大贡献。从新中国成立到1976年，周总理亲自参加或直接指挥了我国所有的重大外交活动。

《周恩来外交风云》是周总理外交事业的剪影，是新中国外交史的教科书。

早在延安的时候，周总理就开始了外交生涯，接见了美国记者代表团和官方代表团。他的亲和力、说服力和人格魅力给外国记者和代表留下了深刻的印象。

1949年10月1日，中华人民共和国成立了，内政外交的重担压在了周总理身上。周总理亲自参与的第一件重大外交事件就是同苏联签订了《中苏

探究性阅读

《天演论》，作者译自英国生物学家赫胥黎《进化论与伦理学》一书。作者借用经学家的公羊三世说，别开生面地说明了中国的过去、现在和将来，为现实的变法创造了一种历史依据，进而沉重地打击了封建势力，为灾难深重的中华民族敲响救亡图存的警钟。此外，它还对于近代中国人所面临的变局提供了一种当时认为全新的解释。这种从来未有过的变革观念，呼唤着从未有过的社会制度，从而推动了维新变法运动的发展，从根本上改变了中国当时一大部分精英的世界观。

友好同盟互助条约》等协议，为了从国家利益出发，防止漏洞，周总理对所有条约和协议的内容都字斟句酌。在最后的签字仪式上，周总理没有拿演讲稿作祝酒词，与稿子上2000多字的内容一字不差，非凡的记忆力使在场的人惊叹不已。

> ### 名句精华
>
> 小之极于行倒生，大之敌乎日星天地；隐之则神思智识之所以圣狂，显之败政俗文章之所以沿岸。
>
> ——《天演论》
>
> 凡脆弱而不善变者不能自致于最宜，而日为天演所耘以日少日灭。故善保群者常利于存，不善保群者常邻于灭。
>
> ——《天演论》
>
> 大利所为，必其西益；损人利己非也，损己利人亦非；损下益下非也，损上益上亦非。
>
> ——《天演论》
>
> 新中国成立后，虽然中国同苏联结盟，但毛泽东和周恩来一直说："中国要用自己的脑袋思考，要用自己的腿走路。"对苏联不时表现出来的大国沙文主义进行抵制和批判。
>
> ——《周恩来外交风云》

1950年，朝鲜战争爆发。周总理通过印度驻华大使转告美国，"如果美国军队越过三八线，我们不能坐视不顾，我们要管。"周总理在外交舞台上是言必行，行必果的。后来，人民志愿军和朝鲜人民一起，把美国军队赶出三八线以外。1958年，朝鲜人民的领袖金日成欢迎周总理首次访问朝鲜。周总理代表中国支持从朝鲜撤出一切外国军队的和平建议，不久人民志愿军从朝鲜撤离，周总理亲自去车站迎接。

1954年，日内瓦会议召开。新中国第一次在大型国际会议上亮相，也是周总理第一次在大型国际舞台一显身手。会议的主要事项是解决朝鲜半岛的和平和印度支那战争问题，谈判的进展一直符合周总理的事先设想。他在会上的6次发言，消除了人们对新中国的偏见，赢得许多国家代表团的赞许和好评。有一位西方外交家说，"他是一个很难对付、毫不妥协的谈判者。"

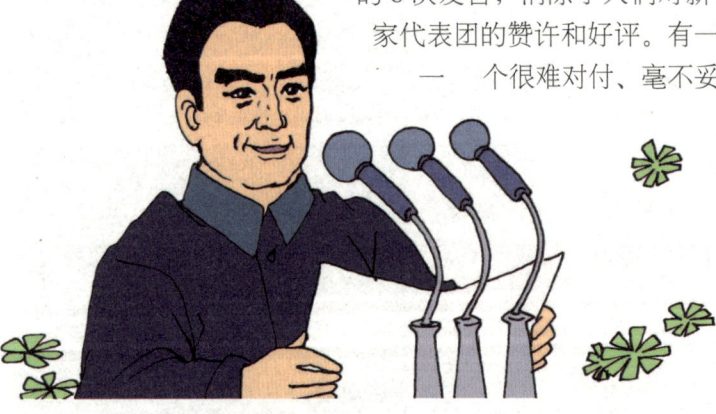

早在1953年，周总理与印度政府代表团谈话时提出了"和平共处五项原则"。在1955年的万隆会议上，周总理面对少数国家的指责，不卑不亢，抓住机会进行了一次精彩绝伦的演讲，把"和平共处五项

原则"的思想传播开来，并让所有与会代表感受到了新中国的谦和、诚挚、善意和对和平的真诚愿望。周总理走下讲台的时候，会场一片沸腾，掌声持续不断，各国代表纷纷上前向总理表示祝贺、钦佩和感谢。

1963年底，周总理在陈毅同志的陪同下访问了亚非欧14个国家，行程5.4万公里。这次访问活动，掀起了新中国又一个外交高潮，把一个崭新的中国展示给了世界。

从1963年起，中国政府向51个发展中国家派遣医疗队，累计派出医疗人员1万多名。周总理不断提示外援人员，要全心全意为受援国提供服务。1971年，联合国恢复中国合法席位时，76张赞成票中有53张是亚非拉国家投的。这是周总理卓越的外交工作结出的丰硕成果。

从1970年开始，周总理通过第三国传递口信，逐步与美国政府开始了联系。在两国领导人的共同努力下，当时的美国总统尼克松于1972年访华，并在上海发表了《联合公报》。这标志着中美关系正常化的开始。

接着，1972年9月，周总理接待了日本内阁总理田中角荣，签订了《中日联合声明》，实现了中日邦交正常化。紧接着又有一些国家也先后与中国建立了大使级外交关系。在国际上掀起了一股中国外交热。

几十年来，周总理为中国的内政外交鞠躬尽瘁，耗尽心血。1974年，他病情已经加重，就坚持让邓小平主持国务院工作。1975年，他躺在手术车上，握住邓小平同志的手说，"这一年来的工作证明，你比我强多了。"这位伟人，在自己弥留之际表现出来的也是高度的谦逊和对后人的无限期望。

中国科学读物

《梦溪笔谈》

《梦溪笔谈》从内容分为故事、辩证、乐律、象数、人事、官政、机智、艺文、书画、技艺、器用、补查、异事、谬误、讥谑、杂志、药议17目，共609则。涉及了天文、数学、物理、化学、生物、地质、地理、气象、医学、工程技术、文学史事、音乐和美术等。其中有许多沈括自己的科学研究和发现。特别是在药用植物方面的知识更为广泛。

沈括一生偏重于对科学的研究，因此书中对自然科学方面的介绍是非常丰富的，涉及力学、光学、磁学、声学等各个领域，特别是磁学。《梦溪笔谈》第一次明确地谈到磁针偏角问题，这是世界上关于地磁偏角的最早记录。

在数学方面，沈括曾经运用数学知识研究军粮的运输，提出了"运粮之法"，这其中蕴含了运筹思想的萌芽。另外，沈括还总结出了围棋棋局总数，这其中又涉及了指数定律的运用。特别是《梦溪笔谈》

作者及作品简介

《梦溪笔谈》的作者是沈括（1031年－1095年），字存中，钱塘（今浙江杭州）人。北宋时期杰出的科学家之一。

《梦溪笔谈》是我国北宋大科学家沈括的传世著作，同时，也是我国经典的古代综合性科技名著。沈括在晚年用笔记文学体裁写成《梦溪笔谈》26卷，再加上《补笔谈》3卷和《续笔谈》，共列有条文609条，遍及天文、数学、物理、化学、地学、生物以及冶金、机械、造纸技术等各个方面，内容十分广泛、丰富，是中国科学史的重要著作。《梦溪笔谈》中所记述的许多科学成就均达到了当时世界的最高水平。英国著名科学史专家李约瑟称《梦溪笔谈》是"中国科学史上的坐标"。

《天工开物》的作者是宋应星（1587年－约1661年），字长庚，出生于江西省奉新县一个没落的官僚地主家庭，他是中国明代杰出的自然科学家之一。

《天工开物》是一部总结我国明末以前农业和手工业技术成就的百科全书，分上、中、下3部，原有20卷，只刊刻18卷，分别叙述了有关我国古代农业、纺织、制糖、冶铸、造船、酿酒以及制造火药、兵器等物品的生产过程。从生活资料到生产资料，从民用机械到国防武器，当时有关国计民生的部门，应有尽有，内容广博，文字简洁，插图生动，别具一格，不愧为是我国古代不朽的科技巨著。

第30条的隙积术,它的出现,奠定了高阶等差级数求和问题的基础。

在天文历法方面,沈括本身也颇有研究和见地,《梦溪笔谈》整部书中就有22条是关于天文历法方面的。沈括以十二气历废除了阴阳合历中的置闰之法。这既符合天体运行的实际,又简捷易算,还特别有利于农事活动的安排。

沈括在总结前人经验的同时也在进行着创新。汉朝以前称北极星为"极星",认为它在天空的正中位置,而沈括通过多方面考察星象和历法,最终确定了"极星"的位置,否定了前人的误说。这在《梦溪笔谈》第127条有详细的记载。此外,沈括还如实地转载了治平元年(1064年)铁陨星坠地的前后情景,这为科学研究留下了宝贵的资料。

在地质、地理学方面,沈括对海陆变迁、流水侵蚀、古生物化石、矿物知识和地震等都有大量具有很高科学价值的记载。如《梦溪笔谈》第461条关于避风术的记载,完全可以视为当时的一种天气预测方式,这种记载不仅实录了当时劳动人民的实际情况和聪明智慧,也给后人留下了许多的宝贵经验。又如第433条介绍说雁荡诸峰是由流水侵蚀作用而成的,并以黄土高原的地形成因为例来进一步印证这一见解。

在物理学方面,沈括的记载也是既通俗又深奥。《梦溪笔谈》一书的第44条以飞鸢为例,浅显易懂地说明了针孔成像的道理;第322条针对古代军营中的警戒法,总结出了"虚能纳声"的结论,这又与现代自然科学中所讲的共振有相通之处;第437条记载了当时的人工磁化的方法,即用天然磁合磨钢针,并通过对磁针的四种支挂方法的实践和分析,选定"缕悬为最善"。特别值得一提的是,沈括发现了地磁偏角。

在化学方面,沈括的科学成果更是惊人的。其实远在汉代,我国劳动人民就知道用石油来做燃料和照明,但直到《梦溪笔谈》一书,才第一次真正地提出了"石油"的科学命名,并预言石油"此物后必大行于世"。书中的第421条真实地记录了当时劳动人民开采石油的大体情况,以及当时用石油碳墨代替松烟制墨的基本情形。对于当时延州一带人民采集利用石油的情况,书中作了极其细致的考察记载。

对于我国较早的炼钢法及工艺技术，在《梦溪笔谈》一书中都有详细的记载。书中第455条记载的烹胆矾成铜一法，实际上是一个化学置换反应，这是我国"水法炼铜"的发展史中的一笔重要的记录。

在生物学、医药学方面，《梦溪笔谈》中对于药物及其药理作用等方面作了大量考察，进行了客观的记录，纠正了宋代以前不少的错误记载。

在工程技术方面，沈括的记录也成了珍贵的科技史料。今天，我们都知道中国古代的四大发明之一——活字印刷术的发明者是毕昇，书中第307条的记载，这几乎成为唯一的原始资料了。另外，书中对于建筑匠师喻皓、《木经》、水工高超巧合龙门的三节压埽法的记载，都显示出当时劳动人民发明创造的智慧。

除此以外，沈括在文化历史方面的考究也是后人研究的重要参考依据。《梦溪笔谈》第244条记载宝元年间（1038年—1039年）北宋将领种世衡智退党项贵族（即西夏）侵扰的历史事件。书中对于宋代财政措施的记载也成为研究王安石变法改革时期的重要依据，并为研究宋代的经济史提供了宝贵的史料。此外，书中第473条对四川爆发的王小波、李顺起义也做了详细的记载。

今天，沈括在《梦溪笔谈》中所参考的各种自然科学专著，绝大部分已经散失，幸而这些专著的重要内容与论点，在《梦溪笔谈》里都以摘要或原著的片段形式保存着。

《天工开物》

《天工开物》一书全面系统地记录了我国古代农业和手工业的生产技术情况，同时，该书也对工艺技术的发展历程作了详细的记载。

通过对农作物种植和培养过程的观察研究，宋应星仔细记录了培育水稻、大麦等新品种的许多事例，分析研究出了土壤、气候、栽培方

探究性阅读

科学读物是反映科学进步、描述科学技术的作品。比如，《天工开物》一书详细记述了领先于当时世界的各种工农业生产措施和科学技术，不仅全面反映了明末农业生产和手工业生产的技术发展水平，而且也体现了作者的农本思想。全书自始至终充分肯定了劳动人民的生产实践活动。在农业生产方面，记载了培育优良稻种和杂交蚕蛾等许多农业生产的技术措施；在纺织方面，作者详细记述了明代提花机的构造，并能够用和现代"轴测投影"类似的方法清楚地表达出花机的结构、机件和形状大小、相互关系；并对缫丝、整经、卷纬、机织、提花、染色等方面作了详细的介绍，是研究我国古代纺织机械和纺织技术的重要资料；在冶炼方面，记载了用锤锻方法制造铁器与铜器的工艺过程，其中不少技术至今仍在应用。

法等对作物品种变化的影响。宋应星以大量的观察和分析为基础,明确地提出了"种性随水土而分",这是对以往的传统的物种不变的形而上学观念的第一次强大的冲击。宋应星注意到不同品种蚕蛾杂交变异的情况,推断出可以通过人工的努力改变动植物的品种物性,于是第一个提出了关于物种变异的科学论断,这在我国古代科学家关于生态变异的传统认识的基础上作出了创新,也为日后改良品种的实践提供了有力的理论根据。

农业及经济作物的发展当然得益于手工业生产技术的提高。在当时,明代的手工业生产技术水平在世界上是先进的,这些在《天工开物》中都有具体阐释。比如,《天工开物》用了约占全书四分之一的篇幅,比较系统和全面地反映了冶金和金属加工工业方面的成就。在当时这些方面在生产规模、产量和技术上都居于世界的领先水平。特别是在炼锌(当时称为"倭铅")技术方面,进而使我国成为当时世界上唯一一个能够大规模进行冶炼锌的国家。由此,《天工开物》也成为世界上第一部记述锌的冶炼和铜锌合金技术的科学著作。关于冶炼钢铁,在中国古代早有发展,《天工开物》就记录了我国人民独创的用生铁流灌注熟铁的"灌钢"冶炼法在明代的新发展,即当时采用的从铁水直接炼成熟铁(低碳钢)的连续生产工艺。另外,《冶铸》卷中还提到明代炼铁使用的一种轻便灵巧、可以进行连续鼓风的活塞木风箱,这种设施提高了冶炼效率,而且比欧洲的同类设施要早一百多年。当然《冶铸》卷的主要内容是全面系统地记载明代先进的铸造工艺,其中,宋应星介绍了精密失蜡铸造、反模铸造和砂型铸造等三种典型方法,此卷也可以视为古代一部比较完整的铸造工艺学著作。有关金属加工方面的记录,本书都有相应的记录。

通过对冶炼技术、原料、成品的研究和记录,宋应星认识到各种金属的不同活泼程

度，发现了利用这种差异来分离金属的化学办法。例如，《丹青》卷记载到，宋应星注意到，在用水银和硫磺升炼朱（硫化汞）的化学反应之后，生成物硫化汞的重量已经超过了原来的水银重量，他对这一现象做出了详细的解释。这表明，他不仅已经认识到朱是汞和硫的化合物，而且更可贵的是他已经有了"质量守恒"思想的萌芽。在后来宋应星的《论气》这部著作中，他又分析了五金、土石、植物等的运动转化过程，对"质量守恒"原理作了初步的论述。

明代手工业的发展繁荣得益于生产力的巨大发展，同时又促进了手工业生产技术的进一步提高和手工业生产工具的进一步发展。《天工开物》一书中就详细记述了纺织业中缫丝、机织、提花和轧棉、弹花、织布、染整等一系列生产工序的发展，并且细致地介绍了有关的生产工具和机械。宋应星还在阐释中穿插了实际图片，比较精确地描画一些机械的结构、各个机件的形状大小和相互关系，这是研究古代纺织技术的宝贵资料。其中，他重点介绍的结构复杂的提花机，就是当时世界上最先进的纺织机械。

在《天工开物》这部著作中，也能看到宋应星在物理学方面做出的成绩。在《舟车》一卷，宋应星在论述船舵的运用时，指出被舵板所激起的水流会使船体旋转。他的简单的直接观察式的论述比起现代复杂的抽象的力学原理当然还有一段距离，但在当时情况下能提出这样的物理见解，也是相当难得的。

名句精华

延境内有石油，旧说"高奴县出脂水"，即此也。生于水际，沙石与泉水相杂，惘惘而出，土人以雉尾挹之，乃采入缶中，颇似淳漆，然之如麻，但烟甚浓，所沾帷幕皆黑。
——《梦溪笔谈》

予疑其烟可用，试扫其煤以为墨，墨光如漆，极墨不及也，遂大为之。后必大行于世。
——《梦溪笔谈》

王圣美治字学，演其义为右文。凡字，其类在左，其义在右。如木类，其右皆从木。所谓右文者，如戋，小也。水之小者曰浅，歹之小者曰残，贝之小者曰贱，如此之类，皆以戋为义也。
——《梦溪笔谈》

凡谷无定名，百谷指成数言，五谷则麻菽麦稷黍，独遗稻者，以著书圣贤，起自西北也。今天下育民人者，稻居什七，而来牟黍稷居什三，麻菽二者，功用已全入蔬饵膏馔之中，而犹系之谷者，从其朔也。
——《天工开物》

生人不能久生，而五谷生之。五谷不能自生，而生人生之。土脉历时代而异，种性随水土而分。
——《天工开物》

中国人文读物

《美学散步》

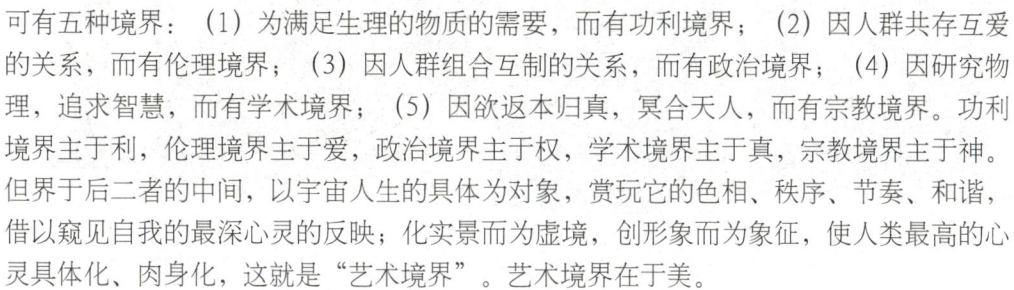

艺术欣赏就是对美的发现与感悟,那么美在哪里呢?美就在你自己的心里。画家诗人创造的美,就是他们的心灵创造的意象,独辟的灵境,那么什么是意境呢?

书中分析道,人与世界接触,因关系层次不同,可有五种境界:(1)为满足生理的物质的需要,而有功利境界;(2)因人群共存互爱的关系,而有伦理境界;(3)因人群组合互制的关系,而有政治境界;(4)因研究物理,追求智慧,而有学术境界;(5)因欲返本归真,冥合天人,而有宗教境界。功利境界主于利,伦理境界主于爱,政治境界主于权,学术境界主于真,宗教境界主于神。但界于后二者的中间,以宇宙人生的具体为对象,赏玩它的色相、秩序、节奏、和谐,借以窥见自我的最深心灵的反映;化实景而为虚境,创形象而为象征,使人类最高的心灵具体化、肉身化,这就是"艺术境界"。艺术境界在于美。

一切美都是来自心灵的源泉,没有心灵的折射是无所谓美的。所以说,一片自然风景需要一个心灵的境界,意境是情与景的结晶品。因此,中国艺术家不满足于纯客观的机械式的模写,而总是要在对对象的反映中折射出人格的高尚格调。静穆的观照和飞跃的生命构成艺术的两元。于是,中国艺术意境的创成,既须得屈原的缠绵悱恻,又须得庄子的超旷空灵。缠绵悱恻,才能一往情深,深入万物的核心,所谓"得其环中"。超旷空灵,才能为镜中花,水中月,羚羊挂角,无迹可寻,所谓"超以象外"。色即是空,

---

作者及作品简介

《美学散步》的作者是宗白华,祖籍浙江杭州,他是我国著名的哲学家、美学家、诗人。宗先生一生著述不多,而《美学散步》则几乎汇集了其一生最精要的美学篇章,也是先生生前唯一的一部美学著作。初版于1981年,曾影响过整整几代学人。其作品中的抒情艺术,充满着中国古典的诗情画意,融老庄哲学、屈原传统、柳宗元文学和儒学于一体,从一丘一壑、一花一鸟中发现无限,于方寸之间体现了广阔的天地,处处透露出诗人的敏锐和近代人的感受,牢牢地且又直观地把握了中国美学的精英和灵魂。

《校注人间词话》的作者是王国维,字静安,晚号观堂,浙江海宁人。生于清光绪三年,辛于1927年。其生平著作甚多,身后遗著收为全集的有《王忠悫公遗书》《王静安先生遗书》《王观堂先生全集》等数种。

《校注人间词话》是中国近代最著名的一部词话著作,它用传统的词话形式以及传统的概念、术语和逻辑思维,较为自然地融进了一些新的观念和方法,其总结性的理论问题又具有相当普遍的意义,这就使它在当时新旧时代的读者中产生了重大反响,而且在中国近代文学批评史上具有崇高的地位。

空即是色，色不异空，空不异色。这不但是盛唐人的诗境，也是宋元人的画境。"以追光蹑影之笔，写通天尽人之怀"，这两句话代表了中国艺术的最高理想和最高成就。唐宋的诗词、宋元的绘画莫不如此。中国那些最伟大的艺术品的境界，都植根于一个活跃而有韵律的心灵。

作者用他的这种一以贯之的看法引导我们去欣赏中国的诗歌、绘画、音乐，尤其是中国的书法。中国人哀乐的情感能在书法里表现出来，像在诗歌、音乐里那样。别的民族写字还没有能达到这种境地的。作者认为，写西方美术史，往往拿西方各时代建筑风格的变化来贯穿，中国建筑风格的变迁不大，不能用来区别各时代绘画雕塑风格的变迁；而书法却自殷代以来，风格的变迁很显著，可以代替建筑在西方美术史中的地位，凭借它来窥探各个时代艺术的特征。比如魏晋时期的书法，代表人物是王羲之父子，就是魏晋人简约玄澹，超然绝俗的哲学美的具体体现。艺术的欣赏是为了形成艺术的人格，而魏晋人的人格美，正是中国艺术史区别于其他民族，显出中国艺术精神的最精彩、最动人的篇章。这个时代之前，思想定于一尊，艺术过于质朴；这时代之后，思想受儒佛道合流的支配，艺术过于成熟。只有这几百年间，是精神上的大解放，人格思想上的大自由。晋人的美，是这个时代的最高峰。

晋人发现了山水的美，王羲之说：

> **探究性阅读**
>
> 《校注人间词话》一书集中体现了王国维的文学、美学思想。它虽然运用的是中国传统词说的批评形式，却体现了现代的审美意趣和批评精神。全书融会中西，承前启后，既有对传统词学的继承和突破，也有对西方理论的接受和融通，也可以说它在中西文艺思想交流融合的道路上迈出了坚实的一步。其观点新颖，立论精辟，自成体系，在中国诗话词话发展史上堪称是一部划时代的作品，因此，它理所当然地受到了国内外学者的普遍重视。

名句精华

诗和春都是美的化身,一是艺术的美,二是自然的美。我们都是从目观耳听的世界里寻得她的踪迹。

——《美学散步》

艺术心灵的诞生,在人生忘我的一刹那,即美学上所谓"静照"。静照的起点在于空诸一切,心无挂碍,和世务暂时绝缘。

——《美学散步》

艺术的"形式"结构,如数量的比例(建筑)、色彩的和谐(绘画)、音律的节奏(音乐),使平凡的现实进入美境。但这"形式"里面也同时深深地启示了精神的意义、生命的境界、心灵的幽韵。

——《美学散步》

无我之境,诗人只有在感情平静的时候才能得到,有我之境,在从激动转向平静的时候得到。所以,一种境界优美,一种境界宏壮。

——《校注人间词话》

诗人必须有轻视外物之意,所以能像对待奴仆一样役使风云月露。诗人又必须有重视外物之意,所以能和花鸟虫鱼同忧共乐。

——《校注人间词话》

"从山阴道上行,如在镜中游。"他们风神潇洒,不止在于物,而对于哲理的探索,却是一往情深,王戎说"情之所钟,正在我辈",顾恺之画绝、才绝、痴绝,痴绝尤不可及。晋人向外发现了自然,向内发现了自己的深情。山水被灵化了,也情致化了。陶渊明、谢灵运的山水诗好,因为他们是用心灵在体味自然,用诗再现了自然。

晋人之美,美在神韵。神韵可说是"事外有远致",不黏滞于物的自由精神,比如目送归鸿,手挥五弦。这是一种心灵的美,扩而大之可以形成一种镇定的大无畏精神。美之极,则雄强之极。王羲之书法人称字势雄逸,如龙跳天门,虎卧凤阙。淝水大捷植根于谢安美的人格与风度中。枕戈待旦的刘琨,横江击楫的祖逖,勇于自新的周处,都是千载而下有生气的人物。这个时代,是中国历史上最有生气,活泼爱美,美的成就极高的一个时代。这是一种唯美的人生态度,还表现在以下两点,一是把玩限制在刹那的限量里以求极量的丰富与充实;二是美的价值寄于过程本身,不在于外在的目的,所谓"无所为而为"的态度。

在这部书里,宗白华用他抒情的笔触、爱美的

心灵引领读者去体味中国和西方那些伟大艺术家的心灵，去体味那些风流潇洒的晋人的心灵，等到我们散步归来，发觉自己的心灵也得到了升华与净化。

《校注人间词话》

本书共分三部分：（一）人间词话；（二）人间词话删稿；（三）人间词话附录。

"人间词话"是经王国维手定发表于《国粹学报》的《校注人间词话》64条。原文据王幼安校订本（《蕙风词话·人间词话》，人民文学出版社1962年出版）。每条原文后均附有译文和评点。译文将原文评为现代语体文。评点是对原文进行适当注解，阐释主要论理观点并加以引申发挥。"人间词话删稿"是王国维《校注人间词话》手稿中除去发表于《国粹学报》上的全部剩余部分，共62条。其中除考证性的11条外，每条均附译文。因为各条所涉及的理论观点在"人间词话"中的评点中大体上已经进行了阐释，所以没有再加评点。"人间词话附录"是与《校注人间词话》有关的王国维的零散论述，可提供理解和研究《校注人间词话》参考。这一部分自腾咸惠校注本转录，但增加了所辑录重要著述的篇名。

在清代大量的词话中，《校注人间词话》以其见解之新颖、理论之独特，一直受到学术界的重视。概括地说，《校注人间词话》主要有以下四个特点：

首先，以境界说为中心构成了一个比较完整的理论体系。境界包括境界的基本含义、创作过程、形态种类和艺术表现诸方面。王国维说："能写真景物、真情感者谓之有境界，否则谓之无境界。"真景物和真情感应该融为一体，做到"以景寓情"，"意与景浑"，"意境两忘，物我一体"。既写真景物又抒真感情，把逼真传神的写景和诚挚真切的抒情有

机地统一起来,这就是境界的基本涵义。

王国维说:"原夫文学之所以有意境者,以其能观也。"境界产生于诗人审美静观的过程中。"一切境界无不为诗人设。世无诗人,即无此种境界"。诗人的审美情感移情于审美对象,诗人的心境融入,浸透于物境之中,于是境界产生出来了。按照境界的构成材料的不同,王国维把境界区分为"造境"和"写境"两种不同的形态。这就是作者所谓的境界说。

境界说是《校注人间词话》的核心。与境界相关,王国维还提出了诗人修养论和文学的发展观。他认为伟大的诗人必然有高尚的人格,人格卑下者不可能作出伟大的文学作品。文学作品既要有"内美",又要有"修养"。此外,他还进一步发展了他的文学发展观。

第二,既继承了中国古代美学和文艺理论的优良传统,又吸收了西方美学和文艺理论的某些观点,熔中西思想于一炉。情景交融是中国古代美学家和文艺理论家对于境界或意境的最基本的理解和规定。这正是《校注人间词话》境界说整个理论的出发点。王国维进而吸取了严羽以"兴趣"、王士祯以"神韵"把握诗歌审美特征的合理的理论内核,以及主张表现真情实感,反对虚情假意。追求形神兼备,反对只求形似,推崇自然本色,反对人工雕琢,注重人品修养,反对格调低下,提倡发展独创,反对因袭模仿等有价值的传统美学和文学理论。

第三,不被传统的词学理论所束缚,敢于创新,自成一家。王国维对于浙西词派推崇南宋深表不满。对于常州词派词论的合理成分加以吸收等,他标举境界,探本溯源,力图解释艺术创作的精义妙谛。

第四,能够运用朴素的辩证方法进行论证,增加了理论的深度。

《校注人间词话》主要就是围绕抒情与写景,理想和现实,有我和无我,诗品和人品"入"("入乎其内")与"出"("出乎其外"),"因"(继承)与"创"(创新)的对立统一建构起整个理论体系。王国维从对立双方的互相联系、互相影响、互相渗透来进行分析和论证,因而能深入把握本质。这是一种朴素的辩证思维方法,但有时采用了康德式的二律悖论的形式。

中国科幻读物

《偃师传说》

一个阳光明媚的下午，王妃盛季在自己的房间里找到了无数精美的礼物，它们匪夷所思，让人称叹，但都没能让盛季露出她那可爱的笑容来。姬满听了侍从的报告，匆匆从前殿赶了回来，他怜惜地拨过爱妃的肩头问道："这些礼物没有一件不是天下最杰出的巧匠殚精竭虑、呕心沥血的杰作；没有一件不沾满了我属下最勇敢的武士的鲜血，难道就没有一件能讨你的欢喜吗？"王妃慵懒地说，别让那些贱民再去白白浪费生命了。她是不会从中得到快乐的。被爱情激起了勇气的国王叫道："我，伟大的姬满，竟然不能让所爱的人展露一下她的笑容吗？"随即传旨，不论是谁，只要能让盛季露出笑容，赐十座城池、黄金五百镒、玉贝一千朋。若不成功，那些艺人杀无赦。

国王的承诺像野火一样迅速传遍了整个帝国……大殿前，来自遥远国度的流浪艺人小心翼翼地掩盖着他们赖以糊口的神幻秘技，他们是为了那一份不可思议的丰厚赏金而匆匆赶来的。

先是一个老头吟唱一首颂歌，歌声中两位少女跳起了美妙的舞姿，其歌其舞使人迷醉。

作者及作品简介

中国科幻文学不同于科普读物，有着悠久的发展史。与人类上古的神话传说有着相似的精神基础，即对人类与宇宙关系的解释、人类社会未来命运的关注与猜测。其特点往往带有恐怖小说、冒险小说或奇幻小说的痕迹，又与推理小说的关系最为密切。

其次是一个遥远国度的魔术师撒豆成兵，让人惊呼不已。

后来是一个身材矮小的男子表演绳技，那根绳子随着笛声而扭动、上升……表演一直进行下去，但是王妃始终没有绽放过笑容，为此，宝剑上留下的血痕越来越鲜明……

盛季望着高台下的人群，陷

入了沉思。她很小的时候曾就有过一个荒诞梦想，有那么一天什么东西都属于她，什么都臣服于她，那时候她就是世界上最幸福的女人了，但是现在她快乐吗？

夜晚眼看就要到了，国王的神情越来越焦躁不安。就在这时，人群和卫兵骚动起来，一袭黑袍出现在晨曦中，带着魔鬼的气息，他缓步走上前殿，卑恭地行了礼："王啊，我听到了你的承诺，从时间的溪流中浮泛而下，穿过世纪的物质和存在的象征，带来了我的作品，希望得到

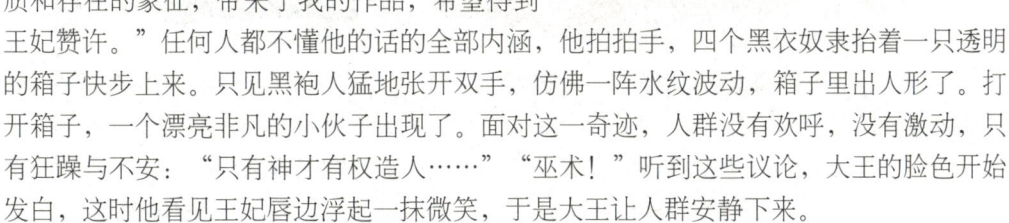

王妃赞许。"任何人都不懂他的话的全部内涵，他拍拍手，四个黑衣奴隶抬着一只透明的箱子快步上来。只见黑袍人猛地张开双手，仿佛一阵水纹波动，箱子里出人形了。打开箱子，一个漂亮非凡的小伙子出现了。面对这一奇迹，人群没有欢呼，没有激动，只有狂躁与不安："只有神才有权造人……""巫术！"听到这些议论，大王的脸色开始发白，这时他看见王妃唇边浮起一抹微笑，于是大王让人群安静下来。

黑袍人拍拍手："跳起来吧！行阿！"年轻人微微一颤，随即连足迹踏过最遥远国度的旅行家也从来未见的华丽欢快的舞姿如同流水一样从他的头，从他的手，他的足，每一寸肌肤中喷涌而出，这世上能有什么动作可以与他的舞姿比美呢？终于，王妃笑了。

一舞即罢，国王宣布履行承诺，黑袍人推辞了。他恳求宽恕那些艺人，渴望在那些艺人中去寻找那些自然力量显示的技艺，去创造另一个梦幻般的神话时代。国王微微一怔，但是随即就准许了，黑袍人鞠了一躬，寂然消失。

国王的狂欢持续了三天三夜，后宫深处，盛季把她滚烫的额头贴在冰凉的大理石柱上。她爱上了一个傀儡，她自嘲地摇了摇头，只有行阿是真心真意地为了她。为了她的快乐而舞蹈。国王的盛宴持续了三天，那班家伙就让行阿跳了三天的舞，他一定累坏了。盛季默默地想。突然，行阿出现了，盛季问他为何不去休息，行阿说："我不能去休息，我是为了你的欢乐而存在的。我只有十天的能源……十天的生命，让我用这剩下的七天来陪你一个人，让你欢乐，只要你一句话，我可以为你去死。""你会为她死的！"一个粗暴的声音传来，姬满出现了，他暴怒："竟然调戏我的王妃，我要让你和你的主人粉身碎骨！"盛季马上就让行阿快跑："为了你自己，

为了我。"行阿用一种令人难以置信的敏捷和技巧一下子就跑掉了。

大搜捕持续了整整三天,却仍然没有抓到行阿和他的主人,侍卫的头领向国王解释:"黑袍人会在眼前突然消失,而行阿呢,他根本就不是人类,卫兵不是他的对手,但他好像受了什么禁锢,不伤害人。"国王感到一股逼向王座的不安感,他知道只有盛季能够引出行阿来,但是她却不答应,直到满头白发的老父亲跪在她的脚下,用整个家族兴败来恳求她,她才犹豫了。

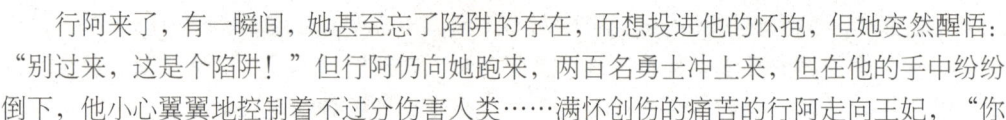

行阿来了,有一瞬间,她甚至忘了陷阱的存在,而想投进他的怀抱,但她突然醒悟:"别过来,这是个陷阱!"但行阿仍向她跑来,两百名勇士冲上来,但在他的手中纷纷倒下,他小心翼翼地控制着不过分伤害人类……满怀创伤的痛苦的行阿走向王妃,"你还爱我吗?"他悄悄地问,盛季轻声答道:"是的",向艺人伸出手来,行阿接过玉手轻轻一吻,如同一尊青铜雕像般不动了。

妒火中烧的国王拔出宝剑,砍掉行阿的头,王妃惊叫着闭上了眼睛,没有血液喷出来,他那漂亮头颅下面是一大堆金属片,以一种不可思议的复杂完美地联系在一起,随即散落在风中。

王妃睁开含泪的双眼,一块透明的玉一般的簧片跳上了她的手,精巧地微颤着,发出了和行阿的歌喉一样动听但却是单调的嗡嗡声。

《高塔下的小镇》

一天劳作终于结束了。我从麦田走出来,坐在地上,收割麦子是头等的大事,也是最累的,之后,得赶快在商队到来之前把麦子打下来,可以用富余的麦子

名句精华

在这些礼物中,有一只琢磨得晶莹剔透的汤匙,它像一只黑色的鸟儿般在光滑如镜的底座上微微颤动,翘起的长喙令人惊讶地固执地指向南方。
——《偃师传说》

在这些叫人眼花缭乱的珍宝中,还有一团神秘的永恒燃烧着的火焰,火光中两只洁白的浣鼠正在快活地蹲上蹲下,这团永不熄灭的火焰是它们的宇宙和归宿。
——《偃师传说》

五百名站在阴影中的青铜甲士寂然无声,只有微风拂过他们的长戈和甲衣时才能听到轻轻的呜咽声,在左右回廊围簇着的中央高台上,被贵族和百官簇拥着的是君临天下的国王和他宠爱的盛季。
——《偃师传说》

结实的麦穗在轻风中摇荡出奇妙的波纹,滚滚麦浪令我感到赏心悦目。
——《高塔下的小镇》

我怔怔地凝视着这画一般的美景,一时间竟忘乎所以到了丧失时间感的地步,只觉得仅一刹那工夫,天色就黯淡下来了……
——《高塔下的小镇》

与商队交换所需的商品,其中有令人惊叹的文明发达地区所制造的种种东西。可是,在这小镇上这样的生活已经持续了三百多年了。

我们的祖先为了在乱世之中安全地生存下来,修建了这座白塔。在白塔中有一台能摧毁一切的制造死亡之光的机器。它履行使命的原则很简单。为此,每年的贸易会上,买卖双方都聚到了这里。

我很爱水晶,因为我觉得她是一个特别的女孩儿,她的独有魅力显然并非源自容貌,她所发出的魅力可以轻易直达我的心灵最深处。我爱她,我想让她成为我的妻子,这两年来,我们之间出现了危机,根源是她的理想。

我决定和她谈谈,去全力尝试劝说她放弃她的那个理想。她现在应该是在望月那儿听他的"传教",这让我很不高兴。望月的演讲会,全镇闻名,他宣扬这一个异常危险的思想——我们应该跨过"生死线"到达外面的世界去!不幸的是,水晶竟然赞同他那荒谬的主意。演讲在不断地进行着⋯⋯

我把水晶从人群中叫了出来。水晶对我说:"我们的镇子没有希望了,不进化就没有未来⋯⋯有了希望就有了一切,可我们这却没有希望⋯⋯"我大声地说:"可这里也没有绝望!望月要的是权力,不要听他胡说!"水晶争辩说那并不重要,每一个人的具体理想都并不重要,重要的是目标一致——走出镇子参与进化。我不再拐弯抹角:"水晶,你走了,留下我一个人公平吗?不要走⋯⋯嫁给我好吗?"然而水晶却垂下了双眼,走了。

一转眼收麦子的季节又到了。商队又给了我们一个惊人的消息:北方的"黑鹰"部落南下掠夺农庄和城邦了,对我们的小镇最感兴趣。第十三天,远方的地平线出现了黑压压的人群。镇长的命令也下了。这也是热闹非凡的一天。小镇的空气中弥漫着过节一般的气息。

不管黑鹰部落是从高空袭击,还是挖地道袭击,高塔都轻而易举地消除了危险源。后来,他们又亮出了新招数。下午四点的时候,灾难降临了。集结好的人向小镇发起了冲击,不过高塔是具有分析和判断能

创造性阅读

科幻读物与科普读物内容特点有所不同，它是利用已有的知识基础加以想象发挥的产物，反映了人们对未来科学技术发展的设想，与现实生活是两回事，当然也有一些科幻读物所描绘的东西随着科学技术的发展，在若干年后成为了现实。因此，在读科幻读物的过程中，可不要把它和科普混淆起来，把其中的幻想当作科学的结论！另外，在读的过程中，不仅要学会把文字和图结合起来，而且还要学会多思考，多联想，进而有助于我们更好地感受科学给我们带来的奇迹以及未来我国的发展状况。

力的，可以视情况决定自己的行动。密集的死光犹如一张绿色的大网，罩在了整个小镇的上空。等到死光发射频率降下来的时候，生死线之内的人已经稀稀落落了。今天我看清了这样一个真实的世界，使我彻底明白了进化的重负的分量：它竟能使一个极为强悍的群体不惜以全族灭亡为赌注，甘愿忍受巨大的牺牲也要尝试一下！他们的真正意图是要夺取我们的这座独一无二的小镇，夺取我们的高塔，卸下肩头沉重的进化的重负，拥有一种轻松幸福的生活，这就证实了我的猜测：绝不存在令人心旷神怡的进化！有进化就有艰辛！

我们终于赶在尸体腐烂之前将它们处理完毕了。当最后一锹土投出之后，小镇又恢复了原来的生活节奏。不久后我发现了镇上的一个显著的变化：望月的演讲会再也没有举办了。我决定过一阵子重新去试探水晶的态度，我也该结婚了。

出乎意料，没过多久，水晶主动来找我了，约我在"兔窝"见面，同时约的还有望月。远远地见水晶了，但当我们停下脚步，呆住了，水晶已经站在了生死线之外！"我决定了，"她微笑地对我们说："我全都明白了，小镇利用高塔与世隔绝，用自我封闭来逃避进化，消除不安和恐惧，这就是真相。"水晶让我走出了生死线，但望月退却了。她又将目光转向了我，我全身热血沸腾，身不由己地向前迈了一步，但是我猛然间惊醒了！不！不可以再前进了，我会不堪重负的！再前进一步，我就可以获得我的爱，拥有一个完整的人生……但我双膝无法动弹。

终于，她转身走了，她一边走一边回头望着我们，中间隔着那条生死线。我双膝一软，痛彻肺腑地将双手深深地插入泥土之中……

中国科普读物

《中国文明起源新探》

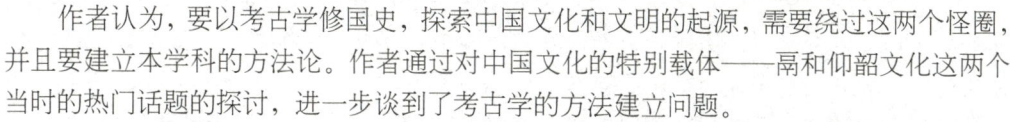

书中指出，几十年来，在我们的历史教育中有两个怪圈：一个是根深蒂固的中华大一统观念；一个是把马克思主义提出的社会发展规律看成是历史本身。在中华大一统方面，我们习惯于把汉族史看成是正史，其他的就列于正史之外。至于另一个怪圈——社会发展方面，我们习惯于把马克思提出的社会发展规律看成历史本身，这样就把活生生的中国历史简单化了。

作者认为，要以考古学修国史，探索中国文化和文明的起源，需要绕过这两个怪圈，并且要建立本学科的方法论。作者通过对中国文化的特别载体——鬲和仰韶文化这两个当时的热门话题的探讨，进一步谈到了考古学的方法建立问题。

作者首先讲述了自己在20世纪三四十年代寻找解释"天书"密码的那段经历。作者通过实践摸索，从上百件瓦鬲标本中找到了解释"天书"的密码，识破这种中国文化特殊载体的基本运动规律。作者指出，运用考古学方法论，认识到鼎鬲不同源、商周不同源，这是我们绕过中华大一统观念考古寻根的一次重要尝试，在实践中摸索符合中国特色的考古学方法论已经开始了。

作者及作品简介

《中国文明起源新探》的作者是苏秉琦，1909年（宣统元年）10月4日出生于河北高阳北沙窝村。代表作品：《苏秉琦考古学论述选集》等。他是我国现代考古学的泰斗，全国考古奠基人和开拓者。

本书是考古学家苏秉琦先生在生命的最后时段为大众撰写的一部考古学著作。书中以其60余年的考古生涯为主线，回顾了他在实践中探索考古学科理论和方法所走过的艰辛道路，从一个侧面反映出中国考古学的成长过程和探索中国文明起源方面的主要成就，因此，被称为"中国考古学的世纪之作"。

《人类生存困境——发展的悖论》的作者是周海林、谢高地。周海林是我国著名的研究员，目前在中国21世纪议程管理中心从事可持续发展理论与政策研究，曾在德国合作研究多年，共发表了50余篇学术论文。

作品是对人与自然关系问题的论著，内容包括人类的降生以及与生物圈的交往，人类对自然界的各种影响，人是如何确定自身作为地球中心的原因，消费主义以及市场对人类社会结构和人的生存方式的影响等，论述了发展的主观愿望与发展结果的悖论。全书从自然科学的角度论述了自然特性以及自然过程，从社会学角度阐述了发展的各种动力与结果，对人类的发展以及发展所导致的危机局面和悖论式的结果做了完整的表述。

其次,作者讲述了50年代后期研究认识仰韶文化的艰辛。作者指出,对仰韶文化的研究,是进一步追溯中国文化和文明起源,在认识上取得突破的一个时期。作者提出,仰韶文化的各种因素纷繁庞杂,它的基本特征是我们据以论证它堪称中国文化起源重要源头之一的主要因素,进而作者对仰韶文化的主要文化特征进行了详细的介绍。作者认为,无论是"修国史"还是"写续篇""建体系",都必须走这条路,必须首先从对文化遗存作分析和对考古学文化作比较研究入手,确定在一个具体的考古学文化系统中文明因素如何出现,国家又是如何一步一步形成的。

20世纪70—80年代是中国考古学发展走向成熟的时期,作者讲道,经过60年代的摸索和解悟,终于找到一条有中国特色的考古学发展道路,一个带根本性的学科理论,这就是中国考古学文化区系类型学说。作者在书中对这一学说的来源进行了回顾,紧接着对这六个"条块"进行了详细的介绍。作者认为,经过这一重新认识了的"区系的中国",既已建起了中国考古文化发展的结构体系,更是以阐明10亿人口、56个民族是如何凝聚到一起的基础结构为最终目的的。

用考古文化区系类型学说对中国文化进行重新认识,大大开阔了考古学家观察古代各族人民在中华辽阔国土上创造历史的视野,开始了从文化渊源、特征、发展道路的异同等方面进行考古学区系类型的深入探索。作者还指出,在区系类型学说从酝酿到形成过程中,都已涉及到各区系考古文化的社会发展阶段问题。作者进一步介绍了中国文化研究的成果,尤其是从几处典型地点归纳出来的中国文明起源的三种形式——"裂变""撞击""融合"。

90年代,我们对中国

探究性阅读

科普读物在一定程度上反映的是当时我国生命科学发展的重要特征以及发展趋势。它是把科学的知识，用通俗生动的语言表述出来，有的甚至还用拟人化的手法，使你不觉得枯燥无味，而能在轻松愉快的心情中接受有用的知识。在读科普读物中要把握住书中讲的是哪些科学知识，它们之间的联系是怎样的，告诉我们什么样的知识或规律。再想一想自己能不能举别的例子来说明这些知识。如果书中提到有关的科学试验或制作，你也不妨在阅读后注意观察社会现象或进行参观访问，这样就会收到较好的阅读效果。

文明起源作了系统完整的论述。作者将中国国家起源问题概括为发展阶段的三部曲和发展模式的三类型。发展阶段三部曲是：古国——方国——帝国；发展模式三类型是：原生型——次生型——续生型。作者在本书中对这一理论做了详细的介绍和论证。

中国考古学文化区系类型学说的建立、中华文明起源和国家形成系统概念的形成，进一步提出了中国考古学与世界考古学接轨、古与今接轨的新课题。通过对中国考古学所取得的成就的科学分析，作者认为，在此基础上提出中国文明起源的系统完整概念，提出中国两半块与世界两半块接轨和世界文明一元论，说明中国考古学已步入真正的科学轨道，并站在了新的起跑线上。

《人类生存困境——发展的悖论》

关于人类所面临的困境和发展所带来的危机，人们谈论得非常多。自罗马俱乐部发表《增长的极限》以来，危机意识几乎笼罩了人类的整个天空。这种状况导致了两种结果：一种是，人们对前景表示了悲观的看法，觉得人类无力从自己的错误和本性中解脱出来，人类进入了一个可怕的终结过程；于是人类的整个意识领域弥漫着各种各样的"终结"概念。另一种是，人类相似的"末日"气氛出现，而人类最后都被解放了出来。

在这个物质不灭和能量守恒的世界

中，我们如何能够在不断消费物质和能量的前提下，去保护地球不被人类逐步消费掉、把物质变成垃圾、让能量变成无序的熵？在这个理性张扬和个性得以自由发挥的全球性社会中，我们如何能够在获取与利用的同时不被市场和技术力量所吞噬？本书的主题就是论述这些悖论，进而展示了危机的潜在发展。

本书通过对人类历史发展的讲述揭示了一个道理，这就是人类面临的困境：在进步与倒退、发展与生存危机之间步履艰难。作者认为生物圈的可塑性给人类提供了重要的法宝，使人类在不打破生物圈动态平衡的前提下可以大规模地改造生物圈并利用某些要素作为人类生存必需的条件。目前全球性的环境危机，其实质不是单纯的经济和技术问题，而是文化观念和价值取向问题。作者认为我们时代的困境源于一个简单的事实：太多的人对地方的和全球的资源产生了太多的要求，而对由此产生的后果则太少加以注意。

大自然在有人类和没有人类时是完全不同的，在没有人类的地球上，自然界的能量来源于宇宙空间的太阳，然后又消失于宇宙空间。由于太阳的寿命在人类的时间尺度上还显得无限漫长，那么地球上由太阳能驱动的这一切也就将安全地无限漫长地存在下去。作者通过分析表明，人类对大气圈、生物圈的影响和破坏是巨大的，人类对自然资源的消耗也是成倍增加的。在很长一段时间内，人类将按原有步伐沿着原有道路走下去，但人类之中只要有一些人保持神志清醒，那么稳态经济将有可能不是梦幻。

人类的控制欲源于对不确定性和不安全感的恐惧，而这一简

名句精华

科学是以逻辑思维反映客观世界，艺术是以形象思维反映客观世界的。
　　　　　　　——《中国文明起源新探》

人类具有思想意识，他能明辨善恶，并在自己的行为中做出选择。
　　　　——《人类生存困境——发展的悖论》

世界原本是由许多互不干扰的个人构成，这些人需要知识来照亮他们的生活，使他们能够应付他们的日常事务，他们期待着国家采取明智的政策，为他们提供有利的社会条件和有效的指导。
　　　　——《人类生存困境——发展的悖论》

现代社会曾以"人是万物的尺度"，开辟了最初的理性发展道路；理性的发展道路却最终导致了商品作为人性价值的尺度，并进而促进了万物商品化的资本主义的形成。
　　　　——《人类生存困境——发展的悖论》

人对于自然的榨取其实不是源于思想针对自然对象化的理解，而仅仅是出于现实利益的考虑。
　　　　——《人类生存困境——发展的悖论》

单的原因却导致了人类控制自身的社会机制的形成，这种控制机制不但与原初的目的背道而驰，而且使人类生存得更加不安全，生存的环境充满了不确定性的阴影。人们在有组织、系统地控制自然过程中，学会了精确地利用自然；这种技术最终却被用来对人类自身进行控制和利用，使人最终由主体变为客体，使人缺乏创造性，丧失存在的基本价值和生存的意义。

市场，这个让人类充分发挥自由和欲望的场所，它不是自然的，甚至不能容纳自然，却让人的自然本性得到极致的发挥。在这个场所，人们谈论生、老、病、死，信仰和道德因为不能货币化而被排除在这个场所以外。在这个场所，人们谈论自己的发展、民族和国家的发展，而这个场所却明确规定了发展的内容，即物质财富的增长。

一个奇怪的事实是，那些智者是如何在这个场所把"可持续发展"和"环境保护"等伦理道德问题作为话题放了进来？经济学家和政治管理官员都明白，现代经济的发展必须刺激人的需要，如拉动内需、刺激不同群体对新产品的消费等，没有消费和消费的增长，现代经济体系一天都不可能存在下去。

最后，作者认为，发展可能是人类的幻想，把"可持续发展"理解为可持续生存，是处理现代问题的最佳方式，也许是唯一的方式，可持续发展对人类的要求是制度和规则上的调整，它要求人回到他原来的位置，成为真正自然中的人，而不是超越自然、超越人之上的人。同时，作者认为，发展是一种无意识的结果，它不是人类某种价值或公共意志引导的结果，更不是有计划的结果。人类必须超越以人为中心的主体主义，恢复人与世界的统一性——万物的统一性。人类应该作为一个整体的生命，重新纳入到自然中来，同时，不仅将各种生命当成达到我们目的的手段，而且当作它们自身的目的。

中国童话故事

《吃肉与智慧》

有两个蠢人,总是抱怨自己没有智慧,对那些有智慧的人又总是不服气。

这一天,这两个人碰到一起了。其中一个对另一个说:"哎,我说老兄,我们同那些公卿大夫一样,都是人,都禀承着天、地、人三才的赐予,为什么他们就该有智慧,而我们就没有呢?"

另一个人说:"我发现了一个诀窍,那些公卿大夫,他们天天吃肉,所以有智慧;而我们呢,每天尽吃些糙米粗糠,所以我们就缺少智慧呀!"

听他这么一说,第一个人高兴起来,他说:"照你说的,我们也吃肉看看。正好我把米卖了得了几千钱,我们把钱拿去买肉来天天吃,不就也可以有智慧了吗?"

于是这两个人回家吃了半个月的肉,几乎把可以吃一年的粮食全换成肉吃了。

这次,这两个人又碰到一起了。一见面,其中一个对另一个说:"老兄,自从吃肉以后,我忽然感觉我心窍都开了,心志清醒,头脑聪明开通,想什么问题都清楚明白,看什么事情都有智慧。"

另一个人说:"老弟说的对极了,我吃了肉以后,明白了许多道理。比方说,我原来总想不通,为什么人的脚板要向前伸出而不往后伸出呢?现在我才懂了,人的脚板向前伸出,走起路来甚是方便;如果往后伸出,走在路上,岂不要被跟上来的人踩着吗?"

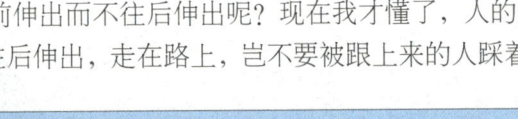

文化溯源

在儿童文学这块多彩的园地里,童话故事是一朵引人注目的奇葩。所谓的童话故事,就是指在现实生活的基础上,用适合儿童口吻的语言,说给(写给)儿童听的(看的)一种富于幻想的故事。

童话故事的情节完整曲折,形象生动鲜明。另外,童话故事还是一种具有浓厚幻想色彩的虚构故事,多采用夸张、拟人、象征等表现手法去编织奇异的情节。幻想是童话的基本特征,也是童话故事反映生活的特殊艺术手段。如果童话故事幻想的内容没有夸张,就会失去光彩;童话形象如果没有夸张的修饰,就会显得暗淡。童话故事往往具有讽刺性,但如果没有夸张就会失去锋芒。其语言如果缺少了夸张,就会缺乏感染力。

此外,语言简洁活泼,表现手法多样,进而使情节曲折而有趣,深受众多小朋友的喜爱。

探究性阅读

中国童话是儿童文学的重要体裁之一，主要是通过丰富的想象、幻想和夸张来塑造形象，反映生活中的善恶美丑。其故事情节曲折神奇而又生动浅显，对自然物拟人化的描写，有的是表达广大劳动人民的心声、愿望和远大的理想，有的鞭挞邪恶颂扬正义，讴颂善良、勇敢、勤劳的优良品德。一般比较优秀的童话作品，不仅在形式上吸引读者，在思想上也能够反映正义与邪恶、善良与凶残、智慧与愚昧、勇敢与怯懦、勤劳与懒惰等一些带有普遍意义的人生主题，使读者可以受到一定的启迪和教育。

第一个人听后满口称是，他说："老兄高见，谁说不是这样呢？我也发现了一个深奥的学问。你看，人的鼻孔向下长而不向上长，这里就有学问。向下长很安全，如果向上长，遇到下雨，那雨水不是都灌进鼻孔里去了吗？"

两个人洋洋得意地互相谈论、赞颂着各自的"新发现"和吃肉后的智慧。

《岩石上的小蝌蚪》

一个绿油油的小山坡上，有一块光秃秃的大岩石。一天下了一场大雨，岩石上一个凹下去的地方积了水，就像一个浅浅的水塘。在这水塘里，忽然来了两只小蝌蚪，身子一扭一扭，尾巴一摆一摆，游过来又游过去。

"小东西，我这儿是你们玩的地方吗？"谁在说话？两只小蝌蚪吓了一跳。啊，原来就是这块大岩石，它的岁数很大了，得叫他岩石老公公。

"小东西，你们是怎么到我这儿来的？"

"我们嘛，"两只小蝌蚪一齐回答，"是一个圆脸蛋的小哥哥带来的，他可喜欢我们了，就要把我们养起来，看我们变成大青蛙。"

"哦，小哥哥就把你们养在我这儿吗？"

"不，不！"一只小蝌蚪说，"他把我们装在小玻璃瓶里，他不小心，把小玻璃瓶打碎了，只好让我们在您这儿待一会儿……"

另外一只小蝌蚪抢着说："小哥哥会来接我们的，他去拿一只漂亮的杯子，还装上水草，让我们住在里面。"

"嗯，是这样。"岩石老公公抬头看看天上的太阳，"可是，等一会儿，太阳会把这点儿水晒干的，你们的小哥哥得赶快来呀。"

小哥哥没来，来了一只小花狗。小花狗口渴了，看见大岩石上有个浅浅的小水塘，就伸出了舌头。

"不行，不行！你不能喝这儿的水。"岩石老公公叫了起来。

小花狗这才看见小水塘里有两只小蝌蚪，就不喝水了。它对小蝌蚪说："呀，这点儿水很快就给晒干了。让我带你们下山坡去吧！"

"不,小哥哥说好来接我们的,我们在这里等他。"

小花狗听了点点头,跑下山坡去了。小河里有的是水够他喝的。

太阳晒得更厉害了,水慢慢地给晒热了。小蝌蚪浑身不舒服起来,只好一个劲地扭着身子。

岩石老公公看见他们这样子,心里真着急,这时候正好有只小花鸭,从他跟前走过。他急忙叫住小花鸭:"小花鸭,帮个忙,把小蝌蚪送下山坡去吧。"

"好啊!"小花鸭说,"我正要到河里去洗澡,我带他们去。"

可是小蝌蚪不愿意,一只小蝌蚪说:"小哥哥说过要来的呀!"另外一只小蝌蚪说:"是啊,要是小哥哥来了,找不着我们,他多难受啊!"

"真是一对小傻瓜!"小花鸭叹了口气,摇摇摆摆走了。

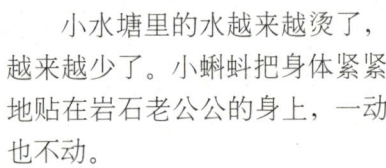

小水塘里的水越来越烫了,越来越少了。小蝌蚪把身体紧紧地贴在岩石老公公的身上,一动也不动。

"你说,小哥哥这会儿是在找杯子,还是在捞水草?"一只小蝌蚪轻轻地说。

"他一定走在路上了,拿着漂亮的杯子,盛着清凉的泉水,那水好清好甜哟!"另一只小蝌蚪想把头抬起看一看,可是已经抬不动了。山坡上静悄悄的,一个人影也没有。

快到中午了,太阳晒得好厉害!小水塘里的水给晒干了,岩石老公公难受极了,不停地叹气。小蝌蚪觉得浑身发烫,就像着了火,一会儿就什么也不知道了。

过了好久,真有一个圆脸蛋的小哥哥上来了,手里拿着一个漂亮杯子,杯子里盛着清清的泉水,还装着许多水草。可是他没跑到大岩石跟前来,就在山坡下

名句精华

可那些小乌鸦一个个躺在地上,扑打着翅膀喊着:"我们真是可怜啊!没有谁能帮助我们。要我们自己养活自己,可我们连飞都还不会啊!除了躺在这里饿死,我们还有什么别的法子呢?"善良的青年从马背上跳下来,拔出宝剑把马杀了,留给小乌鸦当粮食。小乌鸦们立刻跳过来,一面吃一面叫道:"我们会记住你的。好心自然会有好报!"

——《白蛇》

那个读书人惊恐地看到了这情景,他急切地往回走去。他失望地叹道:"小孩为了这一点柴草都会如此争抢,何况天下人呢!天底下比小草大的利益实在太多了。人们在一般情况下,好像还能和睦相处,可是一旦见到有利可图的事,就露出自私的本相,相互争抢打斗,怎么会受不了伤呢?"

——《见利反目》

舞蛇开始慢慢地在小白鼠面前舞动。没有音乐,没有伴奏,这是一种无声的悲哀的舞蹈——献给她的朋友小白鼠的。够了,小白鼠满足了,他带着微笑闭上了眼睛。嘀嗒!一颗清亮的液体落在他身上,这是泪,是舞蛇的泪。

——《舞蛇的泪》

的一条小河边，捉起小蝌蚪来。

只有岩石老公公还记得两只可怜的小蝌蚪，它们已经变成两个小黑点了，紧紧地贴在它的身上。它们在做梦呢，梦见漂亮的杯子，清清的泉水，绿色的水草，圆脸蛋的小哥哥。

《牧童和狼》

从前，有两个机智勇敢的牧童一起到山里去，走啊，走啊，突然发现了一个狼窝。他俩商量说："狼是害人的东西，经常出山去叼走村里的猪和羊，我们应该想办法把它除掉。""可是仅凭我们俩，怎么斗得过凶残的狼呢？"他们正在议论着，一眼瞥见大狼并不在，窝里只有两只小狼，于是计上心来。两个牧童一人抓了一只小狼，然后各自爬上一棵树，相距有数十步远。

过了一会儿，大狼回来了。它进到洞里，发现小狼不见了，急得惊慌失措，嗷嗷叫着四下里寻找。这时，一个牧童在树上使劲地拧小狼的耳朵，小狼疼痛难忍，大声嚎叫起来。大狼听到小狼的叫声，一抬头，发现了牧童和被捉走的小狼，愤怒极了。它狂奔过来，嚎叫着用一双尖利的爪子在树干上又爬又抓，想要把小狼救下来。可是树太高，它爬不上去，着急得要命。

这时候，另一个牧童又在另一棵树上弄得小狼大叫。大狼停止了嚎叫，顺着声音望过去，看见了另一只小狼。于是它又舍弃了眼下的这只，又焦急地快速向那棵树奔去，一边跑一边嚎叫着，就像刚才一样。它刚跑到那棵树下爬抓了几下，这棵树上的小狼又叫了起来。于是大狼再次回过头向这棵树跑来。就这样，大狼不停地嚎叫，不停地来回奔跑，不知道到底该顾哪一头好。来回跑了十几趟以后，大狼渐渐地跑慢了，嚎叫声也越来越微弱了。又跑了一会儿，大狼终于气息奄奄了，僵直地倒在地上很长时间一动也不动。

形象感受

牧童是故事《牧童和狼》中主要塑造的正面人物。当他们面对比自己强大的狼时，并没有选择正面交锋，而是通过智取最终赢得了胜利。故事情节虽简短，但两个牧童的聪明机灵却给读者留下了深刻的印象，而故事本身也在向我们讲述着一个深刻的道理：在对付比自己强大的敌人时，应该学会动脑筋，用智斗，这样才有赢得胜利的机会。

两个牧童这才从树上下来去试探大狼的鼻息,原来它已经断气了。

《神龟的智慧》

有一只神龟被一个打鱼人捉住了,于是神龟托梦给一个国的国王。

这天夜间,国王在睡梦中只见一个人披头散发、探头探脑地在侧门窥视,并对他说:"我住在一个名叫宰路的深潭里。我替清江水神出使到河伯那里去,路上,被一名叫余且的渔人捉住了。"

国王早上醒来,想起夜间的梦,觉得奇怪,于是叫人占卜这个梦。占卜的人说:"这是一只神龟给大王托的梦。"他问左右的人说:"有没有一个叫余且的渔人?"左右回答说:"有一个渔人就叫余且。"于是,他命令手下人传余且来朝见。

第二天,余且来见国王。于是问他说:"你打鱼捉到了什么东西?"余且回答说:"我用鱼网捕到了一只大白龟,龟的背围足有五尺长哩。"国王命令余且将白龟献上。余且赶忙回家将捉到的白龟献给了国王。

国王得到这只神龟后,几次想杀掉它,又几次想把它养起来,心中总是犹豫不决,最后只好请占卜的人来做决断。占卜的结果是:"杀掉这只龟,拿它做占卜用,这是吉利的。"于是,国王命人将白龟杀死,剖空它的肠肚,用龟壳进行占卜,总共卜了72次,竟然次次都灵验。

后来,人们对这件事深有感慨地说:"这只神龟有本事托梦给国王,却没有本事逃脱余且的网;它的智慧能达到72次占卜没有一次不灵验的境地,却不能避免自己被开肠剖肚的灾祸。这样看来,聪明也有受局限的地方,智慧也有照应不到的事情。"

情感体验

童话给我们最深刻的体验就是拟人化的描写。童话故事描绘的总是虚拟的事物和境界,在故事里,牛羊等动物都会说话,木偶能旅行……而这些"人物",是并非真有的假想形象,但是采用拟人的手法之后,可以给读者带来更强的阅读兴趣,同时,能够把读者带入了童话般的世界中,给读者留下丰富的想象空间。童话对美与丑、真与假、善与恶的描写往往都比较直接,能够让我们更加喜欢那些具有美德的主角,痛恨那些德行低劣的主角。

中国寓言故事

《被同伴驱逐的蝙蝠》

很久以前,鸟类和走兽,因为发生一点争执,就爆发了战争。并且,双方僵持,各不相让。

有一次,双方交战,鸟类战胜了。蝙蝠突然出现在鸟类的堡垒。"各位,恭喜啊!能将那些粗暴的走兽打败,真是英雄啊!我有翅膀又能飞,所以是鸟的伙伴!请大家多多指教!"这时,鸟类非常需要新伙伴的加入,以增强实力,所以很欢迎蝙蝠的加入。

可蝙蝠是个胆小鬼,等到战争开始就不露面,躲在一旁观战。后来,当走兽战胜鸟类时,走兽们高声地唱着胜利的歌。蝙蝠却又突然出现在走兽的营区。"各位恭喜!把鸟类打败!实在太棒了!我是老鼠的同类,也是走兽!敬请大家多多指教!"

走兽们也很乐意地将蝙蝠纳入自己的同伴群中。

于是,每当走兽们胜利,蝙蝠就加入走兽。每当鸟类们打赢,却又成为鸟类们的伙伴。最后战争结束了,走兽和鸟类言归于好,双方都知道了蝙蝠的行为。当蝙蝠再度出现在鸟类的世界时,鸟类很不客气地对他说:"你不是鸟类!"

被鸟类赶出来的蝙蝠只好来到走兽的世界,走兽们则说:"你不是走兽!"并赶走了蝙蝠。

最后,蝙蝠只能在黑夜,偷偷出来。

文化溯源

随着古老诗歌的发展,语言逐渐有了变异,后代人读起来就失掉了原来的神韵,于是,就出现了一种新的语言艺术,这就是寓言故事。

简单地说寓言通常指的是一种有寓意的小故事,"其称文小而其指极大,举类迩而见义远。"它的使命在于揭示真理,总结教训,讽刺丑恶;特别需要揭露人们接触到的或者是未曾意识到的荒谬。

寓言的情节极其简单,但寓言故事极尽夸张,在形象的故事中寄托深刻的寓意,将深奥抽象的道理变为通俗易懂、是非分明的故事,给咄咄逼人的说理披上了一件温情而美丽的外衣。虽然少了点理性的锐气,却更易为人接受,穿透力无疑增强了。

形象感受

《蚂蚁报恩》主要通过写蚂蚁咬伤猎人而报答鸽子的救命之恩的故事,重点突出了蚂蚁知恩图报的品质。事实上这样的事情在现实中也时有发生,因此小蚂蚁有恩必报的精神很值得我们学习。

狐狸是《狐狸和鹤的酒宴》中主要塑造的一个反面形象。它狡猾,处处想着算计别人,不怀好意,而最终同样也遭到了鹤的算计以及耻笑。狐狸的故事告诉我们:人与人之间需要的是真诚,处处想着算计别人的人,最终也会遭到别人的算计。

《驴子的坏主意》主要通过写驴子两次为了摆脱自己背上沉重的货物,而想出了一个"好主意",它自认为是聪明,结果却弄巧成拙。这就告诫我们不管做什么事情,没有亲身体会,就不要闭着眼睛说瞎话,而应该学会用实践证明一切。

《蚂蚁报恩》

在一个炎热的夏季里,有一只蚂蚁被风刮落到池塘里,命在旦夕,树上有只鸽子看到这情景。"好可怜噢!去帮他吧!"鸽子赶忙将叶子丢进池塘。蚂蚁爬上叶子,叶子再漂到池边,蚂蚁便得救了。"多亏鸽子的救助啊!"蚂蚁始终记得鸽子的救命之恩。过了很久,有位猎人来了,用枪瞄准树上的鸽子,但是鸽子一点儿也不知道。这时蚂蚁爬上猎人的脚,狠狠咬了一口。"哎呀!好痛!啊!"于是,猎人就把子弹打歪了。鸽子逃过一劫,蚂蚁报答了鸽子的救命之恩。

《聪明伶俐的小羊》

迷路的小羊被狼抓住了。小羊虽然吓得发抖,但是他很聪明。小羊说:"狼伯伯,求求你,在吃掉我以前,能否吹个笛子给我听呢?""什么?吹笛子做什么呢?""我想在死之前,配合着笛声,跳一下我最喜欢的舞。""该不会打算边跳舞边溜走吧!""不会、不会,我绝不会逃走!""好吧!我就吹一曲吧!"狼吹起笛子,小羊配着调子跳舞,跳得很可爱。牧羊人听到笛声,跑了过来。"啊!是狼!"牧羊人愤怒地将狼抓住,救了小羊。狼非常懊悔:"上当啦!那是小羊向牧羊人求救的信号啊!"

《映在水中的影子》

乔到街上去,觅得了一根美味可口的骨头。"嗯!运气真佳!带回去慢慢地啃吧!"乔高兴地叼着骨头咚咚地走着。这天真是好天气,小鸟们愉快地唱着歌。乔紧紧地叼着骨头,瞪大眼睛防着，好像非常担心随时会有大狗来抢夺他的骨头似的，那么战战兢兢。

乔终于走到桥上，如果他继续往前通过桥就好了。可是，乔停住了脚步，从桥上往下看看河水。他竟看见河里有一只狗也叼着一根粗骨头。"啊！那根骨头我也要呀！"乔大声地"汪！汪！"叫了起来。就在这瞬间，骨头从口中掉下，沉到水底去了。"真糟！这是我的影子映在水中的啊！"

《坚固的棍子》

这一天，父亲把三个孩子叫到自己的跟前来，"你们各自把这根棍子折折看吧！""这很容易嘛！"三个孩子立刻啪的一声，将棍子折断了。"那么现在来折这个！"父亲将三根棍子捆起来，交给大儿子。"折折看！"大儿子用尽力气，就是折不断这捆棍子。第二个儿子也来试，最小的儿子也试了，但都折不断。"孩子们，你看，一根棍子是很脆弱的，但把三根捆在一起就会变得坚固。也就是说，只要你们同心协力，就没有办不到的事。"

《狐狸和鹤的酒宴》

有一天，狐狸送了一张邀请卡给鹤。"晚上请来舍下用餐。""哇！真罕见！狐狸先生会准备什么酒菜请我呢？"鹤很高兴地前去狐狸的家。"呀！鹤先生，欢迎！欢迎。请不用客气！"狐狸取出的酒菜只有放在大平盘里的汤而已。"我最喜欢喝汤啦！谢谢你呀！"鹤很想喝汤，可是，因为自己长着一个长嘴巴，所以费了好大的劲，也只能闻到味道而已。盘内的汤，一滴也喝不到。可是狐狸却叽里咕噜地一下子就把汤喝完了，而且嗤嗤地笑着，觉得很有趣。"真不够意思，你在捉弄我！"鹤气愤地回家去了。

不久，鹤也送邀请卡给狐狸。"晚上请客，请你一定要来哦！"狐狸是个贪吃鬼。"是什么样的食物呢？"狐狸暗暗地想着。连不久以前的事，狐狸也忘得一干二净，心里高高兴兴地到了鹤的家。"狐狸先生，欢迎！欢迎！别客气，尽管用吧！"鹤拿出的东西都是什么呢？原来是装在细颈水瓶里的汤啊！"谢谢！"狐狸将嘴伸进水瓶里，但是怎么吃也吃不到一口汤，只能闻到鲜美的味道，鹤则将长嘴巴轻轻松松地伸进瓶底津津有味地吃着呢！狐狸肚子饿坏了，眼前的美食却一口也吃不到。

情感体验

寓言故事的主人公一般都是动物，个别的也有植物，即使是植物也具有着动物的特性，比如有思想、会说话等，在使读者感觉到亲切的同时，能够激发他们的阅读兴趣。寓言和童话类似，都蕴含着深邃的哲理，比如，人应该学会真诚、有恩必报、不要一味地采纳别人的意见，自己要学会思考等等，令读者永世难忘。在阅读寓言的时候，我们同样会产生对善与美的喜爱，对丑与恶的憎恶。

探究性阅读

寓言故事是中国古代文化宝库中一颗璀璨夺目的明珠，它以简明生动的形式，记载和阐释丰富而深奥的道理，成为深受人们喜爱的文学样式。寓言故事的使命在于揭示真理，可寓言故事也不排斥荒诞，是真实基础上的荒诞。寓言故事往往遵守着两个真实：一是生活的真实，另一个则是寓言形象的真实。寓言题材使用的动物活动很多，但无论是表现什么样的社会人生主题，都采用拟人化的手法，把动植物当作人来写。寓言一般都有故事性，但情节不太曲折、复杂。它常运用夸张和想象，但不荒诞。寓言也都运用比喻，目的是通过比喻性的故事来说明有普遍意义的道理。进而赞扬勤劳勇敢，批评懒惰懦弱，把真和假、善和恶、美和丑，对立起来描绘，歌颂前者，暴露后者；给邪恶者以抨击，给弱小者以同情。

《驴子的坏主意》

从前，有个商人在镇上买了很多盐。他把盐装进袋子里，然后装载于驴背上。"走吧！回家吧！"商人拉动缰绳，可是驴子却觉得盐袋太重了，便非常心不甘情不愿地走着。城镇与村子间隔着一条河。在渡河时，驴子东倒西歪地跌到河里。盐袋里的盐被水溶掉，全流走了。"啊！盐全部流失了。唉！可恶！多么笨的驴子呀！"商人发着牢骚。可是驴子却高兴得不得了，因为行李减轻了。"这是个好办法，嗯！把它记牢，下次就可以照这样来减轻重量了。"驴子尝到甜头，商人却一点也没有发觉。第二天，商人又带着驴子到镇上去。这一次不是盐，而是棉花。棉花在驴背上堆得像座小山。"走吧！回家！今天的行李体积虽大，可是，并不重。"商人对驴子说，并拉动了缰绳。驴子一副很重的样子，慢吞吞地走着。不久又来到河边，驴子想到昨天的好主意。"昨天确实是在这附近，今天得做得顺顺利利才行！"于是，驴子又故意滚到河里。"顺利极啦！"这时驴子虽然想站起来，但突然觉得没办法站起来。因为棉花进水之后，变得更重了。"失算了，真糟糕！"驴子哼哼地嘶叫着，只好载着浸满水变重的行李，向村子走去。

《扛着驴的父子》

从前有个父亲带着儿子要去市场卖驴子，驴子走在前头，父子俩随行在后，村里的小孩看了都觉得很可笑。

"真傻啊！骑着驴子去多好，却在这沙尘滚滚的路上漫步。"

"对啊！说得对啊！"父亲突然觉得很有道理。

"孩子，骑上驴子吧！我会跟在旁边，不会让你掉下来的！"父亲让孩子骑在驴身上，自己则跟在旁边走着。这时，对面走来两个父亲的朋友。

"喂！喂！让孩子骑驴，自己却徒步，算什么！现在就这么宠爱孩子，将来还得了！为了孩子的健康，应该叫他走路才对，让他走路，让他走路！"

"噢！对呀！是有道理。"于是父亲让孩子下来，自己则骑上驴背。孩子跟在驴子前面，踽踽地走着。走着走着，碰见一个挤牛奶的女孩。女孩用责备的口吻说："哎呀！世间竟有这么残酷的父亲，自己轻轻松松地骑在驴背上，却让那么小的孩子走路，真可怜。瞧，那孩子多痛苦，东倒西歪地跟在后头，实在可怜啊！"

"是啊！你说得有理！"父亲点头赞同。于是，父亲叫孩子也骑到驴背上，朝着市场的方向前进。驴子同时载着两个人，渐渐地举步非常吃力，呼吸急促，摇摇晃晃地发抖。

可是父亲并没有发觉，还轻轻松松地哼着歌曲，一边在驴背上摇晃呢！

驴子好不容易走到一座庙前，喘了一大口气，休息休息。

庙门前面正站了一位和尚，叫住了他们。"喂！喂！请等一下，让那么弱小的动物载两个人，驴子太可怜了。你们要去哪里呢？"

"我们正要带这匹驴子去市场卖呀！"

"哦！这更有问题。我看你们还没走进市场，驴子就先累死了，恐怕还卖不出去呢！信不信由你。"

"那么，该怎么办呢？"

"把驴子扛着去吧！"

"好！有道理。"

父子俩立刻从驴背上跳下来，然后把驴子的腿绑起来，再用棍子扛着驴子。这样扛着，当然非常重，所以父子俩涨红了脸，摇摇晃晃地喊着："怎么这么重呢！"

看见这情景的人都呆住了。"真是奇怪的人啊！"

扛着驴子的父子不久走到一座桥上。"孩子，市场快到了，再忍耐一会儿吧！"父亲虽然这么说，可是自己和孩子都已经累得筋疲力尽了。

驴子毕竟是驴子，被倒吊着反而痛苦得不得了，不但口吐白沫，还粗暴地扭动起来。

"嘿！乖一点啊！"父亲严厉地斥骂着，可是驴子不听，扭动得更厉害，结果，棍子啪的一声折断了。绳子也弄断了，驴子倒栽葱似的掉进河里。很不凑巧，雨后河水暴涨，驴子就在那瞬间，被急流吞没，看不见踪影了。

"啊！怎么会这样呢？这都是一味听别人的意见，而产生最严重的后果啊！"父子俩只好垂头丧气地走回家。

形象感受

父亲是故事《扛着驴的父子》中主要塑造的一个人物，他一味地听别人的意见，而最终的结果是害了自己。其实，在现实生活中也不免有做人做事像故事中的父亲的人，自己没有主意，别人怎么说，自己就怎么做，结果呢？大家都有意见，而且大家都不满意。所以，面对别人的意见应该学会思考和分析，有选择性地采纳，千万不要活在别人的舆论中。

中国成语故事

《胸有成竹》

北宋画家文同,字与可。他画的竹子远近闻名,每天总有不少人登门求画。文同画竹的妙诀在哪里呢?原来,文同在自己家的房前屋后种上各种各样的竹子,无论春夏秋冬,阴晴风雨,他经常去竹林观察竹子的生长变化情况,琢磨竹枝的长短粗细,叶子的形态、颜色,每当有新的感受就回到书房,铺纸研墨,把心中的印象画在纸上。日积月累,竹子在不同季节、不同天气、不同时辰的形象都深深地印在他的心中,只要凝神提笔,在画纸前一站,平日观察到的各种形态的竹子立刻浮现在眼前。所以每次画竹,他都显得非常从容自信,画出的竹子,无不逼真传神。

当人们夸奖他的画时,他总是谦虚地说:"我只是把心中琢磨成熟的竹子画下来罢了。"

有个青年想学画竹,得知诗人晁补之对文同的画很有研究,前往求教。晁补之写了一首诗送给他,其中有两句:"与可画竹,胸中有成竹。"

《唇亡齿寒》

春秋时候,晋献公想要扩充自己的实力和地盘,就找借口说邻近的虢(guó)国经常侵犯晋国的边境,要派兵灭了虢国。可是在

文化溯源

中华民族历史悠久,是成语故事产生的源泉。但其真正的历史渊源是先秦时期,因为那个时期是我国的思想文化繁荣、人才辈出的时期,成语故事比比皆是。

成语是汉语言中的精华,它以其言简意丰、形象生动的特点记录了历史,传承了文化,透彻精辟、见微知著;成语故事更是集深厚的历史底蕴与强烈的文学色彩于一体,其内涵深刻、妙趣无穷,它真实地承载着许多传奇轶事、民俗艺术和历史掌故。一个成语一段故事,一个成语一段历史,成语故事以其妙趣横生的故事情节、丰富的知识性以及耐人寻味的寓意,深受众多读者的喜爱。

晋国和虢国之间隔着一个虞国,讨伐虢国必须经过虞地。"怎样才能顺利通过虞国呢?"晋献公问手下的大臣。大夫荀息说:"虞国国君是个目光短浅、贪图小利的人,只要我们送他价值连城的美玉和宝马,他不会不答应借道的。"晋献公一听有点舍不得,荀息看出了晋献公的心思,就说:"虞虢两国是唇齿相依的近邻,虢国灭了,虞国也不能独存,您的美玉宝马不过是暂时存放在虞公那里罢了。"晋献公采纳了荀息的计策。

虞国国君见到珍贵的礼物,顿时心花怒放,听到荀息说要借道虞国之事时,当时就满口答应下来。虞国大夫宫之奇听说后,赶快阻止道:"不行,不行,虞国和虢国是唇齿相依的近邻,我们两个小国相互依存,有事可以互相帮助,万一虢国灭了,我们虞国也就难保了。俗话说:'唇亡齿寒',没有嘴唇,牙齿也保不住啊!借道给晋国万万使不得。"虞公说:"人家晋国是大国,现在特意送来美玉宝马和咱们交朋友,难道咱们借条道路让他们走走都不行吗?"宫之奇连声叹气,知道虞国离灭亡的日子不远了,于是就带着一家老小离开了虞国。

果然,晋国军队借道虞国,消灭了虢国,随后又把亲自迎接晋军的虞公抓住,灭了虞国。

《退避三舍》

春秋时候,晋献公听信谗言,杀了太子申生,又派人捉拿申生的弟弟重耳。重耳闻讯,逃出了晋国,在外流亡十几年。

经过千辛万苦,重耳来到了楚国。楚成王认为重耳日后必有大作为,就以国君之礼相迎,待他如上宾。

一天,楚王设宴招待重耳,两人饮酒叙话,气氛十分融洽。忽然楚王问重耳:"你若有一天回晋国当上国君,该怎么报答我呢?"重耳略加思索说:"美女侍从、珍宝丝绸,大王您有的是,珍禽羽毛,象牙兽皮,更是楚地的盛产,晋国哪有什么珍奇物品献给大王呢?"楚王说:"公子过谦了。话虽然这么说,可总该

对我有所表示吧？"重耳笑笑回答道："要是托您的福，果真能回国当政的话，我愿与贵国友好。假如有一天，晋楚国之间发生战争，我一定命令军队先退避三舍（一舍就等于三十里），如果还不能得到您的原谅，我再与您交战。"

四年后，重耳果然真的回到晋国当了国君，就是历史上有名的晋文公。晋国在他的治理下日益强大。

公元前633年，楚国和晋国的军队在作战时相遇。晋文公为了实现他许下的诺言，下令军队后退九十里，驻扎在城濮。楚军见晋军后退，以为对方害怕了，马上追击。晋军利用楚军骄傲轻敌的弱点，集中兵力，大破楚军，取得了城濮之战的胜利。

《邯郸学步》

相传在两千年前，燕国寿陵地方有一位少年，不知道姓啥叫啥，就叫他寿陵少年吧！

这位寿陵少年不愁吃不愁穿，论长相也算得上中等人材，可他就是缺乏自信心，经常无缘无故地感到事事不如人，低人一等——衣服是人家的好，饭菜是人家的香，站相坐相也是人家高雅。他见什么学什么，学一样丢一样，虽然花样翻新，却始终不能做好一件事，不知道自己该是什么模样。

家里的人劝他改一改这个毛病，他以为是家里人管得太多。亲戚、邻居们说他是狗熊掰棒子，他也根本听不进去。日久天长，他竟怀疑自己该不该这样走路，越看越觉得自己走路的姿势太笨、太丑了。

有一天，他在路上碰到几个人说说笑笑，只听得有人说邯郸人走路姿势那叫美。他一听，对上了心病，急忙走上前去，想打听个明白。不料想，那几个人看见他，一阵大笑之后扬长

哲理体验

《胸有成竹》故事出自北宋苏轼《文与可画筼筜谷偃竹记》。"胸有成竹"，比喻做事之前已作好充分准备，对事情的成功已有了十分的把握；又比喻遇事不慌，十分沉着。从而可以使我们明白一个道理：无论做什么事情，心里都要有充分的准备，做到心中有数，只有这样，才能轻松自如地应付每一件事情。

《唇亡齿寒》故事出自《左传·僖公五年》。成语"唇亡齿寒"，意思是嘴唇没有了，牙齿暴露于外，就感到寒冷了，比喻双方关系密切，相互依存，生死与共。虞王正是因为不懂其中的道理，一味地贪图富贵，所以最终带来了灭国之灾。"唇亡齿寒"的道理和虞国的灭亡为我们在以后的人生路途中该如何做人、办事敲响了警钟。

《退避三舍》故事出自《左传·僖公二十二年》。成语"退避三舍"比喻不与人相争或主动让步。其实，言外之意是告诫我们在以后的人生道路上，无论做人还是做事，都要学会让步，以求退一步海阔天空。

> **探究性阅读**
>
> 民间成语故事不仅是历史文化的凝聚，而且也是汉民族智慧的结晶，向我们展示了中国悠久的历史和灿烂的文化，令我们在轻松地欣赏之余，领略中国文化的魅力。每一个成语故事，都有相关成语的出处与这个成语的本义以及引申义。语言简洁明了、生动形象，更有助于我们更好地理解成语的含义，并正确使用它们。另外，有些成语催人奋进，自强不息；有些成语警钟长鸣，让人们去珍视自我；有些成语含蓄幽默，发人深思；有些成语预示未来，憧憬美好……

而去。

邯郸人走路的姿势究竟怎样美呢？他怎么也想象不出来。这成了他的心病。终于有一天，他瞒着家人，跑到遥远的邯郸学走路去了。

一到邯郸，他感到处处新鲜，简直令人眼花缭乱。看到小孩走路，他觉得活泼、美，学；看见老人走路，他觉得稳重，学；看到妇女走路，摇摆多姿，学。就这样，也不过半月光景，他连自己以前怎么走路也忘记了，路费也花光了，只好爬着回去了。

《指鹿为马》

秦二世时，丞相赵高野心勃勃，日夜盘算着要篡夺皇位。可朝中大臣有多少人能听他摆布，有多少人反对他，他心中没底。于是，他想了一个办法，准备试一试自己的威信，同时也可以摸清敢于反对他的人。

一天上朝时，赵高让人牵来一只鹿，满脸堆笑地对秦二世说："陛下，我献给您一匹好马。"秦二世一看，心想：这哪里是马，这分明是一只鹿嘛！便笑着对赵高说："丞相搞错了，这是一只鹿，你怎么说是马呢？"赵高面不改色心不跳地说："请陛下看清楚，这的确是一匹千里马。"秦二世又看了看那只鹿，将信将疑地说："马的头上怎么会长角呢？"赵高一转身，用手指着众大臣，大声说："陛下如果不信我的话，可以问问众位大臣。"

大臣们都被赵高的一派胡言搞得不知所措，私下里嘀咕：这个赵高搞什么名堂？是鹿是马这不是明摆着吗！当看到赵高脸上露出阴险的笑容，两只眼睛骨碌碌轮流地盯着每个人的时候，大臣们忽然明白了他的用意。

一些胆小又有正义感的人都低下头，不敢说话，因为说假话，对不起自己的良心，说真话又怕日后被赵高所害。有些正直的人，坚持认为是鹿而不是马。还有一些平时就紧跟赵高的奸佞之人立刻表示拥护赵高的说法，对皇上说，"这确是一匹千里马！"

事后，赵高通过各种手段把那些不顺从自己的正直大臣纷纷治罪，甚至满门抄斩。

《闻鸡起舞》

晋代的祖逖是个胸怀坦荡、具有远大抱负的人。可他小时候却是个不爱读书的淘气孩子。进入青年时代，他意识到自己知识的贫乏，深感不读书无以报效国家，于是就发奋读起书来。他广泛阅读书籍，认真学习历史，从中汲取了丰富的知识，学问大有长进。他曾几次进出京都洛阳，接触过他的人都说，祖逖是个能辅佐帝王治理国家的人才。祖逖24岁的时候，曾有人推荐他去做官，他没有答应，仍然不懈地努力读书。

后来，祖逖和幼时的好友刘琨一起担任司州主簿。他与刘琨感情深厚，不仅常常同床而卧、同被而眠，而且还有着共同的远大理想：建功立业，复兴晋国，成为国家的栋梁之材。

一次，半夜里祖逖在睡梦中听到公鸡的鸣叫声，他一脚把刘琨踢醒，对他说："别人都认为半夜听见鸡叫不吉利，我偏不这样想，咱们干脆以后听见鸡叫就起床练剑如何？"刘琨欣然同意。于是他们每天鸡叫后就起床练剑，剑光飞舞，剑声铿锵。冬去春来，寒来暑往，从不间断。功夫不负有心人，经过长期的刻苦学习和训练，他们终于成为能文能武的全才，既能写得一手好文章，又能带兵打胜仗。祖逖被封为镇西将军，实现了他报效国家的愿望；刘琨做了都督，兼管并、冀、幽三州的军事，也充分发挥了他的文才武略。

哲理体验

《邯郸学步》故事出自《庄子·秋水》。成语"邯郸学步"，比喻生搬硬套，机械地模仿别人，不但学不到别人的长处，反而会把自己的优点和本领也丢掉。从中我们可以明白：一个人不管做什么事，都应该学会扬长避短，此外，千万不要一味地相信别人，重要的是学会相信自己，走出一条完全属于自己的路。

《指鹿为马》故事出自《史记·秦始皇本纪》。成语"指鹿为马"比喻故意颠倒是非，混淆黑白。赵高为检测一下自己的威信而想出的这个办法，真可谓是老谋深算的计谋。这就使我们明白了一个道理：有些狡猾的人，在做事情的时候，为了达到自己的目的，故意混淆黑白，迷惑大家。

《闻鸡起舞》故事出自《晋书·祖逖传》。成语"闻鸡起舞"，形容发愤有为，也比喻有志之士及时振作。故事中祖逖报效祖国的精神很值得我们学习。同时，也使得我们明白了一个道理：一个人只有靠自己的勤学苦练、奋发图强，坚持不断地努力才能获得真本领。

中国神话故事

《女娲造人的传说》

盘古开辟了天地,用身躯造出日月星辰、山川草木。那残留在天地间的浊气慢慢化作虫鱼鸟兽,替这死寂的世界增添了生气。

这时,有一位女神女娲,在这莽莽的原野上行走。她放眼四望,山岭起伏,江河奔流,丛林茂密,草木争辉,天上百鸟飞鸣,地上群兽奔驰,水中鱼儿嬉戏,草中虫豸跳跃,这世界按说也点缀得相当美丽了。但是她总觉得有一种说不出的寂寞,越看越烦,孤寂感越来越强烈,连自己也弄不清楚这是为什么。与山川草木诉说心中的烦躁,山川草木根本不懂她的话;对虫鱼鸟兽倾吐心事,虫鱼鸟兽怎么会了解她的苦恼。她颓然坐在一个池塘旁边,茫然对池塘中自己的影子。忽然一片树叶飘落池中,静止的池水泛起了小小的涟漪,使她的影子也微微晃动起来。她突然觉得心头的死结解开了,是呀!为什么她会有那种说不出的孤寂感?原来是世界缺少一种像她一样的生物。

想到这儿,她马上用手在池边挖了些泥土,和上水,照着自己的影子捏了起来。

捏着捏着,捏成了一个小小的东西,模样与女娲差不多,也有五官七窍,双手两脚。捏好后往地上一放,居然活了起来。女娲一见,满心欢喜,接着又捏了许多。她把这些小东西叫做"人"。

这些"人"是仿照神的模样造出来的,气概举动自然与别的生物不同,居然会叽叽

文化溯源

神话故事就是人类意识浑沌初开而未全开时的精神产品,遗留着较多人类初期思维的原始特质,是一个具有相当混沌因素的综合体,其中含有分化以后当代各种思维方式的萌芽,来自于人类丰富的想象力,本质上又反映着人类社会生活的一些方面。其内容涉及自然环境和社会生活的各个方面,既包括世界的起源,又包括人类的命运。

中国神话故事具体可以分为四大类:一是创世神话,如开天辟地神话、关于人的产生、火的发明等。二是有关自然现象及其变化的神话,如关于昼夜交替、风雨雷电等的神话。三是关于诸神生活的神话。四是动物神话,如某些动物和植物的起源及其特征、习性,以及人与动物、植物交往关系的神话。

神话与迷信有着本质的区别,它有独特的故事情节、神奇的人物形象,以及他们那些神秘的行动,进而也吸引着众多的读者,这也是神话故事从古到今一直流传的一个决定性因素。

喳喳讲起和女娲一样的话来。他们在女娲身旁欢呼雀跃了一阵，慢慢走散了。

女娲那寂寞的心一下子热乎起来，她想把世界变得热热闹闹，让世界到处都有她亲手造出来的人，于是不停工作，捏了一个又一个。但是世界毕竟太大了，她工作了许久，双手都捏得麻木了，捏出的小人分布在大地上居然还是很稀少。她想这样下去肯定不行，就顺手从附近折下一条藤蔓，伸入泥潭，蘸上泥浆向地上挥洒。结果点点泥浆变成一个个小人，与用手捏成的模样相似，这一来速度就快多了。女娲见新方法奏了效，越挥洒越起劲，于是，大地就到处有了人。

女娲在大地上造出许多人来，心中高兴，寂寞感一扫而空。她觉得很累了，要休息一下，到四处走走，看看那些人生活怎样。

一天，她走到一处，见人烟稀少，十分奇怪，俯身仔细察看，见地上躺着不少小人，动也不动，她用手拨弄，也不见动静，原来这是她是最初造出来的小人，这时已头发雪白，寿终正寝了。

女娲见了这种情形，心中暗暗着急，她想到自己辛辛苦苦造人，人却不断衰老死亡。这样下去，若要使世界上一直有人，岂不要永远不停地制造？这总不是办法。

结果女娲参照世上万物传种接代的方法，让人类也能男女配合，繁衍后代。因为人是仿照神的生物，不能与禽兽同等，所以她又建立了婚姻制度，防止了与别的禽兽乱交。后世人就把女娲奉为"神媒"。

《愚公移山》

传说古时候有两座大山，一座叫太行山，一座叫王屋山。那里的北山住着一位老人名叫愚公，快90岁了。他每次出门，都因被这两座大山阻隔，要绕很大的圈子，才能到南方去。

一天，他把全家人召集起来，说："我准备与你们一起，用毕生的精力来搬掉太行山和王屋山，修一条通向南方的大道。你们说好吗？"

大家都表示赞成，但愚公的老伴提出了一个问题："我们大家的力量加起来，还不

探究性阅读

中国神话故事主要反映了人类童年时期渴望征服自然的意志和理想，是人类最早的文学创作。在神话中，我们的祖先想象力是极其丰富的，幻想出许许多多有着超人的征服自然力量的英雄。如射落天上九个太阳，使人民免受旱灾的后羿；炼五色石以补苍天，使人类得以安居的女娲。其次，自然物常常被拟人化、人格化。原始时代的人类认为万物都是神灵，而神灵都具有人的性格、人的形象。因此这些神灵都取有人的名字。如中国神话中的太阳神，是驾驭日车的伏羲；月宫中女神的名字叫嫦娥。神话故事的寓意也很深刻，有中华民族固有的英雄气概、崇高的理想、博大的智慧、美好的追求，也有为真、善、美方面献身的精神。

能搬移一座小山，又怎能把太行、王屋两座大山搬掉呢？再说，把那些挖出来的泥土和石块放到哪里去呢？"

讨论下来大家认为，可以把挖出来的泥土和石块扔到东方的海边和北方最远的地方。

第二天一早，愚公带着儿孙们开始挖山。虽然一家人每天挖不了多少，但他们还是坚持挖。直到换季节的时候，才回家一次。

有个名叫智叟的老人得知这件事后，特地来劝愚公说："你这样做太愚蠢了，凭你这有限的精力，又怎能把这两座山挖平呢？"

愚公回答说："你这个人太顽固了，简直无法开导，即使我死了，还有我的儿子在这里。儿子死了，还有孙子，孙子又生孩子，孩子又生儿子。子子孙孙是没有穷尽的，而山却不会再增高，为什么挖不平呢？"于是，智叟老人羞愧地走了。

当时，山神见愚公他们挖山不止，便向上帝报告了这件事。上帝被愚公的精神感动，派了两个大力神下凡，把两座山背走。从此，这里不再有高山阻隔了。

《精卫填海》

中国的东海岸，常常可以看到一只小鸟，"咻——咻——"地一声声叫着。它的模样像乌鸦，长了一身黑羽毛；不同的是它的头顶带着花纹，口喙是白的，脚趾则是红的。

这只鸟，飞翔在一望无际的海面上，看起来只是一个小小的黑点。但是，当海潮轰隆隆地冲上岸时，几乎所有声音都给掩盖了，只有这只黑鸟的叫声，不但没有消失，反而可以传得很远，而且还能听得很清楚。

"咻——咻——"

于是海边的人就叫它"精卫"。

精卫每天做的事,和它的叫声一样特别。每天,它嘴里叼着石子,脚上还抓着根木屑,丢进咆哮的大海里去。丢完,它又飞到山里再捡,然后再丢,一天里很少有休息的时候。

它那张长嘴就像雪一样白,像石头一样硬,不过你知道吗?这嘴原来不是这么雪白、这么坚硬的,而是柔软、微红,是一位少女的嘴唇,而它那对长满黑羽的翅膀,则是少女健康的双臂和灵巧的双手。她不是普通人家的孩子,在变成黑鸟前,她是炎帝的小女儿。

炎帝最疼爱她,总唤她"女娃——女娃"。女娃天生一张叫人忘忧的脸,可是她爱做的事,却常让炎帝担心。有时她一溜烟,就不知跑哪儿去了,害得炎帝到处找不到她。

有一回,女娃无意间跑出了家附近的森林,惊奇地发现一片望不着边际的大海。

她禁不住往海的方向走近。慢慢地,山丘、树林都被女娃抛在身后;打在岸边的浪花,则看得越来越清楚了。

女娃面对着这片深蓝色的海洋,深深地着迷了。她似乎没注意到低沉的浪涛声里,有一股庞大而神秘的力量;而迎面而来的海风,除了有点咸咸的湿气以外,还带着一股腥膻的味道。

女娃双脚踩在软软的沙地上,很快

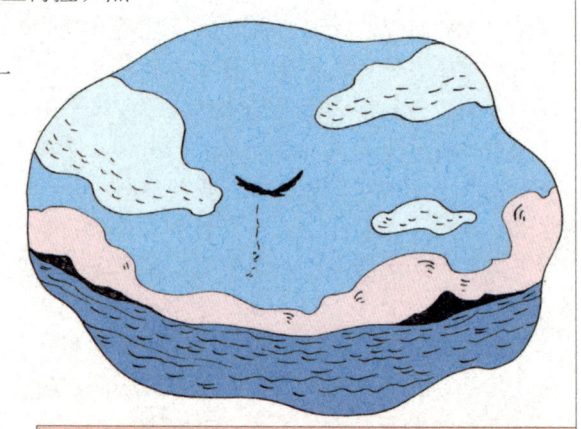

名句精华

夸父临死的时候,心里充满了遗憾,他还牵挂着自己的族人,于是将自己手中的木杖扔出去。木杖落地的地方,顿时生出一片郁郁葱葱的桃林。这片桃林终年茂盛,为往来的过客遮阴,结的鲜桃为人们解渴,让人们能够消除疲劳,精力充沛地踏上旅程。

——《夸父逐日》

后来,盘古氏死了,他的左眼变成了太阳,右眼变成了月亮,头发、胡子变成了星星,嘴里最后呼出的气变成了雾和风,声音变成了雷霆闪电,身上的肉变成了土地,四肢变成了山脉,血液变成了江河,从此天上有了日月星辰,地上有了山川树木,万物欣欣向荣起来,才有了现在这个鸟语花香的美丽世界。

——《盘古开天地》

残破的天虽然被女娲神修补好了,但毕竟不是原来的那个天了。因为不周山是西方的天柱,它被撞断后,西北的天空就有些倾斜,所以太阳、月亮、星辰都不由自主地朝那边跑,落向倾斜的西天;东南的大地,因陷下了一个深坑,所以大川小河里的水,都不由自主地向那边流,于是东南边就形成了大海。

——《女娲补天》

就开心地玩起来了。她有时候追逐海浪，有时候堆砌沙子，完全忘了时间，也没发觉海水越来越向她靠近。

一转眼，海水完全变了，浪头挺得很高，而且发出激烈狂野的声音，连天空都变成阴沉的灰色。当一股巨浪从女娃背后扑来的时候，她正把沙地上的一朵野花摘下来，插在头上。海浪把她卷着离开了沙滩，带进大海。

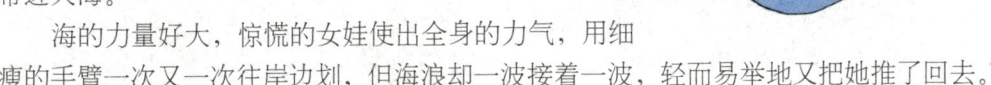

海的力量好大，惊慌的女娃使出全身的力气，用细瘦的手臂一次又一次往岸边划，但海浪却一波接着一波，轻而易举地又把她推了回去。

女娃挣扎得再也没有力气了，可是她还是不死心，"我要回去！"她不停地在心中呐喊。就在她只剩下最后一丝气息的时候，她仿佛看到了炎帝就在她面前，于是她放声大喊，好像得到一股巨大的力量。

霎那间，海水松了手，女娃觉得自己好像轻飘飘地离开了水面。

她激动地嘶喊出来，可是，听到的却不是自己的声音。她再喊"咻——咻——"还是一样陌生的声音。

这时，她才发觉，自己的嘴、身体、手、脚，已完全变成鸟的样子。头上还留着一小撮带有花纹的羽毛。她闭上眼睛，好像又听见炎帝呼唤她的声音。于是她拍着单薄的翅膀，奋力飞向她平日熟悉的山林。山里的树仍然像以前一样，在风中摇摆，可是她跟以前再也不一样了。

她越想越恨，而且大海那么凶暴，不知道还有多少人会跟她一样。于是她停下来，衔起山中的石子，转身又向大海飞去，将石子丢进那浩瀚无边的大海，还发誓：不填平大海，决不回家。

日复一日，年复一年，精卫始终在西边的山林和东边的大海之间来回，一颗一颗地把小石子投入海中。它黑色的身影，在一望无际的海面上，显得十分渺小。但是，每当大海示威似的向世界咆哮的时候，精卫也毫不示弱地发出它的叫声。也只有它的"咻——咻——"划破了海浪，传得好远。

形象感受

精卫是《精卫填海》中塑造的一个英雄形象，精卫原是炎帝的小女儿，她聪明伶俐，一次不幸的遭遇却使她变成了一只小鸟。精卫填海表现出她锲而不舍的精神、善良的愿望和宏伟的志向，受到了人民的尊敬。现在，人们还常以"精卫填海"比喻志士仁人所从事的艰巨卓越的事业。

情感体验

中国的神话故事中的每个故事都十分的瑰丽、多彩、优美。不仅给人以美的艺术享受，而且还给人留下了广泛的遐想空间，更重要的一点是在想象的基础上，还能汲取到故事中的精神力量，从中体味出中华民族悠久的历史文化，发现祖先的勇敢和智慧。同时，能够激励读者向故事中的那些英雄人物学习，诸如学习他们那种为了实现自己的远大目标，或者给他人带来幸福，而不畏艰险、勇于奋斗的精神等。

中国民间故事

《梁山伯与祝英台》

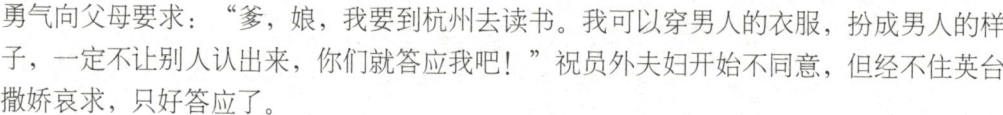

从前有个姓祝的地主，人称祝员外，他的女儿祝英台不仅美丽大方，而且非常聪明好学。但由于古时候女子不能进学堂读书，祝英台只好日日倚在窗栏上，望着大街上身背着书箱来来往往的读书人，心里羡慕极了！难道女子只能在家里绣花吗？为什么我不能去上学？她突然反问自己：对啊！我为什么就不能上学呢？

想到这儿，祝英台赶紧回到房间，鼓起勇气向父母要求："爹，娘，我要到杭州去读书。我可以穿男人的衣服，扮成男人的样子，一定不让别人认出来，你们就答应我吧！"祝员外夫妇开始不同意，但经不住英台撒娇哀求，只好答应了。

第二天一清早，天刚蒙蒙亮，祝英台就和丫鬟扮成男装，辞别父母，带着书箱，兴高采烈地出发去了杭州。

到了学堂的第一天，祝英台遇见了一个叫梁山伯的男同学，学问出众，人品也十分优秀。她想：这么好的人，要是能天天在一起，一定会学到很多东西，也一定会很开心的。而梁山伯也觉得与她很投缘，有一种一见如故的感觉。于是，他们常常一起诗呀、文呀谈得情投意合，冷呀、热呀相互关心体贴，促膝并肩，无所不谈。后来，俩人结拜为兄弟，更是时时刻刻，形影不离。

春去秋来，一晃三年过去了，学年期满，该是打点行装、拜别老师、返回家乡的时候了。同窗共烛整整三年，祝英台已经深深爱上了她的梁兄，而梁山伯虽不知祝英台是

文化溯源

所谓的民间故事就是指人民群众所创作和传播的所有散文类民间文学作品，可分为三类，动物故事、神奇故事、生活故事。中国民间故事是中国民间文化中很重要的一部分，也是中华民族文化宝库中闪闪发光的一颗明珠。

民间故事不同于神话，它没有解释性，主要在描写人物的状态及其变化。其内容都是各种不寻常的事情（幻想的、奇异的或生活中的）。此外，民间故事所描写的事情不是发生在现在，也不像神话那样是在遥远的过去，仅仅是"从前"而已。

总的来说，民间故事是建立在神话的基础上，也承继了一些从神话借来的母题。从古到今，民间故事也一直被称作"育儿故事"，但有的故事不仅仅只是为孩子讲述。这也正是民间故事的真正价值所在。

女生,但也对她十分倾慕。他俩恋恋不舍地分了手,回到家后,都日夜思念着对方。几个月后,梁山伯前往祝家拜访,结果令他又惊又喜。原来这时,他见到的祝英台,已不再是那个清秀的小书生,而是一位年轻美貌的大姑娘。再见的那一刻,他们都明白了彼此之间的感情,早已是心心相印。

此后,梁山伯请人到祝家去求亲。可祝员外哪会看得上这穷书生呢,他早已把女儿许配给了有钱人家的少爷马公子。梁山伯顿时觉得万念俱灰,一病不起,没多久就死去了。

听到梁山伯去世的消息,一直在与父母抗争,反对包办婚姻的祝英台反而突然变得异常镇静。她套上红衣红裙,走进了迎亲的花轿。迎亲的队伍一路敲锣打鼓,好不热闹!路过梁山伯的坟前时,忽然间飞沙走石,花轿不得不停了下来。只见祝英台走出轿来,脱去红装,一身素服,缓缓地走到坟前,跪下来放声大哭,霎时间风雨飘摇,雷声大作,"轰"的一声,坟墓裂开了,祝英台似乎又见到了她的梁兄那温柔的面庞,她微笑着纵身跳了进去。接着又是一声巨响,坟墓合上了。这时风消云散,雨过天晴,各种野花在风中轻柔地摇曳,一对美丽的蝴蝶从坟头飞出来,在阳光下自由地翩翩起舞。

《牛郎织女》

从前有一个善良的男孩叫牛郎,他父母双亡,嫂子把他赶出家门。牛郎只有一头老牛、一张犁,他每天天刚亮就下地耕田,回家后还要自己做饭洗衣,日子过得十分辛苦。有一天,奇迹发生了!牛郎干完活回到家,一进家门,就看见屋子里被打扫得干干净净,

探究性阅读

民间故事是中国文化中一种丰富多彩的遗产,也是中国文化传统的直接反映和折射。它体现了一个民族的特点,反映着一个民族的善恶标准,代表着一个民族的文化发展水平,它是中国和世界文化百花园中的一朵奇葩。由于中国民间故事深深地扎根于民族历史的土壤之中,所以它总是以活的艺术语言记录着人民的生活和斗争,凝集着人民的阶级感情、思想倾向和传统的民族习俗,表达了他们对美好理想及其愿望的向往。同时,也是对假恶丑的鞭挞,对勇敢和智慧的歌颂。

情感体验

民间故事带有浓厚的民族特点,能够反映一个民族善恶标准和人民群众的喜怒哀乐。民间故事内容广泛、意蕴深刻、情节动人、趣味性强,能够在民间广为流传,因此,一般读者对其都有很强的阅读兴趣。在阅读民间故事的时候,我们应该着重体验民间的疾苦,感受人民的喜与乐,从中品味人生。

衣服被洗得清清爽爽,桌子上还摆着热腾腾、香喷喷的饭菜。牛郎吃惊地瞪大了眼睛,心想:这是怎么回事?神仙下凡了吗?不管了,先吃饭吧。

此后,一连几天,天天如此,牛郎耐不住性子了,他一定要弄个水落石出。这天,牛郎像往常一样,一大早就出了门,其实,他走了几步就转身回来了,没进家门,而是找了个隐蔽的地方躲了起来,偷偷地观察着。果然,没过多久,来了一位美若天仙的姑娘,一进门就忙着收拾屋子、做饭,甭提多勤劳了!牛郎实在忍不住了,站出来道:"姑娘,请问你为什么要来帮我做家务呢?"那姑娘吃了一惊,脸红了,小声说道:"我叫织女,看你日子过得辛苦,就来帮帮你。"牛郎听得心花怒放,赶忙接着说:"那你就留下来吧,我们同甘共苦,一起用双手建设幸福的生活!"织女红着脸点了点头,他们就此结为夫妻,男耕女织,生活得很美满。

过了几年,他们生了一男一女两个孩子,一家人过得开心极了。一天,突然间天空乌云密布,狂风大作,雷电交加,织女不见了,两个孩子哭个不停,牛郎急得不知如何是好。正着急时,乌云又突然全散了,天气又变得风和日丽,织女也回到了家中,但她的脸上却满是愁云。只见她轻轻地拉住牛郎,又把两个孩子揽入怀中,说道:"其实我不是凡人,而是王母娘娘的外孙女,现在,天宫来人要把我接回去了,你们自己多多保重!"说罢,泪如雨下,腾云而去。

牛郎搂着两个年幼的孩子,欲哭无泪,呆呆地站了半天。不行,我不能让妻子就这样离我而去,我不能让孩子就这样失去母亲,我要去找她,我一定要把织女找回来!这时,那头老牛突然开口了:"别难过!你把我杀了,把我的皮披上,再编两个箩筐装着两个孩子,就可以上天宫去找织女了。"牛郎说什么也不愿意这样对待这个陪伴了自己数十年的伙伴,但拗不过它,又没有别的办法,只得忍着痛、含着泪照它的话去做了。

到了天宫,王母娘娘不愿认牛郎这

个人间的外孙女婿,不让织女出来见他,而是找来七个蒙着面、高矮胖瘦一模一样的女子,对牛郎说:"你认吧,认对了就让你们见面。"牛郎一看傻了眼,怀中两个孩子却欢蹦乱跳地奔向自己的妈妈,原来,母子之间的血亲是什么也无法阻隔的!

　　王母娘娘没办法了,但她还是不甘心织女再回到人间,于是就下令把织女带走。牛郎急了,牵着两个孩子赶紧追上去。他们跑着跑着,累了也不肯停歇,跌倒了再爬起来,眼看着就快追上了,王母娘娘情急之下拔出头上的金簪轻轻地一画,在他们中间画出了一条宽宽的银河。从此,牛郎和织女只能站在银河的两边,遥遥相望。而到了每年农历的七月初七,会有成千上万的喜鹊飞来,在银河上架起一座长长的鹊桥,让牛郎织女一家再次团聚。

《白蛇传》

　　清明时分,西湖岸边花红柳绿,断桥上面游人如梭,真是好一幅春光明媚的美丽画面。突然,从西湖底悄悄升上来两个如花似玉的姑娘,怎么回事?人怎么会从水里升出来呢?原来,她们是两条修炼成了人形的蛇精。虽然如此,但她们并无害人之心,只因羡慕世间的多彩人生,才一个化名叫白素贞,一个化名叫小青,来到西湖边游玩。

　　偏偏老天爷忽然发起脾气来,霎时间下起了倾盆大雨,白素贞和小青被淋得无处藏身。正发愁呢,突然只觉头顶多了一把伞,转身一看,只见一位温文尔雅、白净秀气的年轻书生撑着伞在为她们遮雨。白素贞和这小书生四目相交,都不约而同地红了脸,相

形象感受

　　祝英台是《梁山伯与祝英台》中主要塑造的人物形象,故事通过简单的情节,强调她的机智、大胆、热情、坚贞、不顾习俗的一面;同时,又通过"思兄""楼台会""闻耗""逼嫁""化蝶"等情节来表现她闺阁名媛的娇羞和纯洁的一面,以及她对梁山伯爱情的坚贞。她是当时封建社会中一个能打破闺阃界限的大胆而且知书的女性形象代表。

　　织女美丽、善良、勇敢。为了跟牛郎过日子,她宁愿放弃天堂生活,过凡人的日子,却受到了严厉的惩罚。织女展现给读者的是一个勇敢坚强,一个敢于追求幸福生活的形象。

　　牛郎在简短的故事中给读者留下了深刻的印象。他凭着自己的辛勤劳动,过上幸福的生活,使他的勤劳得到了回报;他不忍心为了见织女而杀死陪伴了自己数十年的牛,这又是他善良的体现;而他不辞辛苦到天堂见织女,则表现出他对美好生活的向往。总之,牛郎是一个朴实、勤劳、善良而勇敢的形象。

　　法海在《白蛇传》中虽然没有过多的描写,但他是白娘子和许仙爱情中重点烘托的一个人物,他狡猾奸诈、心术不正、棒打鸳鸯,他的最终结局告诉了世人这样一个道理:恶人终究没有好报。

互产生了爱慕之情。小青看在眼里，忙说："多谢！请问客官尊姓大名？"那小书生道："我叫许仙，就住在这断桥边。"白素贞和小青也赶忙作了自我介绍。从此，他们三人常常见面，白素贞和许仙的感情越来越好，过了不久，他们就结为夫妻，并开了一间"保和堂"药店，小日子过得可美了！

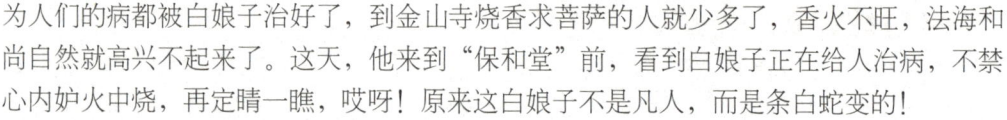

由于"保和堂"治好了很多很多疑难病症，而且给穷人看病配药还分文不收，所以药店的生意越来越红火，远近来找白素贞治病的人越来越多，人们将白素贞亲切地称为白娘子。可是，"保和堂"的兴隆、许仙和白娘子的幸福生活却惹恼了一个人，谁呢？那就是金山寺的法海和尚。因为人们的病都被白娘子治好了，到金山寺烧香求菩萨的人就少多了，香火不旺，法海和尚自然就高兴不起来了。这天，他来到"保和堂"前，看到白娘子正在给人治病，不禁心内妒火中烧，再定睛一瞧，哎呀！原来这白娘子不是凡人，而是条白蛇变的！

法海虽有点小法术，但他的心术却不正。看出了白娘子的身份后，他就整天想拆散许仙夫妇，搞垮"保和堂"。于是，他偷偷把许仙叫到寺中，对他说："你娘子是蛇精变的，你快点和她分手吧，不然，她会吃掉你的！"许仙一听，非常气愤，他想：我娘子心地善良，对我的情意比海还深。就算她是蛇精，也不会害我，何况她如今已有了身孕，我怎能离弃她呢！法海见许仙不上他的当，恼羞成怒，便把许仙关在了寺里。

"保和堂"里，白娘子正焦急地等待许仙回来。一天、两天，左等、右等，白娘子心急如焚。终于打听到原来许仙被金山寺的法海和尚给"留"住了，白娘子赶紧带着小青来到金山寺，苦苦哀求，请法海放回许仙。法海见了白娘子，一阵冷笑，说道："大胆妖蛇，我劝你还是快点离开人间，否则别怪我不客气了！"白娘子见法海拒不放人，无奈，只得拔下头上的金钗，迎风一摇，掀起滔滔大浪，向金山寺直逼过去。法海眼见水漫金山寺，连忙脱下袈裟，变成一道长堤，拦在寺门外。大水涨一尺，长堤就高一尺，大水涨一丈，长堤就高一丈，任凭波浪再大，也漫不过去。再加上白娘子有孕在身，实在斗不过法海，后来，法海使出欺诈的手法，将白娘子收进金钵，压在了雷峰塔下，把许仙和白娘子这对恩爱夫妻活生生地拆散了。

小青逃离金山寺后，数十载深山练功，最终打败了法海，将他逼进了螃蟹腹中，救出了白娘子。从此，她和许仙以及他们的孩子幸福地生活在一起，再也不分离了。